农产品质量安全

公共信息服务指南

◎ 农业农村部农产品质量安全中心 组编

中国农业科学技术出版社

图书在版编目（CIP）数据

农产品质量安全公共信息服务指南/农业农村部农产品质量安全中心组编．—北京：中国农业科学技术出版社，2019.12

ISBN 978-7-5116-4441-1

Ⅰ.①农… Ⅱ.①农… Ⅲ.①农产品—质量管理—安全管理—公共服务—情报服务—中国—指南 Ⅳ.①F326.5-62

中国版本图书馆CIP数据核字（2019）第222581号

责任编辑 崔改泵
责任校对 马广洋

出 版 者 中国农业科学技术出版社
北京市中关村南大街12号 邮编：100081
电　　话 （010）82109194（编辑室）（010）82109702（发行部）
（010）82109709（读者服务部）
传　　真 （010）82106650
网　　址 http://www.castp.cn
经 销 者 各地新华书店
印 刷 者 北京富泰印刷有限责任公司
开　　本 787mm×1 092mm 1/16
印　　张 18.25
字　　数 394千字
版　　次 2019年12月第1版 2019年12月第1次印刷
定　　价 118.00元

《农产品质量安全公共信息服务指南》编委会

主　　编： 金发忠

统筹主编： 王子强　朱　彧

技术主编： 姚文英　张　锋　黄玉萍

副 主 编： 郭　征　赵　辰　黄　昀　程晓东
李　岩　余新华　陈龙翔　姬小方
赵建凯　杨明升　马　明

编写人员： 丁保华　龙婉蓉　刘建华　成　昕
刘继红　朱玉龙　刘学刚　谢　璇
黎　畅　宋　伟　魏　钢　赵梦璐
许丽萍　贺西芳　郭　萍　鲍小明
夏文莉　郝　璐　陈小露　陈慧杰
余汉新　常筱磊　金　诺　卢海燕
梁　刚　张宏志　官　帅　黄永东
张　亮　刘　岩　杨　臻　程　禹
周豫齐　许广明　于江超　苗　鹏
袁　强　闫　伟

前 言

近年来，互联网技术、数字化技术等新兴信息技术成为全球热点，其飞速发展带给我们无限遐想，与许多类似的产业技术革命一样，互联网技术和数字化技术正在推动不同产业改变原有的模式。

作为国民经济的基础，近几年中国农业保持了良好的发展势头，为经济社会平稳发展提供了重要支撑。与此同时，在各级政府的高度重视和全国农业农村部门的共同努力下，农业信息化建设发生了巨大变化，互联网技术、数字化技术等高新技术在农业领域得到广泛应用，标志着我国农业信息化也进入快速发展阶段，信息服务已然成为农业农村部门一项重要的职责。

随着人民生活水平的提高，农产品质量安全日益成为全社会关注的热点问题。为改进和完善农产品质量安全监督管理方式，各级农业农村主管部门积极探索实践，引导推进信息服务社会化，互联网技术、数字化技术在农产品质量安全监管、标准化管理、检验检测、农产品质量安全追溯以及农产品认证等多个领域得到广泛应用，涌现出一批实践的典型。尤其是“国家农产品质量安全追溯平台”的建设及运营，标志着中国农产品质量安全领域信息化建设已经取得了阶段性成就。

当前，探讨农业信息化的基本理论框架，明晰其技术体系，及时总结梳理已有的案例与经验，进而探讨农业信息化的运行机制和应用模式，在现阶段具有重要的现实意义。这些年来，本书的编者们在农业农村信息化方面摸索前行，从“三品一标”申报管理系统到国家农产品质量安全追溯管理信息平台，从单一的 GIS 系统到综合的智慧农业监管，在实践中逐渐成长起来，在农业信息化的研究、应用等关键技术领域取得了一定突破。在这个过程中，有过许多尝试，也有过许多失败，但是也收获了许多。对农产品质量安全信息化工作进行总结和梳理，对未来的发展道路作出展望，以供各地农产品质量安全管理部门在实施本地农产品质量安全信息化建设时有所参考和借鉴是编写本书的一个重要原因。

本书题为《农产品质量安全公共信息服务指南》，因此重点围绕“服务”来写，总计九章。第一章介绍了农业标准制修订管理系统，该系统是农业农村部为规范标准项目的管理流程，提高项目管理效率，实时掌握标准项目各阶段进度状态而设计、建立的内部业务管理系统，目的是实现标准项目申报、起草、送审、报批、发布、复审的全程管理和档案管理；第二章介绍了全国农业检验检测服务平台，该平台实现了农产品质量安全检测技术能力验证的网上报名、网上填报检测结果、网上检测结果判定的过程及全国农业检验检测机构的在线管理；第三章介绍了国家农产品质量安全追溯管理信息平台，该信息平台建设旨在为农产品质量安全主体备案、过程记录、标识管理、索证索票、质量监测和执法监管工作信息化管理提供技术条件，为农产品质量安全公众信息查询和政府部门数据分析应用等提供统一平台；第四至七章分别介绍了“三品一标”农产品认证及登记管理系统，这些系统的建设及应用实现了“三品一标”农产品认证及登记工作的在线管理，起到了外提质内增效的作用；第八章介绍了全国名特优新农产品名录收集登录信息系统，该系统是全国名特优新农产品名录收集登录工作平台，实现县级、地市级、省级、部级协同申请、确认，最终确认纳入全国名特优新农产品名录的辅助信息管理工作；第九章介绍了中国国际农产品交易会参展产品评奖系统，该系统是为配合中国国际农产品交易会金奖评选工作而开发的信息管理系统，该系统的使用为申请人、省级组委会、组委会提供了申请材料规范性辅助自动检查的工具，提高了申请、审核、审定等各项工作的效率。以上九个系统除了背景和建设历程的介绍之外，重点将系统的操作指南进行了阐述，对未来的发展路线进行了展望，最后明确了服务及技术咨询的联系方式。

本书凝聚了编写团队的智慧和见解，同时也得到了各方面的大力支持，另外，达邦、曙光、信联成、亚信科技、中软国际等技术支持服务企业也给予了巨大的帮助，在此一并表示衷心的感谢！

农业信息化不仅涉及多个学科和领域，而且其本身就是一个复杂的系统，无论是技术体系，还是应用模式，都是一篇大文章。作者水平有限，疏漏之处在所难免，诚恳希望读者批评指正。

编　者

2019 年 9 月

目　录

第一章　农业标准制修订管理系统

第一节　综　述

一、建设背景

质量兴农，标准先行。没有农业标准化，就没有农业现代化，就没有食品安全保障。农业标准化，包括标准的制定、实施等内容。标准的制定，涉及农业农村部10余个业务司局、数十个标准化技术委员会以及数百家标准制定单位，每一项标准都要历经申报、立项、起草、征求意见、送审、报批、发布、复审等繁杂环节，每年新立项的标准多达四五百项，每年形成的标准档案资料多达5 000项。随着标准数量的逐年增加，由于缺乏有效的管理方式，标准项目进度不清、审查不明、档案难查、管理成本高昂等问题十分突出。标准的实施，涉及乡镇以上监管部门44 200多个、县级以上检测机构3 100多个、规模化生产企业和合作社300余万家，但标准信息获知难、标准落地应用难等问题也很突出。如何通过信息化手段，建立农业标准从立项到实施全生命周期的管理系统，大幅度提高标准管理效率，提高标准信息透明度，及时快捷满足相关机构需求，切实解决农业标准化“最初一公里”和“最后一公里”问题，是当前亟须解决的迫切问题。

农业标准制修订管理系统是农业农村部为规范标准项目的管理流程、提高项目管理效率、实时掌握标准项目各阶段进度状态而设计建立的内部业务管理系统。

目的是实现标准项目申报、起草、送审、报批、发布、复审的全程管理和档案管理。

二、建设历程

（一）里程碑

- 2013年10月系统V1.0上线
- 2016年10月系统V1.1上线
- 2017年10月系统V1.2上线
- 2018年8月系统V2.0上线

（二）功能版本演化

✧ **V1.0 版本**

（1）用户注册、审核。

（2）机构、用户、权限管理。

（3）标准立项审核流程。

（4）标准报批审核流程。

（5）标准复审审核流程。

（6）查询统计模块。

（7）基础设置模块。

（8）专家评审模块。

✧ **V1.1 版本**

（1）解决查询选择增加过滤条件后被防火墙拦截的问题。

（2）历史年度数据整理导入。

（3）改进标准申报时效功能，调整后立即生效。

（4）增加指定完成时限功能。

（5）通知公告功能改进，支持图文混排。

✧ **1.2 版本**

（1）系统迁移到农业农村部服务器。

（2）改进系统不支持根路径的问题。

（3）改进权限分配机制为调度更新，解决授权过程导致的数据库锁死问题。

（4）解决注册验证码问题。

✧ **V2.0 版本**

（1）系统底层平台进行了大版本升级，以前仅能使用 IE9 及以下浏览器，目前支持 360/QQ/猎豹/搜狗/谷歌/Firefox 等主流浏览器，并推荐使用极速模式（此项升级的工作量非常大，底层平台经历了 2 年时间持续改进，目前升级到了最新版本）。

（2）服务器中间件升级，JDK 升级为 java8，resin 升级为 resin4，系统稳定性、并发性能得到较大提升。

（3）平台工作流引擎及工作流编辑器进行了升级，标准申报、立项评审、标准审定、标准复审、专家评审等功能批量工作流部分进行了改进。

（4）对 2018 年度以前的项目数据进行了隐藏。

（5）通知公告功能进行了升级，目前支持图文编辑。

（6）权限更新进行了改进，解决了用户过多后导致数据库锁死的问题。

（7）标准复审流程暂时不启用，并对历史已经启动流程项目取消流程提醒。

（8）标准申报时效功能进行了改进，操作上更加简便。

（9）首页统计图进行了缓存处理，以缓解用户过多导致系统运行缓慢的问题。

（10）立项评审→业务司局审查增加导出“项目汇总表”功能。

（11）配合农业农村部目录工作组开通数据库查询账号、系统查询账号。

（12）标准立项功能增加标准时效过期后的提醒，及过期后不能提交审核的限制。

（13）导出项目汇总表增加是否指南内字段。

（14）已立项标准功能隐藏之前年度的数据。

（15）业务司局报主管司局时，批量上传 PDF 文件，才能提交。

（16）增加留痕。

（17）主管司局可以导出（再导入审批意见）。

（18）业务司局等可以不发送短信。

（19）标准名称默认与项目名称一致、标准号增加 GB、SC 等选项。

（20）已发布标准增加一个字段“标准类别”，涉及把以前发布标准的标准类别补充进去，以方便标委会查找归属自己单位的标准。

（21）整理各标委会的真实用户。

（22）增加已发布标准功能。

第二节 操作指南

一、服务对象

农业标准制修订管理系统的用户角色分为 5 类：

✧ 申报单位：农业行业标准项目申报、立项通过后标准起草及送审。

✧ 业务司局（标委会）：审核各单位申报的标准项目、审核各单位提交的送审稿及报批稿。

✧ 主管司局（标准处）：审核各业务司局审核通过的标准项目，标准报批、发布，标准复审。

✧ 评审专家：项目立项、标准审定审核；评审专家角色在系统内目前暂未启用。

✧ 系统管理员：审核申报单位的账号注册信息。

二、业务流程

系统总体上包括 3 个子流程：标准申报流程、标准审定流程、标准复审流程。系统的整体业务流程如图 1－1 所示。

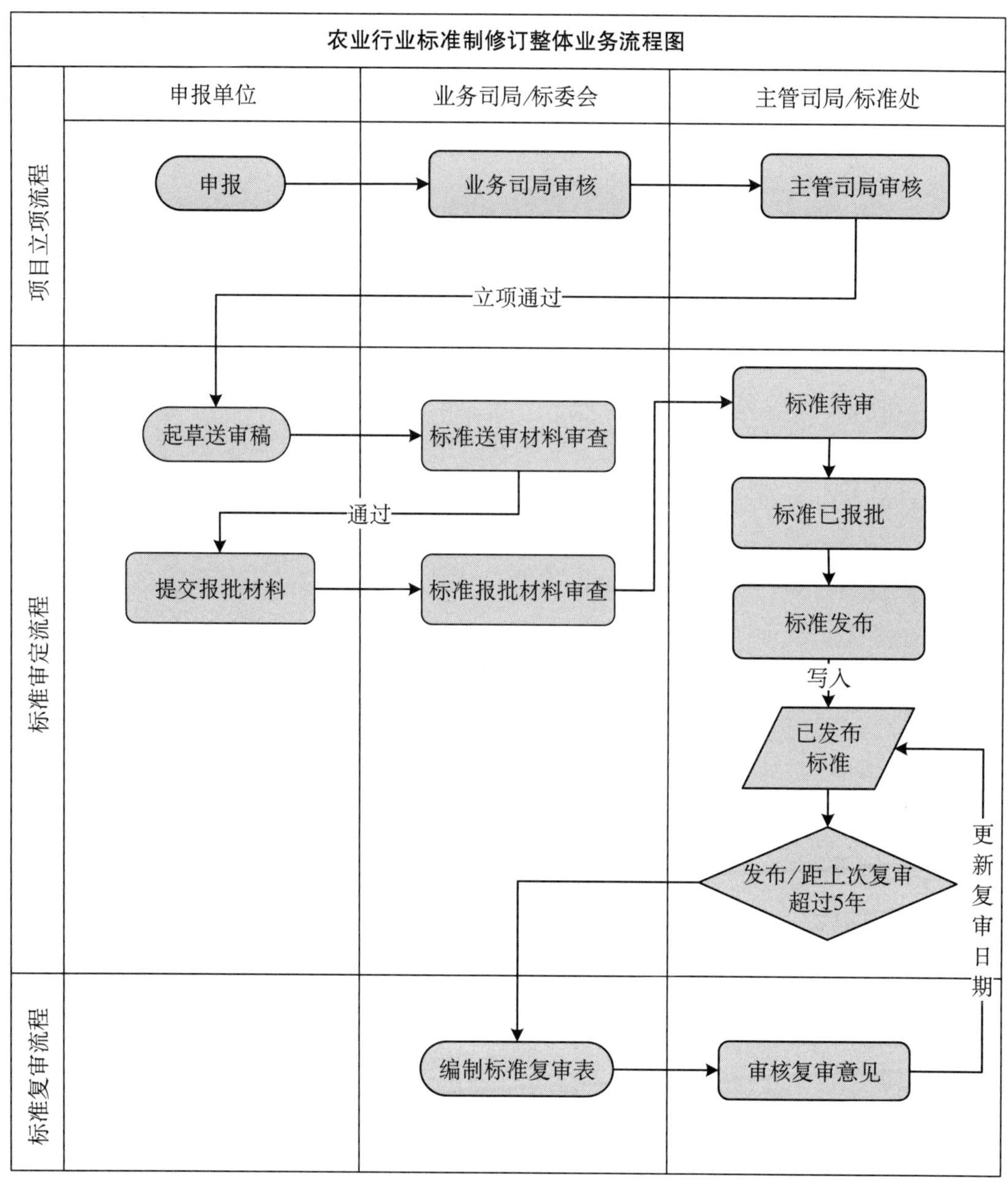

图 1－1

三、功能描述

（一）申报（起草）单位

1. 系统注册

（1）注册主账号

申报单位如从未注册过本单位账号，需要注册本单位的主账号。每个单位仅能有一个主账号，不能重复注册。对于单位较大，多人申报标准制修订项目的情况，可由主账号分配本单位的子账号，主、子账号均可以申报项目、提交送审材料。

注册单位主账号需提供的注册信息如表 1－1 所示。

表 1－1　注册信息表

字段	输入说明（要输入的内容）
用户名	申报单位登录系统的账号，字母或数字组合
密码	申报单位登录系统时密码
密码确认	
姓名	用户姓名
身份证号	用户身份证号
身份证扫描件	用户身份证扫描件
手机号码	用户真实手机号码，以备业务联系用
办公电话	用户办公室电话
传真号	用户传真号
常用邮箱	用户常用电子邮箱
单位全称	用户单位全称
通讯地址	用户单位通讯地址，申报单位申报项目时使用
邮政编码	用户单位通讯地址邮编，申报单位申报项目时使用
银行账号	用户单位的银行账号
收款单位名称	用户单位名称
开户行	用户单位银行账户的开户行
组织结构代码	用户所在单位组织结构代码
组织结构代码扫描件	用户所在单位组织结构代码扫描件
单位执照（证书）扫描件	用户所在单位执照扫描件
验证码	输入右侧图片中的验证码

（2）分配子账号

对于单位较大，多人申报标准制修订项目的情况，可由主账号分配本单位的子账号，主、子账号均可以申报项目、提交送审材料。

主账号可对本单位子账号进行维护，包括删除、重置密码等。因此子账号的密码忘记后，请联系本单位主账号管理人员予以重置密码。

2. 项目立项

（1）项目立项申报

项目申报内容包括两个部分，一是项目基本信息，主要为可以向后续环节流转的基本信息；二是申报书、实施方案等附件。项目立项主要为主项审查，重点在于意见的编写和反馈。

● 系统提供申报时限管理功能，即选择开放申报的操作时间段。

● 申报单位在规定的时限内按要求填写项目信息并提交审核。一旦超过规定时限，系统自动关闭申报功能。

● 项目一旦提交，申报单位不能修改和删除。

● 申报单位操作人员可以查看本人经办申报的标准项目。每一个项目都需要通过流程图和状态表两种方式展示状态进程，查看各环节进度以及审核意见。此状态进程随项目进程叠加。

● 历史标准项目信息可以批量导出，包括立项后的各种上报材料。

● 标准立项信息查重功能。对新录入的标准项目名称，通过关键字自动查重，核心内容相似或一致的系统发出提示，并拒绝录入。

标准立项信息如表 1－2 所示。

表 1－2　标准立项信息表

字段	输入说明
项目名称	如果是项目指南中项目，应从项目中进行选择。计划外项目，手动输入项目名称
项目类型	选择项目指南，自动带过来，可以修改
标准类别	从标准类别表中进行选择
产品类别	从产品类别表中进行选择
项目经费	英文下数字格式
归口司局	选择项目指南时，自动带过来，可以修改
技术归口单位	选择项目指南时，自动带过来，可以修改
项目申报书	数据保存后，上传实施方案附件
修订标准号	选择项目指南时，自动带过来，可以修改
项目承担单位	从用户注册信息自动带过来
通讯地址	从用户注册信息自动带过来
邮政编码	从用户注册信息自动带过来
法人代表姓名	手动输入
收款单位名称	从用户注册信息自动带过来
开户行	从用户注册信息自动带过来
银行账号	从用户注册信息自动带过来
首席专家姓名	手动输入
职称	手动选择，正高、副高，默认是正高
联系电话	手动输入
手机	手动输入
传真	手动输入
电子邮件	手动输入

立项信息填写完毕后，点击提交审核，否则业务司局是看不到你单位所申报的项

目的。如图 1-2 所示。

（2）提交后撤回

在标准立项提交给业务司局审核后，发现信息填错了或项目申报书需要修改时，如果业务司局还未审核，申报单位是可以撤回的。

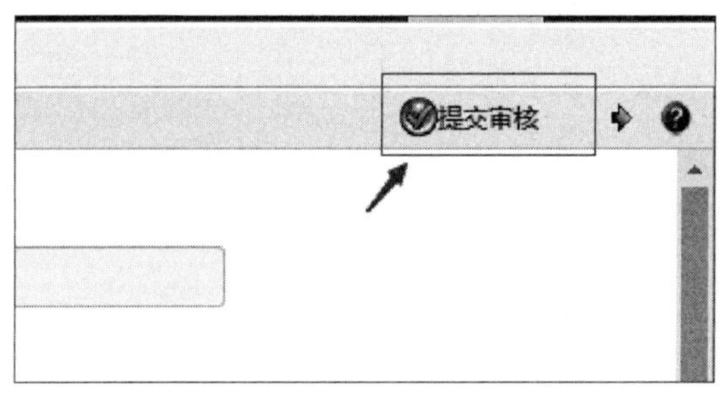

图 1-2

（3）被退回后修改

申报单位所提交的项目立项并不会全部审核通过，业务司局或主管司局可能会填写审核意见后，退回给申报单位修改。

点击首页提醒的链接后，即可查看被退回的原因，并对应修改后，点击“业务司局审查”按钮重新提交。

（4）不予立项

如果业务司局或主管司局最终下了不予立项的意见后，申报单位会在首页收到不予立项的通知，此时流程已经结束，不能再进行任何操作。

3. 标准审定

如图 1-3 所示，标准起草单位在此流程中负责：①起草送审稿并提交给业务司局/标委会审核；②业务司局/标委会审核通过后，返回给标准起草单位，标准起草单位提交报批稿。

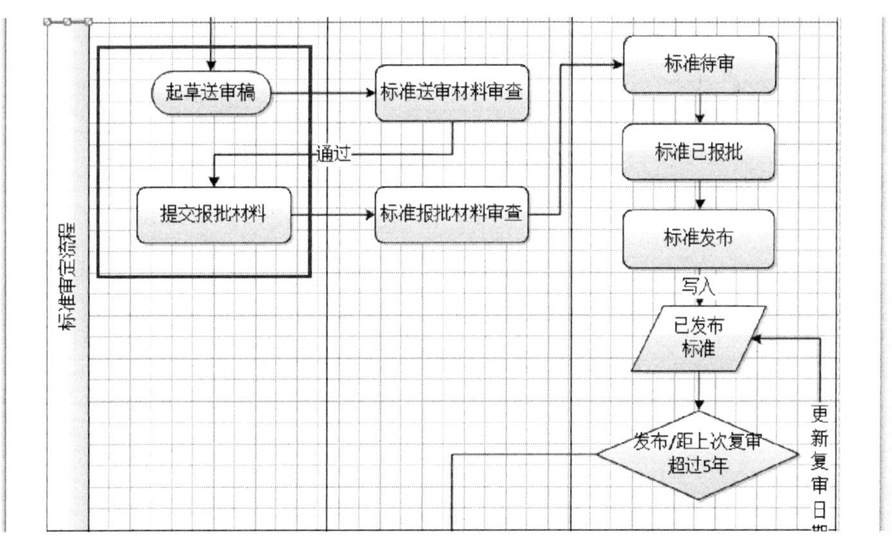

图 1-3

（1）提交送审材料

标准立项审核通过后，系统自动发送标准起草提醒给申报单位，申报单位起草标准信息并上传相关附件后，提交给业务司局进行组织送审。

因特殊情况，有些项目未经立项流程，现在也可从“已立项标准”直接补录项目并提交送审材料给业务司局。如图 1–4 所示。

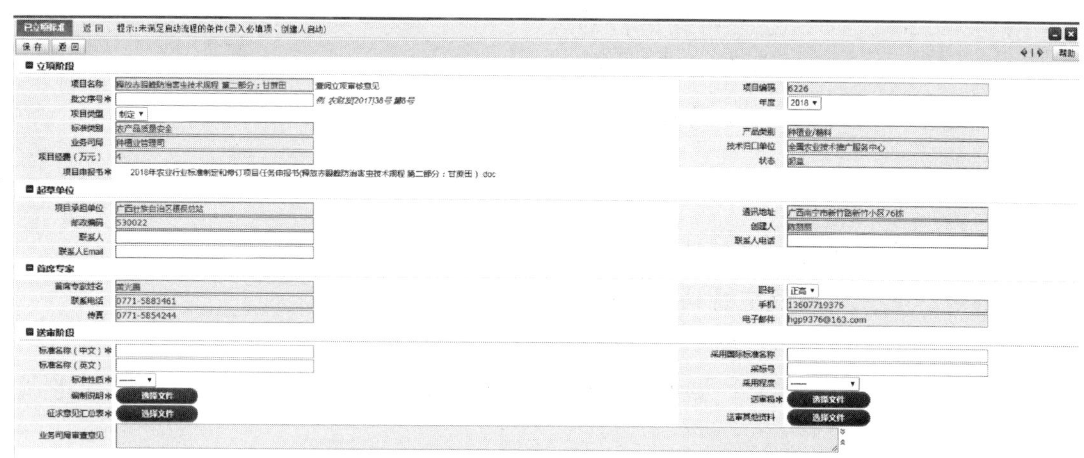

图 1–4

标准送审信息如表 1–3 所示。

表 1–3　标准送审信息表

字段	输入说明（要输入的内容）
项目名称	该标准项目名称
项目编码	此编码由系统自动生成，为项目的唯一标识
批文序号	填写标准计划批文中的项目序号，如：农财发〔2017〕38 号第 8 号
年度	此项目的归属年度
标准类别	经标准立项流程审核通过的项目会自动赋值；如为补录项目则从标准类别表中进行选择
产品类别	经标准立项流程审核通过的项目会自动赋值；如为补录项目则从产品类别表中进行选择
业务司局	经标准立项流程审核通过的项目会自动赋值；如为补录项目则选择
技术归口单位	经标准立项流程审核通过的项目会自动赋值；如为补录项目则选择
项目经费（万元）	经标准立项流程审核通过的项目会自动赋值；如为补录项目则填写数字
状态	标准审定流程目前的状态
项目申报书	经标准立项流程审核通过的项目会自动赋值；如为补录项目则上传
项目承担单位	该标准英文名称
通讯地址	系统自动赋值
邮政编码	系统自动赋值
创建人	系统自动赋值
联系人	填写联系人
联系人电话	填写联系人电话

续表

字段	输入说明（要输入的内容）
联系人 EMAIL	填写联系人 Email
首席专家	首席专家信息。经标准立项流程审核通过的项目会自动赋值；如为补录项目则填写 各种联系方式要有效
职称	
联系电话	
手机	
传真	
电子邮件	
标准名称（中文）	拟采用的标准中文名称
标准名称（英文）	拟采用的标准英文名称
标准性质	可选择 强制性 或 推荐性
采用国际标准名称	所采用的国际标准名称
采标号	采标号
采用程序	可选择 等同采用 或 修改采用
编制说明	单击“选择”，上传编制说明附件，文件多可打包上传，也可以上传多个文件
送审稿	单击“选择”，上传标准送审稿，文件多可打包上传，也可以上传多个文件
征求意见汇总表	单击“选择”，上传标准征求意见汇总表，文件多可打包上传，也可以上传多个文件
送审其他材料	单击“选择”，上传送审其他材料，文件多可打包上传，也可以上传多个文件

（2）提交报批材料

业务司局/标委会审核过标准起草单位提交的报批稿后，会返回给起草单位再提交报批稿。

需要上传的报批材料有：会议纪要、审核意见汇总表、专家签字表、报批稿、审定意见、报批单等。

（二）业务司局/标委会

从系统整体业务流程图1－5可以看到，业务司局/标委会涉及的主要操作分别为：①项目立项流程中审核归属本业务司局/标委会的项目；②标准审定流程中审核送审材料、形式审查报批材料；③编制标准复审表。

1. 项目立项审核

申报单位提交需要进行立项的标准给业务司局或技术归口单位进行审查，业务司局/标委会线下组织专家评审后，在线上给出建议立项或不予立项的意见。

建议立项：意见为建议立项时，标准项目发送给主管司局进行审查。

不予立项：意见为不予立项时，标准项目流程终止。

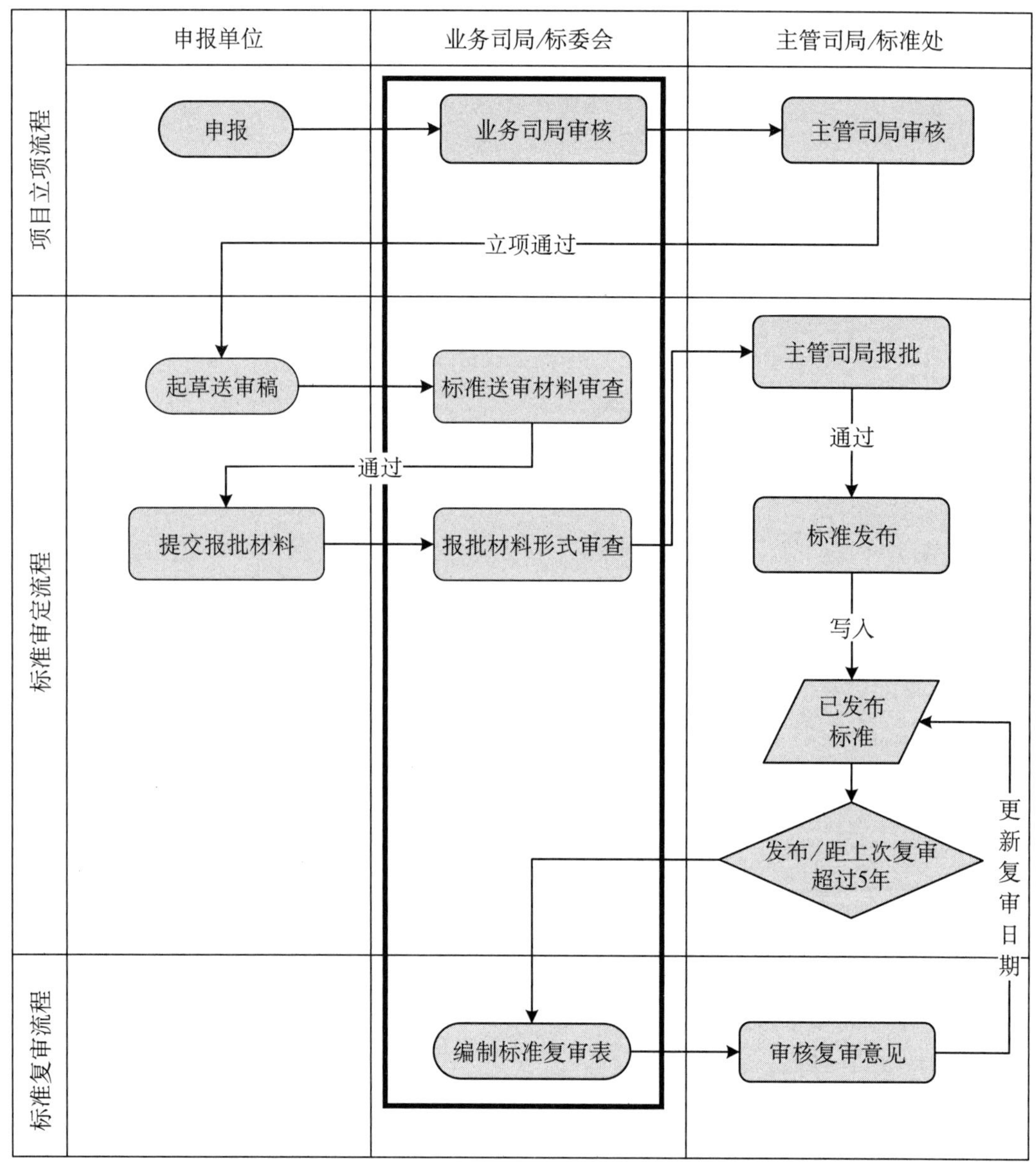

图 1-5

导出评审表

标委会可以先不进行任何审核，待所有单位提交项目立项后，一次性导出评审表，然后线下组织专家进行评审，评审完后，再依据专家意见在线上批量将最终的审核意见写回系统内。

导出项目汇总表

导出项目汇总表的意思是将所有项目审核完毕后，导出所有建议立项的项目，以提供给标准处。

2. 标准送审

业务司局在标准审定流程中，涉及 2 次审核。一次是审核起草单位送交的送审稿，另一次是审核起草单位送交的报批材料。如图 1-6 所示。

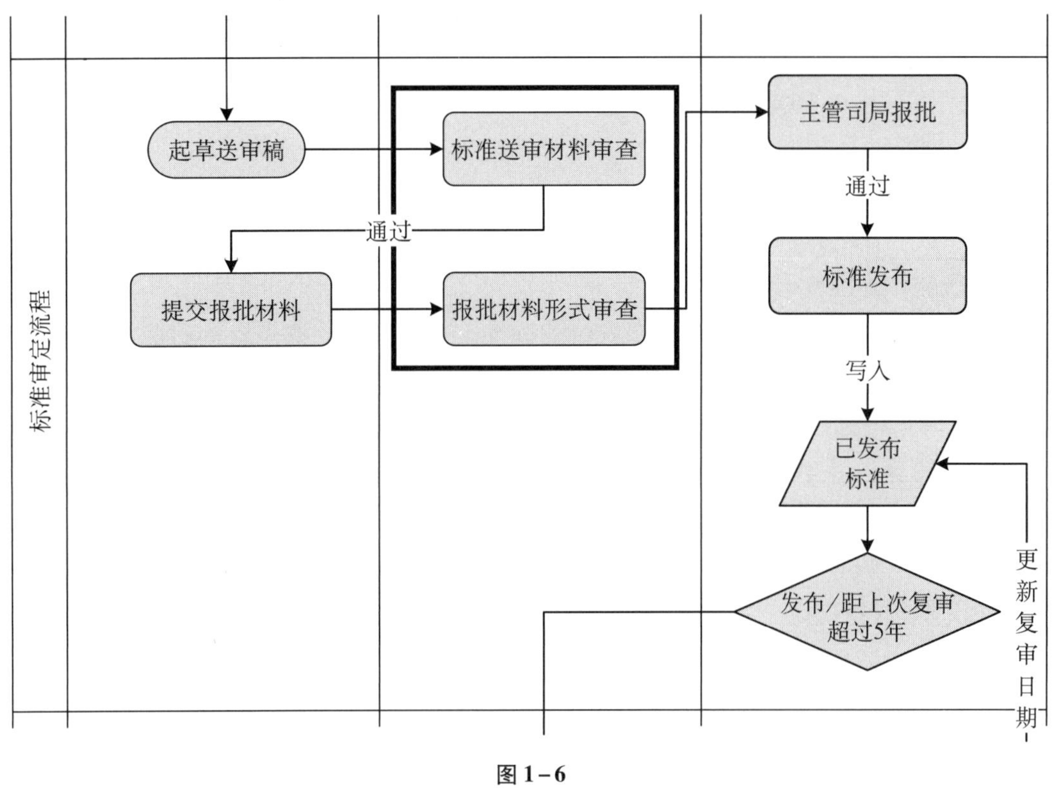

图 1-6

（1）送审材料审查

审核送审材料后，点击“送审通过，返回申报单位提交报批材料”，表示送审材料审核通过，返回申报单位提交报批材料；点击“退回”，表示送审材料审核不通过，填写审核意见后，退回申报单位修改。

（2）报批材料审查

审核送审材料后，点击“形式审查通过，提交主管司局报批”，表示报批材料审核通过，提交主管司局审核；点击“退回”，表示报批材料审核不通过，填写审核意见后，退回起草单位修改。

（3）补录报批项目

标委会可以要求起草单位补录要报批的项目，也可以自己补录报批项目，并直接提交给主管司局审核。

在标准报批材料审查功能内，通过“补录报批项目”即可自主补录报批项目信息，并将报批项目提交至主管司局进行报批审核。

3. 编制标准复审表

复审是对发布后超过 5 年的标准项目进行重新审查的过程。

复审意见为“继续有效”的，则进入第二个五年循环；复审意见为“修订”的，由业务司局整理提交主管司局进入下一年立项目录，由申报单位申报；复审意见为“废止”的，进入废止标准菜单。

各标委会每年负责编制归属本标委会的标准复审表。系统查询统计模块内提供了截至目前已发布的超过 5 年的农业行业标准清单，可以导出后，在此清单的基础上补充复审意见（继续有效、修订、废止）后，通过批量导入直接将复审表导入系统内。

4. 查询统计

（1）综合查询

✧ 已发布标准查询

◆ 本功能提供历年已发布的农业行业标准、标准原文的数据查询功能。

◆ 默认展示待复审标准，即当前距实施日期超过 5 年的标准，如需查看全部已发布标准，请在功能左上角切换为“全部数据”。

◆ 数据支持导出，可以作为“标准复审”功能的数据源头。

◆ 可下载标准原文，点击“修改”按钮，即可查看原文。

◆ 可以上传补充原文。

✧ 申报项目查询

本功能提供所有申报项目的查询。

✧ 立项项目查询

本功能提供所有立项通过项目的查询，可通过各种查询条件组合查询。

（2）项目数量统计

本功能提供各种维度的项目数量统计报表。如图 1-7 所示。

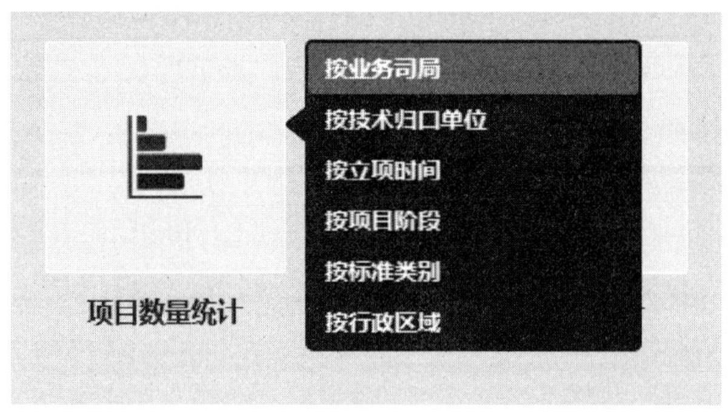

图 1-7

（3）项目资金统计

本功能提供各种维度的项目资金统计报表。如图 1-8 所示。

图 1-8

（三）主管司局/标准处

1. 项目立项审核

主管司局是项目立项审核通过的最后一个节点。标委会建议立项的项目会汇集到主管司局/标准处，主管司局/标准处一般导出项目汇总表后，线下召开专家评审会，然后将评审会确立的审核意见（建议立项、不予立项）录入系统。如图 1-9 所示。

同意立项的项目会自动给申报单位发送起草标准送审稿的提醒。

不予立项的项目会自动给申报单位发送不予立项的提醒。

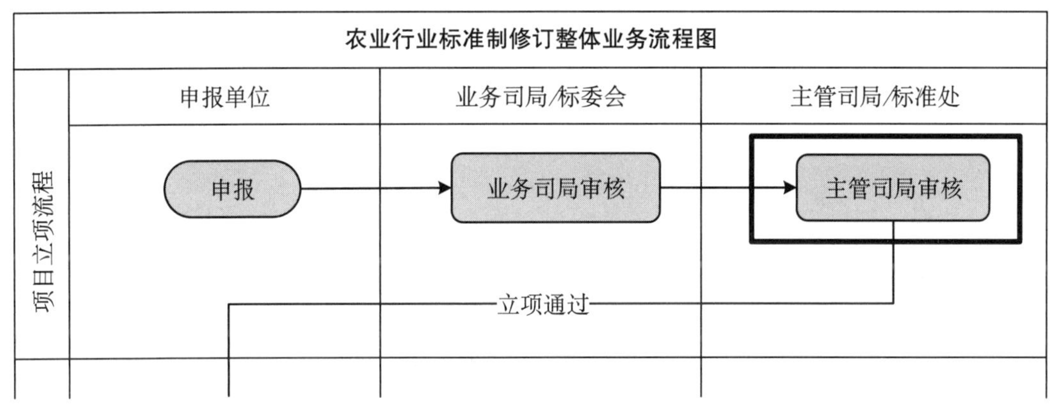

图 1-9

2. 标准报批

标准审定流程，主管司局/标准处有两项任务，分别是：主管司局报批、标准发布。如图 1-10 所示。

报批材料经业务司局/标委会审核通过后，会送交主管司局进行报批处理。主管司局审核材料后，给予审核意见。

“报批通过”的项目，进入下一步标准发布。

“项目终止”的项目，即终止不再做了。

“退回”，退回标委会修改。

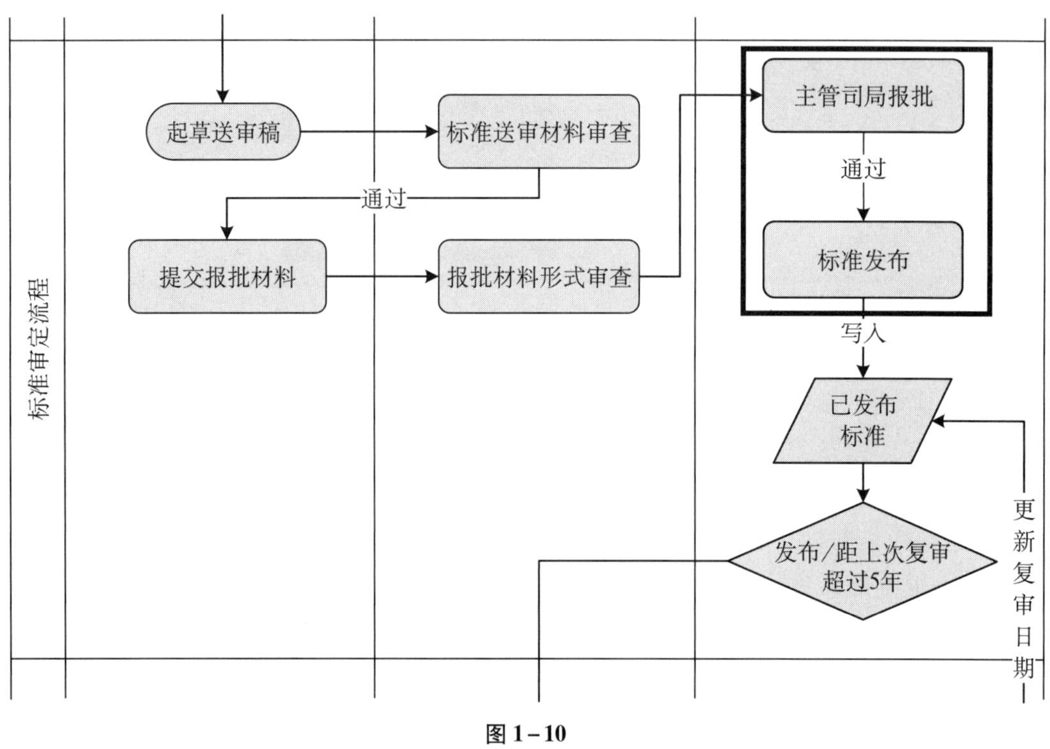

图 1-10

3. 标准发布

报批通过的项目，待标准号、标准名称确定下来后，主管司局需要对标准进行发布操作。

填写发布日期、实施日期、标准号、标准名称、批准文号，然后单击“保存”按钮保存数据，确认无误后，单击发布按钮，该标准进行发布。如图 1-11 所示。

图 1-11

标准发布信息如表 1-4 所示。

表 1-4　标准发布信息表

字段	输入说明
发布日期	该标准审定通过后发布日期
实施日期	该标准审定通过后具体实施开始日期
标准号	该标准审定通过后的标准号。格式如 NY/T 1234—2013，所有字符为英文输入法下输入
标准名称	该标准审定通过后标准名称
批准文号	该标准审定通过后批准文号

4. 标准复审表审核

各标委会编制完复审表并导入系统后，标准处需给出最终的复审意见。如图 1-12 所示。

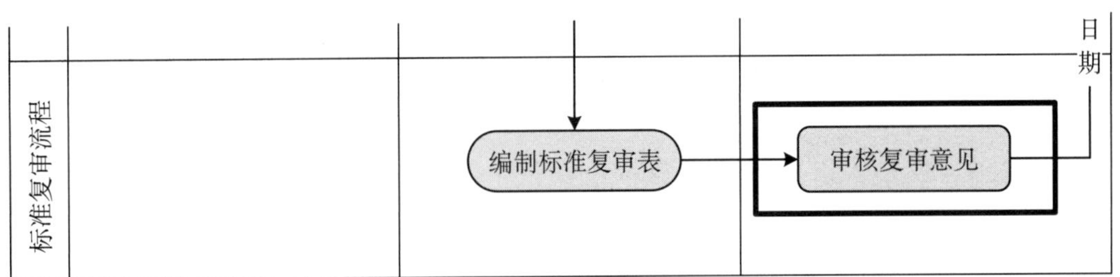

图 1-12

（1）各标委会数据全部上传后，可整体导出为 Excel 文件。

（2）如对标委会的复审结论有异议或需修改内容，直接在导出的 Excel 文件里面修改，修改完后，通过批量导入，将修改的内容回传至系统内；如修改量不大，也可直接在系统内修改。

（3）对标委会复审结论无异议后，点“审核”按钮，此时数据无法删除也不能再修改。

【注】审核过后，复审标准所对应的技术归口单位、复审年度、复审结论字段会自动同步到“已发布标准”内；同时复审结论为修订、继续有效的标准从复审年度起，开始新一轮 5 年周期。

5. 查询统计

（1）综合查询

✧ 已发布标准查询

本功能提供历年已发布农业行业标准、标准原文的数据查询功能。

默认展示待复审标准，即当前距实施日期超过 5 年的标准，如需查看全部已发布标准，请在功能左上角切换为“全部数据”。

数据支持导出，可以作为“标准复审”功能的数据源头。

可下载标准原文，点击“修改”按钮，即可查看原文。

可以上传补充原文。

✧ 申报项目查询

本功能提供所有申报项目的查询。

✧ 立项项目查询

本功能提供所有立项通过项目的查询，可通过各种查询条件组合查询。

（2）项目数量统计

本功能提供各种维度的项目数量统计报表。如图 1－13 所示。

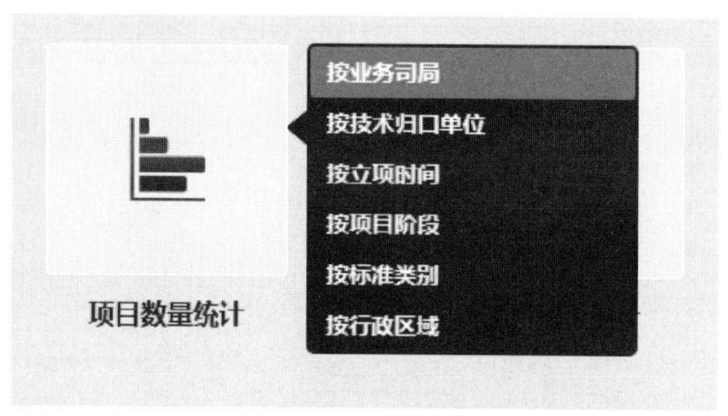

图 1－13

（3）项目资金统计

本功能提供各种维度的项目资金统计报表。如图 1－14 所示。

图 1－14

（四）系统管理员

1. 注册用户审核

注册用户审核功能为系统管理员提供申报单位注册信息审核功能。

用户信息审查通过，系统将自动授予申报单位项目申报和标准起草功能；单击“审核不通过”，填写不通过原因，发回申报单位，申报单位进行信息修改，然后重新提交审核。

2. 项目指南

项目指南功能提供系统管理员将每年的项目指南信息导入到系统里面去。导入项目指南之前，系统管理员必须先下载系统中的数据模版，然后按照模版填写数据上传；否则将导入失败。项目指南基础数据为申报单位在标准进行申报时选择自己申报的项目使用，通过此功能使项目基本信息能够更加规范和统一。同时需要注意的是，在标准申报时，申报单位选择项目范围只能是本年度已经启用的项目。

项目指南信息如表 1－5 所示。

表 1－5　项目指南信息表

字段	输入说明
年度	项目指南属于哪一年度
项目名称	项目指南中项目名称
项目类型	项目指南中项目类型，选择“制定”和“修订”
业务司局	项目指南中业务司局单位，单击“选择”进行选择
技术归口单位	项目指南中技术归口单位，单击“选择”进行选择
修订标准号	项目指南中修订的标准号
是否启用	本项目是否启用，用于本年度有多批次项目时开放最后一次项目给申报单位，此时将以前批次项目是否启用设置为“否”

用户可通过下载批量导入数据模板，在 Excel 内整理好后，批量导入。

3. 标准申报时效设置

标准申报时效功能提供系统管理员对申报单位开放标准申报时间区间，可以设置多个区间。

如设置“2013－09－08”到“2013－12－18”区间，申报单位只能在这个时间段进行标准申报，其余时间不能进行标准申报操作。

4. 标准类别维护

标准类别功能提供申报标准的标准类别的信息维护，此处数据维护好后，供所有申报单位在标准申报时候使用，为以后数据统计查询提供基础数据。

5. 产品类别维护

产品类别功能提供申报标准的产品类别的信息维护，此处数据维护好后，供所有申报单位在标准申报时候使用，为以后数据统计查询提供基础数据。如图 1－15 所示。

6. 专家库维护

专家库功能提供各技术归口单位维护自己的专家信息，通过此功能可以添加专家详细信息以及进行授权。

7. 专家授权

如果不对专家进行授权，专家登录到系统后，不能进行立项、审定及复审的评审。

各技术归口单位一次性录完本单位所有专家信息后，单击“更新权限”按钮对所有专家进行专家评审功能授权。

图 1-15

8. 部门管理

在录入了单位信息后，进行部门信息的设置和管理，主要功能包括：新增、修改、删除等。

❑ **新增部门**

部门的信息包括有：名称、联系电话、地址、简要说明等。

❑ **部门编辑**

对已经设置好的部门进行修改、删除等操作。

❑ **支持分级管理**

可以分配二级管理员进行管理，对已经设置好的部门进行修改删除等操作。

9. 用户管理

根据部门设置人员的相关信息，主要功能包括：新增、修改、删除、授权、注销等。

❑ **新增用户**

添加新用户账户到系统，进行用户信息初始化。

❑ **用户编辑**

对已经添加的用户账户做修改、删除操作。系统支持“假删除”和“永久删除操作”。

❑ **用户授权**

对用户进行各种权限设置，可按部门、单位、事务处理操作等进行授权。

❑ **用户注销**

对已存在的用户进行注销管理，被注销用户不能使用本系统。

❑ **用户查询**

可按登录名、所在部门等方式进行查询。

10. 角色管理

❑ **新增角色**

添加新角色到系统。

❑ **角色授权**

对角色进行权限设定。

❑ **角色编辑**

对已有的角色进行修改、删除等操作。

11. 权限策略

系统可以对用户能否进入系统有严格的密码验证机制，进入系统后能进入或看到哪些菜单及进入某功能菜单后能看到哪些信息或字段，以及对某些信息是否有查询权、录入权、修改权等都能做到权限上的严格控制，并且可以按照角色、权限组、人员来进行权限的划分。

第三节 功能拓展

一、优化标准项目及文本信息查询功能

可以通过立项时间、发布时间、标准项目名称、标准编号、项目单位、标委会和标准适用范围等字段精确或模糊查询，包括按关键字段导出相应标准目录。

二、优化统计分析功能

（1）通过选择日期，产生标准分类统计数据报表，报表内容包括：国家标准数量、行业标准数量，农药残留标准数量、兽药残留及方法标准塑料数量、饲料标准数量、转基因标准数量，以及有效、废止、已复审标准数量等。

（2）针对不同的统计分析应用场景，如标准项目实施进展情况统计，包括送审比例、报批比例、发布比例等。

（3）生成常用图表，如年度标准数量变化图、分类别标准项目饼图、年度变化图等，设计统计分析模型，开发相应的数据统计分析功能模块。

三、增加标准项目及文本专家审评功能

可以导入专家信息，设置用户名密码，可在系统中选择专家，并分配标准文本或

项目，专家可单独或批量进行审评。

四、完善标准数据信息

进一步完善已立项及发布的标准基本信息及文本内容，并且备注标准状态。增加2018 年新发布农业标准信息及文本。

第四节　服务咨询

农业农村部农产品质量安全中心质量标准处 010－59198528
北京达邦数据技术有限公司 010－64845114

参考资料

1.《农业标准制修订系统需求规格说明书》
2.《农业标准制修订系统优化升级方案》
3.《农业标准制修订系统操作手册》

第二章　全国农业检验检测服务平台

第一节　综　述

一、建设背景

农产品质量安全检验检测是农产品质量安全监管的重要手段。中国通过“十一五”“十二五”两个五年规划，在全国范围内共建设完成农产品质量安全检测机构3 000余家，形成了部、省、地、县四级检测体系，检测能力覆盖种植产品、畜禽产品、水产品、农药、兽药、饲料及饲料添加剂等农产品和农业投入品，仅农药残留、兽药残留、重金属污染物等质量安全相关的检测项目参数就多达7 000余项。通过盲样检测和能力验证，确保各检测机构检测结果一致、可靠、稳定，是检测机构管理的重要职责。本章将重点围绕全国部省级检测机构能力验证工作，开发全流程信息化管理系统，以规范能力验证过程，提高数据统计效率，降低管理成本，为农产品质量安全智慧决策和精准监管提供平台支撑。

二、建设历程

（一）里程碑

■ 2017年3月系统V1.0上线

■ 2018年5月系统V2.0上线

（二）功能版本演化

✧ **V1.0版本**

（1）用户注册、审核。

（2）机构、用户、权限管理。

（3）项目参数库。

（4）信息发布（通知公告）。

（5）检验检测计划编制、发布。

（6）能力验证报名。

（7）能力验证报名审核。

（8）样品制备。

（9）样品发放。

（10）检测结果上报。

（11）检测结果判定。

（12）报告编制、下载。

（13）综合查询。

（14）统计报表。

✧ **V2.0 版本**

（1）增加机构名录模块。

（2）增加检测仪器功能。

（3）增加标准物质功能。

（4）增加供应商注册功能。

（5）增加供应商账户审核功能。

（6）在系统内注册的检测机构可额外补充不超过 3 个机构别名，在系统内显示为主机构名称［机构别名］，用以解决同一个机构挂多个牌子的问题。如农业农村部农产品质量安全监督检验测试中心（西宁）［青海省绿色食品检验中心］。

（7）新增 2018 年度承担农业农村部例行监测任务的部级质检机构名单（必检单位），三品一标检测机构名单。

（8）针对牛奶领域，需额外支持报名参数识别，如：部级质检机构，必须参加本领域，需报名项目：蛋白质、黄曲霉素 M_1。

（9）参加单位报名时［参加项目］字段去掉"无公害项目"选项，仅保留全部项目、部分项目选项。勾选全部项目时，［具体参加项目］字段自动把所有项目填上；勾选部分项目时，必须选择具体的项目（其中农残可限制不能低于 25 个检测项目）。

（10）参加单位上报结果时，系统自动依据报名的检测项目生成填报表单，无须添加检测项目，也不能删减（仅限全部样品所检项目均一致的情况下可以启用）。

（11）检测结果生成 PDF 文件，参加单位可自行下载（已实现、水印也有），具体水印的样式可更换。

（12）补验时可查看初验结果。

（13）机构类别改成树形字典。

（14）报名表模板可依据报名信息自行导出。

（15）参加单位补充邮编信息。

（16）依据安全中心要求，将系统从阿里云迁移回农业农村部信息中心机房。

（17）找回密码功能修改。

（18）工作流引擎增加撤回功能，用于技术支持单位发样登记时误操作，可撤回重新发。

（19）农残结果上报页面样式修改；增加检测方法与仪器。

（20）导出结果上报表修改。

（21）结果判定修改。

（22）导出结果表修改。

（23）水产品结果上报页面样式修改；增加检测方法与仪器。

（24）导出结果上报表修改。

（25）结果判定修改。

（26）导出结果表修改。

（27）牛奶结果上报页面样式修改。

（28）导出结果上报表修改。

（29）结果判定页面修改。

（三）系统功能提升过程

全国农业检验检测服务平台于2017年上线，系统名称为农产品质量安全检测技术能力验证系统，实现了农产品质量安全检测技术能力验证的线上报名、线上审核、上报检测结果及判定的全过程管理。

2018年平台扩充了检测机构管理模块，并将系统更名为全国农业检验检测服务平台。

第二节　操作指南

一、服务对象

农产品质量安全检测技术能力验证及质检机构管理系统公开面向整个互联网，服务对象是全国农产品质量安全检测技术能力验证组织、技术支持和参加机构、农业质检机构及管理部门。

系统的账户类型分为3类：

✧ 系统管理员：负责验证计划编制与发布、注册用户审核。

✧ 能力验证单位：账号自行注册，报名适合自己单位的能力验证计划、上报检测结果。

✧ 技术支持单位：对报名单位进行审核，制备、发放样品，对能力验证单位上报的检测结果进行判定。

✧ 供应商：分为检测仪器供应商、标准物质供应商，负责录入其提供检测仪器、标准物质清单，以供质检机构维护本单位检测仪器、标准物质方便选择。

二、业务流程

系统整体业务流程如图2-1所示。

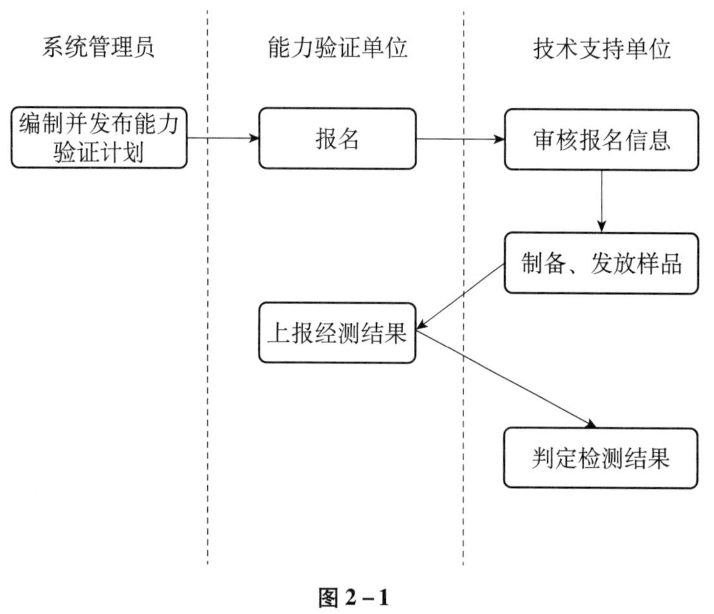

图 2－1

三、功能描述

（一）能力验证单位

1. 系统注册

质检机构需在系统内注册并经管理员审核后，方可报名参加部级能力验证。如图 2－2 所示。

质检机构注册需提供 CMA 证书编号与 CATL 证书编号。

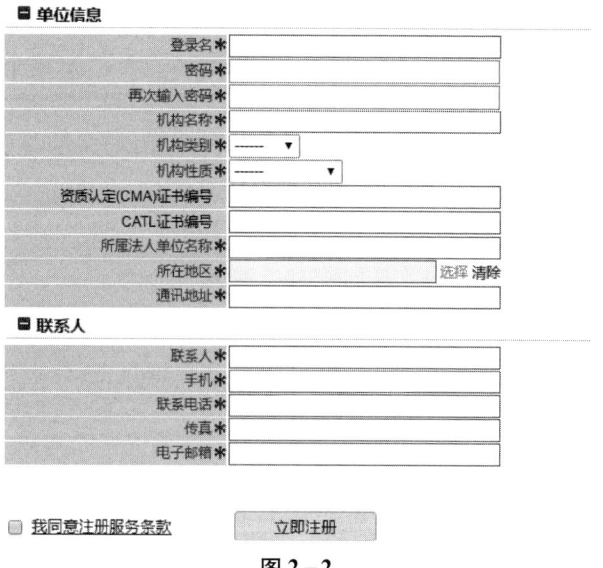
能力验证单位注册

单位信息

登录名*
密码*
再次输入密码*
机构名称*
机构类别* -------
机构性质* -------
资质认定(CMA)证书编号
CATL证书编号
所属法人单位名称*
所在地区* 选择 清除
通讯地址*

联系人

联系人*
手机*
联系电话*
传真*
电子邮箱*

我同意注册服务条款 立即注册

图 2－2

2. 能力验证报名

（1）报名能力验证

注册账户被管理员审核通过后，即能看到“我要报名”与“我的计划”两个功能。

其中“我要报名”为浏览目前可报名的能力验证领域并进行报名操作。“我的计划”为报名后，列示的所报名的计划。

✧ 点击“我要报名”，系统会列出所有目前可接受报名的能力验证计划。

✧ 选中想要报名的计划，点击“报名”按钮。

✧ 系统弹出报名填写页面。

【承担农业农村部任务情况】仅限所报名的领域，勾选“其他”时，需在“备注”字段内注明承担农业农村部的其他任务。

【参加项目】仅有勾选部分项目时，“具体参加项目”会显示出来，点后方的选择，选择具体报名的项目；选择全部项目系统会自动填充所有的检测项目。

✧ 点击“保存”按钮，保存成功后，下载报名表模板，填写后盖章扫描。

✧ 上传报名表盖章扫描件。

✧ 请仔细核对报名信息无误后，点击“提交审核”按钮。

✧ 在弹出的意见填写页面，录入“请审核”，然后点击“确定”按钮。

✧ 系统提示提交成功，报名就提交成功了，此时报名信息发给技术单位进行审核。

（2）提交后撤回

在报名信息提交给技术支持单位审核后，如发现信息填错了，或发现报名信息有误（参数选错了或其他信息填报有误），如果技术支持单位还未审核，申报单位是可以撤回的。

（3）被退回后修改

报名单位所提交的能力验证报名信息可能并不会全部被审核通过，技术支持单位可能会填写审核意见后，退回给申报单位修改。

（4）报名不通过

如果技术支持单位最终下了不予通过的意见后，申报单位会在首页收到不予通过的通知，此时流程已经结束，不允许再报名对应的领域。

（5）查询报名审核结果

通过查看能力验证申请的状态，即可查询报名审核结果，具体说明，如图 2－3 所示。

【样品发放】说明通过了报名审核，下一步按要求去领样即可。

【报名修订】说明报名被技术支持单位退回，并要求修改报名信息，通过“流程跟踪”查看技术支持单位的退回意见。

【中止】说明技术支持单位不同意报名资格，不能参与此领域的能力验证。

【草稿】说明还未提交报名信息，请在报名截止前，尽快提交。

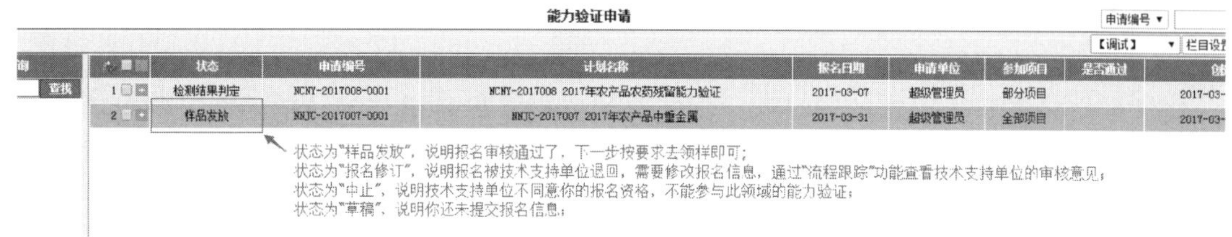

图 2-3

3. 能力验证流程进度跟踪

能力验证系统采用了工作流机制，各单位可通过“流程跟踪”，随时查阅各个节点的审核进度及审核意见。如图 2-4 所示。

✧ 点击“我的计划”功能，查看已经报名的能力验证计划；

✧ 在要查询的计划上，直接双击鼠标；

✧ 系统打开卡片页面，点击“流程跟踪”；

✧ 系统弹出流程跟踪页面，如图 2-4 所示，可以查询当前流程进展到的节点，及各节点的审批意见。

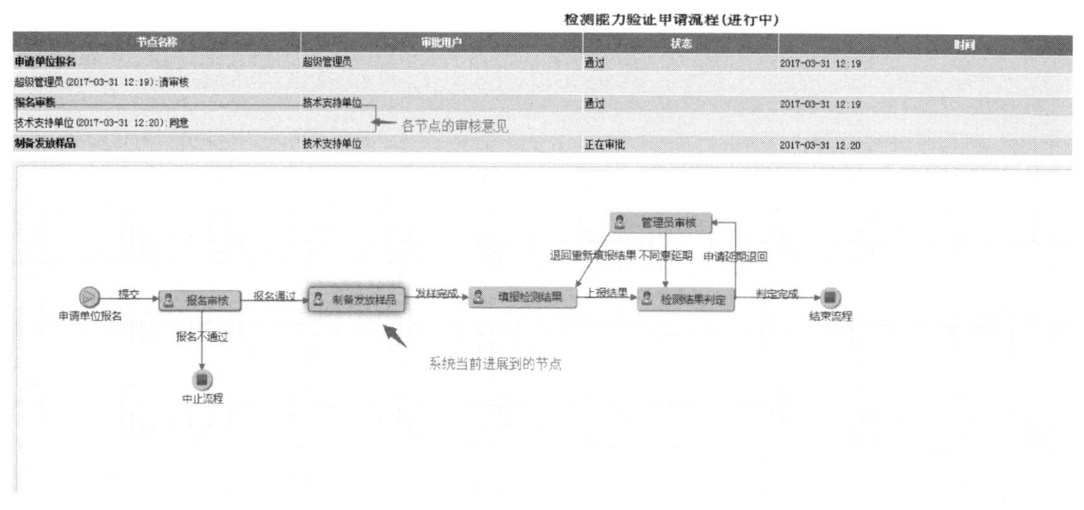

图 2-4

4. 上报检测结果

能力验证单位提交的报名审核通过后，技术支持单位组织进行“制备、发放样品”，样品发放完毕后，能力验证申请流程流转至“填报检测结果”节点。此时能力验证单位可以上报检测结果。

（1）进入上报结果页面

进入上报结果页面有两种方式：

✧ 从待办事务进入

只要流程流转到“填报检测结果”节点，系统会自动给能力验证单位发送待办任务提醒。右上角的信封会有数字提示，点击信封后，打开待办事务页面，在要填报结果的数据行上双击，即可进入填报结果页面。

✧ 从我的计划进入

打开“我的计划”功能，可以填报结果的计划，其状态为“填报检测结果”，要填报哪个计划，就在数据行上直接双击，即可进入填报结果页面。

（2）编辑检测结果

✧ 在样品编号后面，点击“添加项目”按钮，系统会弹出检测项目选择页面，勾选项目后，点击上方的“确定选择”按钮，系统会在样品下方增加你所选择的项目。如图 2－5 所示。

■ 检测结果

注：请务必于截止日前上报检测结果

序号	样品编号	样品基质	平行样数量	操作
1	A01	牛奶	无	添加项目 删除项目

序号	项目/参数	浓度单位	平行样1	平行样2	平行样3	*平均值/检测值	相对偏差(%)	*检测方法(仅标准号)	*主要分析仪器设备名称与型号	*检验员	*校验员
1	六六六	mg/L				0.4		GB/T 5009.147-2003	液相测谱仪	张三	李四
2	甲胺磷	mg/L				0.5		GB 2763-2014	液相测谱仪	王五	李四

序号	样品编号	样品基质	平行样数量	操作
2	A02	大米	无	添加项目 删除项目

序号	项目/参数	浓度单位	平行样1	平行样2	平行样3	*平均值/检测值	相对偏差(%)	*检测方法(仅标准号)	*主要分析仪器设备名称与型号	*检验员	*校验员
1	甲胺磷	mg/L				5		GB 2760-2012	液相测谱仪	王五	李四

导出结果上报表

图 2－5

✧ 在格子上点击即可编辑，双击弹出大框编辑。如图 2－6、图 2－7 所示。

■ 检测结果

注：请务必于截止日前上报检测结果。检测方法与推荐方法不一致，需更改（标准号上点击或双击）；其他附件目前不要求上传；结果上报表原件、原始记录、图谱等材料寄送技术支持单位

序号	样品编号	样品基质	平行样数量	操作
1	A01	牛奶	无	添加项目 删除项目 批量编辑

序号	项目/参数	浓度单位	平行样1	平行样2	平行样3	*平均值/检测值	相对标准偏差(%)	*检测方法(仅标准号)	*主要分析仪器设备名称与型号	*检验员	*校验员
1	甲胺磷	mg/L				0.3		GB 2761-2012	液相仪器	李四	张三
2	六六六	mg/L				0.2		NY/T 761-2008	ssdsfs	sdfds	sdfs

序号	样品编号	样品基质	平行样数量	操作
2	A02	大米	无	添加项目 删除项目 批量编辑

点击即可编辑

图 2－6

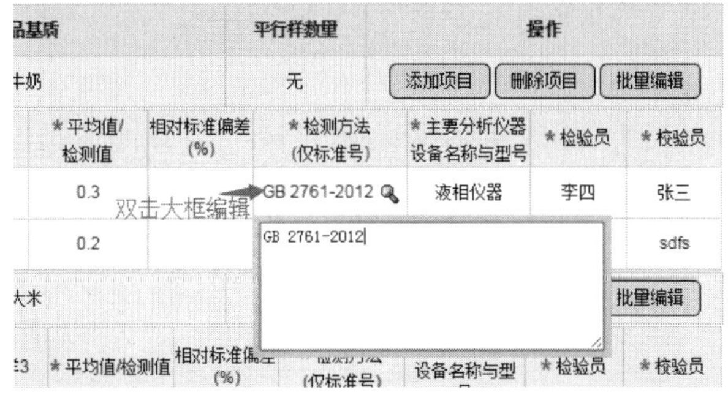

图 2－7

✧ 要删除项目的话，勾选项目后，点“删除项目”按钮。

✧ 如很多项目的字段内容都相同，如都为“未检出”或“ND”，则可使用批量编辑功能。

注：批量编辑功能只能编辑同一样品下的项目。

● 先勾选要批量编辑的项目，然后点“批量编辑”。如图 2－8 所示。

检测结果

注：请务必于截止日前上报检测结果。检测方法与推荐方法不一致，需更改（标准号上点击或双击）；其他附件目前不要求上传；结果上报表原件、原始记录、图谱等材料寄送技术支持单位

序号	样品编号	样品基质	平行样数量	操作
1	A01	牛奶	无	添加项目 删除项目 批量编辑

序号	项目/参数	浓度单位	平行样1	平行样2	平行样3	* 平均值/检测值	相对标准偏差(%)	* 检测方法(仅标准号)	* 主要分析仪器设备名称与型号	* 检验员	* 校验员
1	甲胺磷	mg/L				0.3		GB 2761-2012	液相仪器	李四	张三
2	六六六	mg/L				0.2		NY/T 761-2008	ssdsfs	sdfds	sdfs

序号	样品编号	样品基质	平行样数量	操作
2	A02	大米	无	添加项目 删除项目 批量编辑

1.先勾选要批量编辑的项目

2.点批量编辑

图 2－8

● 系统会弹出批量编辑页面，如图 2－9 所示，先勾选要编辑的字段，再录入数值，最后点“更新选中项目”（批量编辑窗口是可以拖动的）。

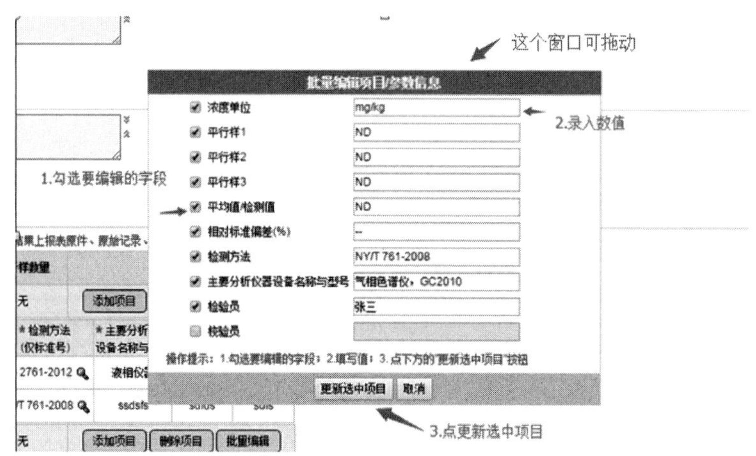

图 2－9

● 选中的项目数值已经全部更新过来了，这对农残项目很多的领域填报时很有用。如图 2－10 所示。

序号	项目/参数	浓度单位	平行样1	平行样2	平行样3	* 平均值/检测值	相对标准偏差(%)	* 检测方法(仅标准号)	* 主要分析仪器设备名称与型号	* 检验员	* 校验员
1	甲胺磷	mg/kg	ND	ND	ND	ND	--	NY/T 761-2008	气相色谱仪，GC2010	张三	张三
2	六六六	mg/kg	ND	ND	ND	ND	--	NY/T 761-2008	气相色谱仪，GC2010	张三	sdfs

样品编号	样品基质	平行样数量	操作
A02	大米	无	添加项目 删除项目 批量编辑

数值全更新过来了

图 2－10

● 项目信息都输入完成后，点“保存”按钮。

✧ 保存成功后，点击【导出结果上报表】。

✧ 导出的 Excel 样式如图 2－11 所示，随后打印、手签（批准、审核、制表），盖章（单位公章）、扫描。

A	B	C	D	E	F	G	H	I	J	K	L
农产品质量安全检测技术能力验证结果上报表											
参加单位名称	测试										
所属法人单位名称	测试										
领样时间											
样品编号	项目名称	平行样1	平行样2	平行样3	平均值/检测值	相对标准偏差（%）（可选填）	浓度单位	检测方法	主要分析仪器设备名称与型号	检验员	校验员
A01	六六六				0.4		mg/L	GB/T 5009.147-2003	液相测谱仪	张三	李四
	甲胺磷				0.5		mg/L	GB 2763-2014	液相测谱仪	王五	李四
A02	甲胺磷				5		mg/L	GB 2760-2012	液相测谱仪	王五	李四
批准：				审核：				制表：			
						单位名称（盖章）：		测试			
							日期：	2017-02-15			

图 2－11

✧ 把结果上报表扫描件，上传到“结果上报表签章扫描件”字段，其余文件目前系统不要求上传，可以不上传。

（3）上报结果

✧ 上报结果前，请最后核对一次结果数据的准确性，确保数据无误后，点击“上报结果”按钮。注意：请务必在结果上报截止日期前，填报检测结果，并提交审核；否则超过截止日期系统将自动提交。

✧ 在弹出的窗口中，填“请审核”，然后点“确定”。

✧ 系统弹出提交成功的提示，就算上报完成了。

（4）填报农残结果

因农残项目数量较多，在填报农残检验结果时，可以使用批量编辑把所报名的项目全部设为“ND”或“未检出”，再找出实际检出的项目，逐个编辑检测值，这样可以快速填报检测结果。

5. 维护质检机构名录

质检机构通过此功能维护本机构的基本信息、仪器设备配置一览表、标准物质一览表。机构的基本信息内容如图 2－12 所示。

仪器设备配置一览表，既可以从仪器设备供应商提供的设备清单中选择，也可以手动添加。需维护的字段内容如图 2－13 所示。

标准物质一览表，既可以从标准物质供应商提供的标准物质清单中选择，也可以手动添加。需维护的字段内容如图 2－14 所示。

（二）技术支持单位

系统管理员编制能力验证计划并发布后，技术支持单位通过“技术支持”功能，即可看到归属自己的验证计划。

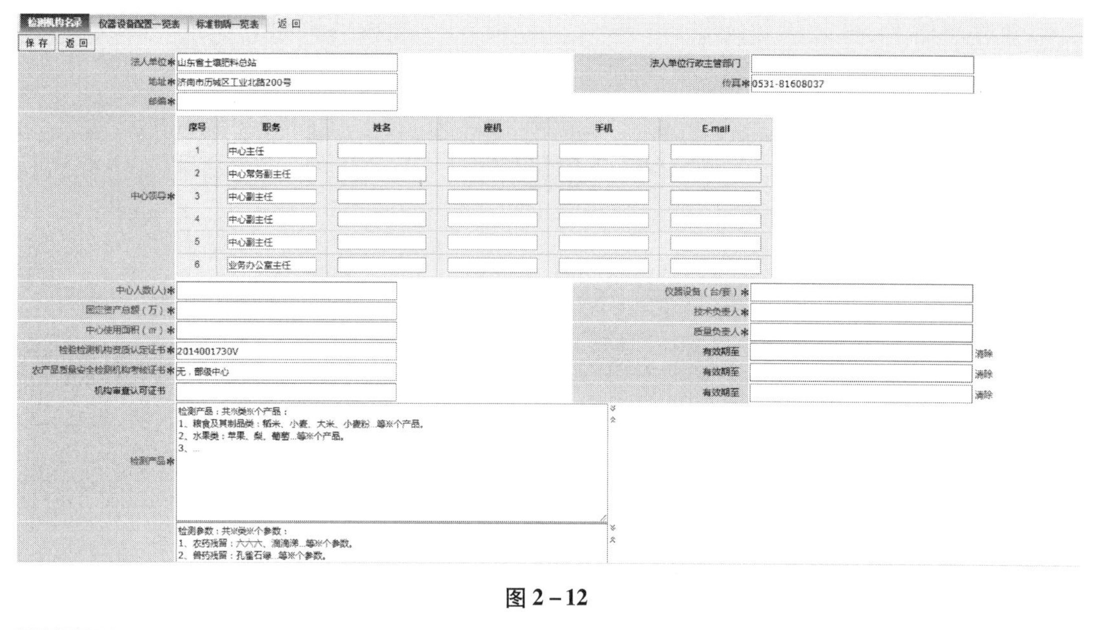

检测机构名录　仪器设备配置一览表　标准物质一览表　返回

保存　返回

法人单位*	山东省土壤肥料总站	法人单位行政主管部门	
地址*	济南市历城区工业北路200号	传真*	0531-81608037
邮编*			

中心领导*

序号	职务	姓名	座机	手机	E-mail
1	中心主任				
2	中心常务副主任				
3	中心副主任				
4	中心副主任				
5	中心副主任				
6	业务办公室主任				

中心人数(人)*		仪器设备（台/套）*	
固定资产总额（万）*		技术负责人*	
中心使用面积（㎡）*		质量负责人*	
检验检测机构资质认定证书*	2014001730V	有效期至	清除
农产品质量安全检测机构考核证书*	无，部级中心	有效期至	清除
机构审查认可证书		有效期至	清除

检测产品*

检测产品：共※类※个产品：
1、粮食及其制品类：稻米、小麦、大米、小麦粉…等※个产品。
2、水果类：苹果、梨、葡萄…等※个产品。
3、…

检测参数：共※类※个参数：
1、农药残留：六六六、滴滴涕…等※个参数。
2、兽药残留：孔雀石绿…等※个参数。

图 2－12

仪器品牌*		型号规格*	
仪器类型*	选择 清除	国产/进口*	国产 进口
测量范围*		准确度等级/不确定度*	
具体用途*		主要技术参数*	
购置时间	清除	购置价格(万元)	

图 2－13

保存　保存返回　返回

标准物质名称*		货号/批号*	
标准品类型*	------	检测类别*	------
规格/型号*		浓度/纯度*	
不确定度*		国产/进口*	------
生产厂家*			

图 2－14

能力验证计划状态按照先后次序划分为：

（1）计划编制：系统管理员编制计划时为此状态，技术支持单位看不到，无需操作。

↓　系统管理员发布计划后，计划状态变为“接受报名”。

（2）接受报名：技术支持单位从“技术支持”功能可以看到归属自己单位的计划。此阶段需对能力验证单位的报名信息进行审核。

↓　报名信息全部审核完毕后，计划状态变为下一阶段“样品制备与发放”。

（3）样品制备与发放：技术支持单位在此阶段需要：

编制实际考核项目；

↓　编制样品制备表；

编制样品发放表；

样品发放信息导入系统后，计划状态变为“结果上报与判定”。

（4）结果上报与判定：能力验证单位上报检测结果；

↓ 技术支持单位对结果进行判定。

（5）已完成：全部报名单位的结果判定完成后，计划变为“已完成”，此时数据只能查询，不能操作。

1. 报名审核

当能力验证计划的状态为“接受报名”时，技术支持单位对报名单位的信息进行审核。审核有两种方式：单条审核与批量审核。

（1）单条审核

能力验证单位报名后，系统会自动给对应的技术支持单位发送事务提醒，体现在系统里的右上角的事务提醒处。如图 2－15 所示。

图 2－15

双击事务提醒数据行，即可对报名信息进行审核，如图 2－16 所示。

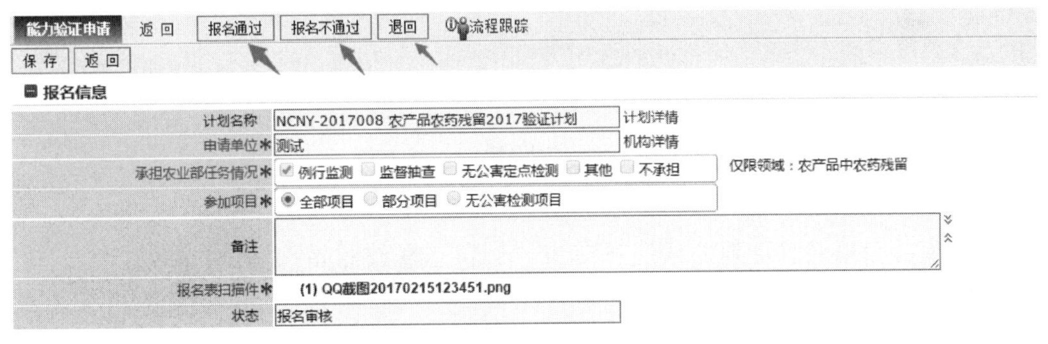

图 2－16

【报名通过】通过报名。

【报名不通过】即不同意此单位报名，流程中止。

【退回】退回能力验证单位对报名信息进行修改。

（2）批量审核

打开“技术支持”功能，勾选报名单位后，点【批量通过报名】按钮，如图 2－17 所示。

如需对其中一个单位“退回”或“不同意”，双击报名单位数据行，在右上角按钮区进行操作。如图 2－18 所示。

（3）报名审核完毕

所有的报名单位都审核后，点击“报名审核完毕”按钮。此时计划状态变更为“制备、发放样品”。

图 2－17

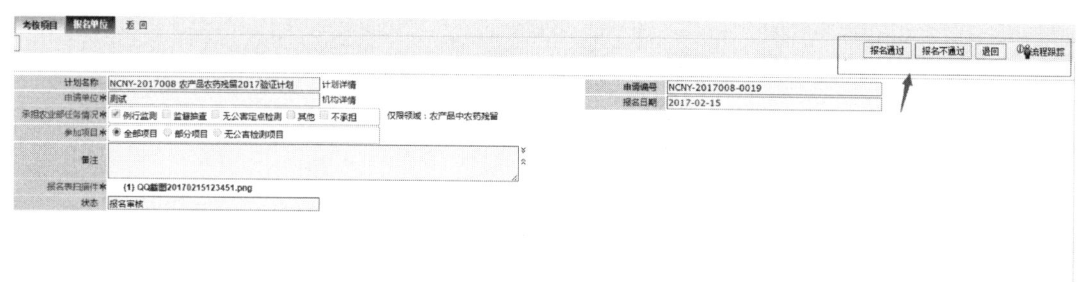

图 2－18

2. 制备发放样品

报名审核完毕后，计划的状态就变为“制备、发放样品”，此时多出了“样品制备”TAB 页。如图 2－19 所示。

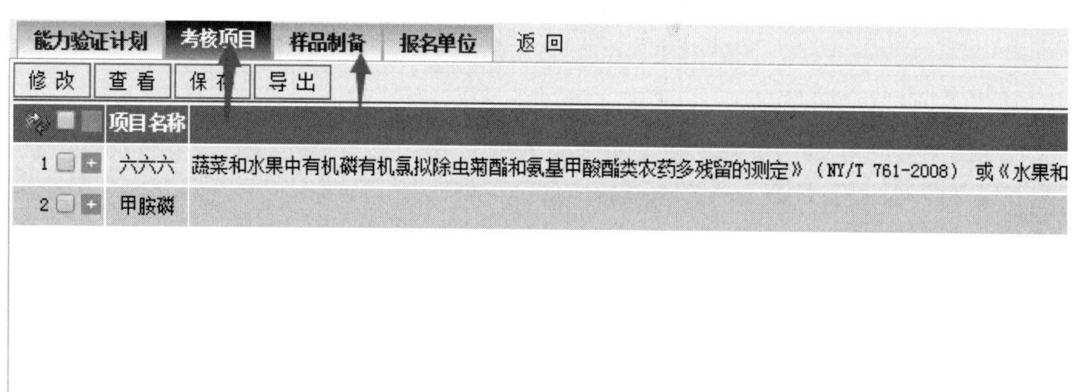

图 2－19

要完成制备、发放样品，需进行以下 6 步操作。

（1）上传作业指导书

上传作业指导书后，能力验证单位在上报结果时，可以自行下载查阅。

操作：切换到“能力验证计划”TAB页，在作业指导书字段处，选择文件上传。如图2-20所示。

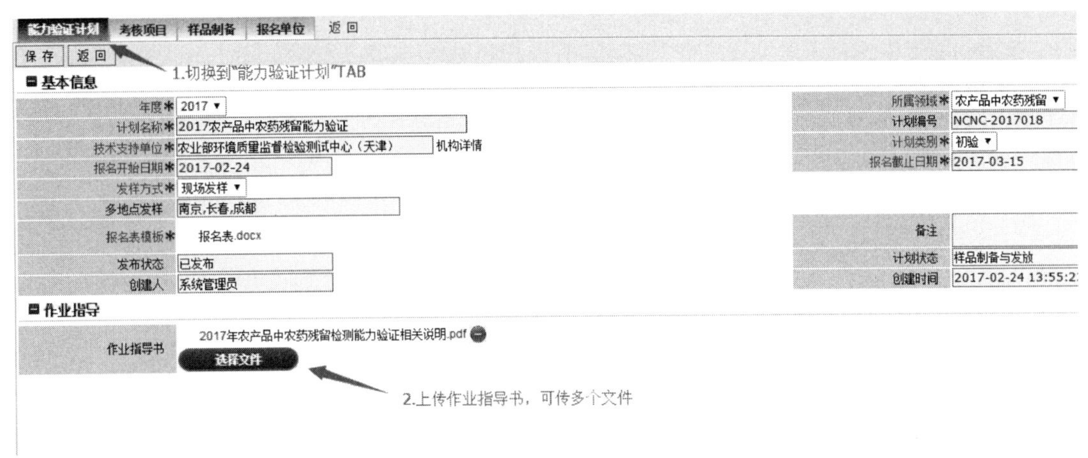

图2-20

（2）编辑实际考核项目

切换到“考核项目”TAB页，勾选实际的考核项目，并编辑计量单位、判定规则、判定依据等字段信息后，点“保存”按钮。如图2-21所示。

对于盲样，此处请把所有参数的计量单位都填上。

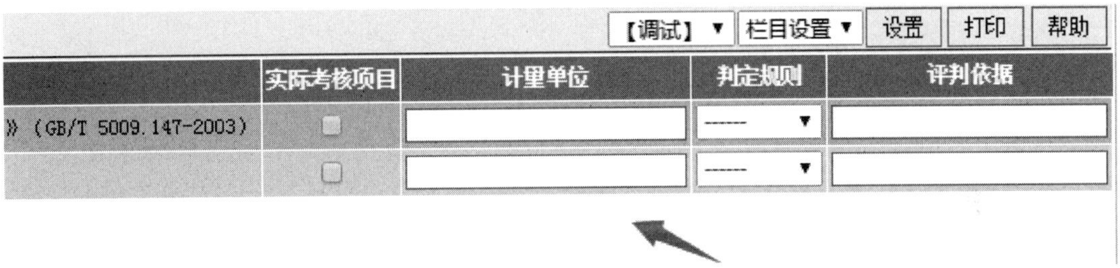

【调试】 ▼　栏目设置 ▼　设置　打印　帮助

	实际考核项目	计量单位	判定规则	评判依据
》（GB/T 5009.147-2003）	☐		------ ▼	
	☐		------ ▼	

图2-21

（3）编制样品制备表

切换到“样品制备”TAB页，点击【下载样品制备表】按钮，下载的模板样式如图2-22所示。

A	B	C	D	E	F
NCNY-2017008样品制备表					
序号	样品编号	样品基质	平行样数量	六六六	甲胺磷
选填	必填，大写	选填	没有平行样填无，有填数量	mg/L	mg/L
1	A01	牛奶	无	0.1	
2	A02	大米	无		0.2

图2-22

填写样品编号及此样品实际添加的药物浓度。

此表编辑完成后，点击【导入样品制备表】按钮，导入样品数据。

（4）编制样品发放表

切换到“报名单位”TAB 页，点击【下载样品发放表】按钮，针对多地点领样的领域，下载的是一个压缩包，每个领样地一个 Excel 文件。非多点领样的领域，下载的就是一个 Excel 文件。下载的模板样式如图 2－23 所示。

NCNY-2017008样品发放表

序号	报名单位	参加项目	样品编号	快递单号	快递公司
无需录入			必填，多个样品以逗号分割	选填	选填
1	测试	全部项目	A01，A02		

注：如需查看报名单位联系人信息，取消G-O列之间的隐藏列

图 2－23

报名单位已经内置，只需将样品编号填上，多个样品以逗号分开。

编制完成后，点击【导入样品发表】，导入样品发放数据。

导入完成后，可以双击点开任意一个报名单位，可以验证样品编号是否已经导入了。

注：多地点领样的领域，请发完一个地点后，就将发样表数据整理好后，导入系统中。

（5）批量发样

发样数据导入系统后，勾选已经有样品编号的单位，点击列表上面的【批量发样】按钮，如图 2－24 所示。

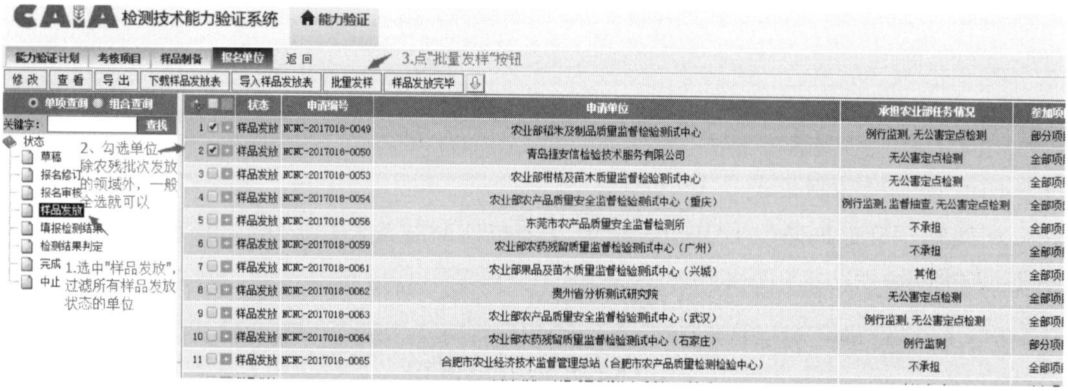

图 2－24

点击后出现如下界面，此处需指定结果上报的截止时间，并输入审核意见，然后点击“确定”按钮，就下发给能力验证单位上报检测结果了。如图 2－25 所示。

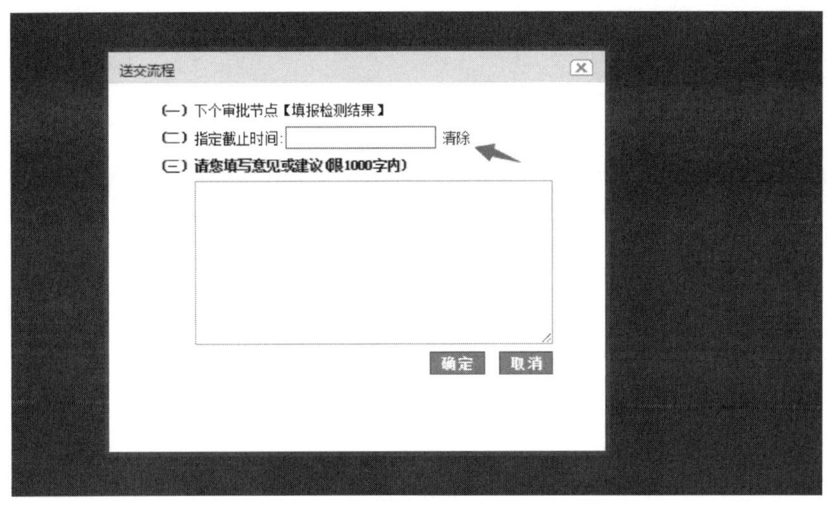

图 2-25

注：请仔细核对上报的截止时间，系统是精确到分钟的。

(6) 完成样品发放

所有单位样品在系统内批量发放完成后，点击【样品发放完毕】按钮，计划的状态将变为“结果上报与判定”，这时就不再能导入“样品制备表”与“样品发放表”了。如图 2-26 所示。

图 2-26

3. 判定检测结果

目前系统支持采用回收率法、Z 值法的检测项目，系统自动计算回收率、Z 值并判定检测项目是否合格。

在系统内完成检测结果判定，有以下三个步骤。

(1) 对每个实际考核检测项目，进行自动计算及判定。

①打开“技术支持”功能，切换到“考核项目”TAB 页。如图 2-27 所示。

②双击一条实际考核项目，进入项目卡片页面，点击下方的【计算回收率及自动判定】或【计算 Z 值并自动判定】，系统会自动依据真值自动计算回收率并进行判定。(判定的前提是需要将判定依据填写为 70%～130% 或 |Z| <3 这样的格式，如未填写判定依据，则系统仅计算回收率或 Z 值，不进行判定)。如图 2-28 所示。

能力验证计划 | 考核项目 | 样品制备 | 报名单位 | 返 回

查 看　　【调试】 栏目设置 设置

	项目名称	项目分组	考核类别	检测方法	实际考核项目	计量单位	判定规则
1	甲拌磷（甲拌磷砜、甲拌磷亚砜）		必考	NY/T 761-2008,GB/T 19648-2006,SN/T 2114-2008,GB/T 5009.147-2003	是	mg/kg	回收率法
2	氧乐果		必考	NY/T 761-2008,GB/T 19648-2006,SN/T 2114-2008,GB/T 5009.147-2003	是	mg/kg	回收率法
3	对硫磷		必考	NY/T 761-2008,GB/T 19648-2006,SN/T 2114-2008,GB/T 5009.147-2003	是	mg/kg	回收率法
4	甲基对硫磷		必考	NY/T 761-2008,GB/T 19648-2006,SN/T 2114-2008,GB/T 5009.147-2003	是	mg/kg	回收率法
5	毒死蜱		必考	NY/T 761-2008,GB/T 19648-2006,SN/T 2114-2008,GB/T 5009.147-2003	是	mg/kg	回收率法
6	乙酰甲胺磷		必考	NY/T 761-2008,GB/T 19648-2006,SN/T 2114-2008,GB/T 5009.147-2003	是	mg/kg	回收率法
7	三唑磷		必考	NY/T 761-2008,GB/T 19648-2006,SN/T 2114-2008,GB/T 5009.147-2003	是	mg/kg	回收率法
8	水胺硫磷		必考	NY/T 761-2008,GB/T 19648-2006,SN/T 2114-2008,GB/T 5009.147-2003	是	mg/kg	回收率法
9	丙溴磷		必考	NY/T 761-2008,GB/T 19648-2006,SN/T 2114-2008,GB/T 5009.147-2003	是	mg/kg	回收率法
10	灭线磷		必考	NY/T 761-2008,GB/T 19648-2006,SN/T 2114-2008,GB/T 5009.147-2003	是	mg/kg	回收率法
11	乐果		必考	NY/T 761-2008,GB/T 19648-2006,SN/T 2114-2008,GB/T 5009.147-2003	是	mg/kg	回收率法
12	甲基异柳磷		必考	NY/T 761-2008,GB/T 19648-2006,SN/T 2114-2008,GB/T 5009.147-2003	是	mg/kg	回收率法
13	氰戊菊酯		必考	NY/T 761-2008,GB/T 19648-2006,SN/T 2114-2008,GB/T 5009.147-2003	是	mg/kg	回收率法
14	氯氰菊酯		必考	NY/T 761-2008,GB/T 19648-2006,SN/T 2114-2008,GB/T 5009.147-2003	是	mg/kg	回收率法
15	溴氰菊酯		必考	NY/T 761-2008,GB/T 19648-2006,SN/T 2114-2008,GB/T 5009.147-2003	是	mg/kg	回收率法
16	联苯菊酯		必考	NY/T 761-2008,GB/T 19648-2006,SN/T 2114-2008,GB/T 5009.147-2003	是	mg/kg	回收率法

双击进入考核项目卡片页面

图 2－27

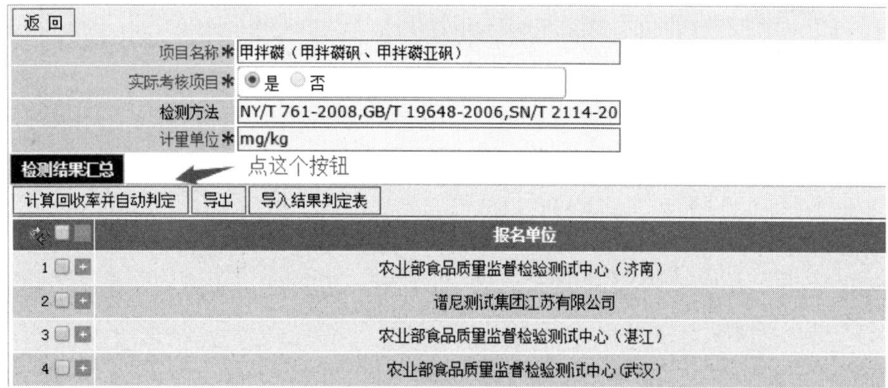

图 2－28

注：因各能力验证单位的上报数据有的不规范，会导致部分项目无法自动计算及判定，需按下面的步骤（2）将不成功的数据进行手动判定。

（2）导出这个检测项目的所有上报结果，在导出的数据模板里，进行手动判定。判定完成后，导回到系统内。

①点击“导出按钮”，导出此项目的所有上报结果。如图 2－29 所示。

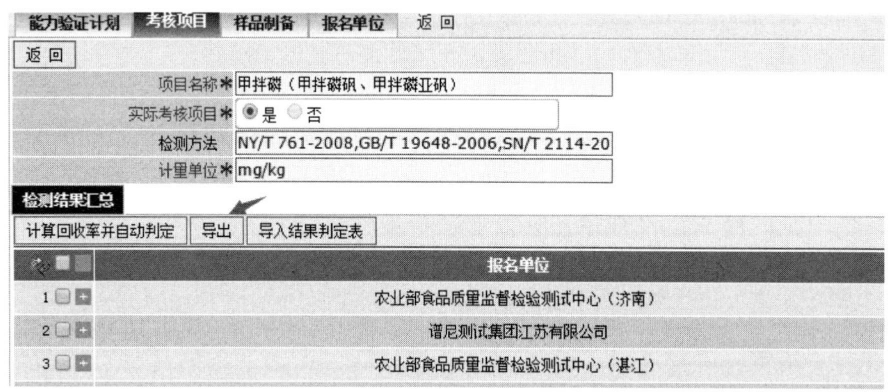

图 2－29

②填写计算得出的回收率或 Z 值、是否合格、参数判定说明这 3 列。如图 2－30、

图 2－31 所示。

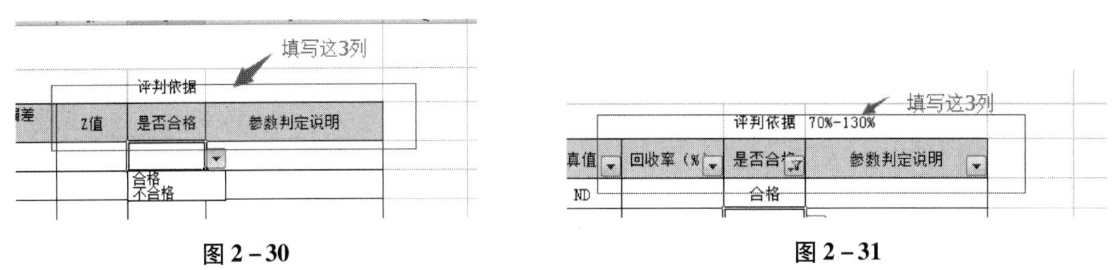

图 2－30　　　　图 2－31

③点击“导入结果判定表”，把结果导入系统内。如图 2－32 所示。

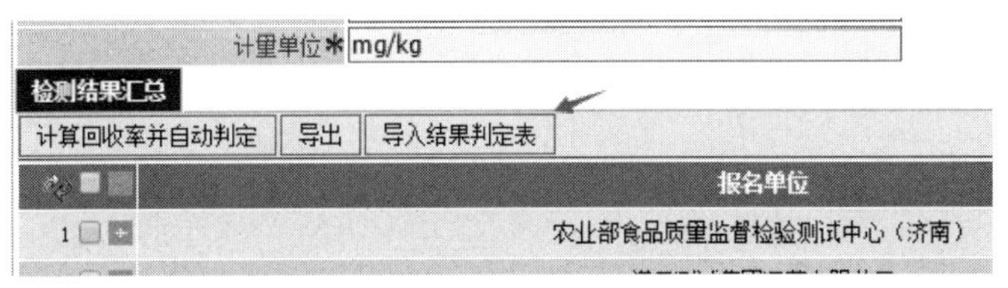

图 2－32

④重复步骤（1）、（2）将所有的实际考核项目的结果都导入系统内。这样就完成了检测项目的判定。

但是针对每个单位是否通过，还需要通过下面的步骤（3）进行判定。

（3）对每个能力验证单位判定是否通过考核。

①切换到“报名单位”TAB 页，双击某个单位的数据行，进入卡片页面。如图 2－33 所示。

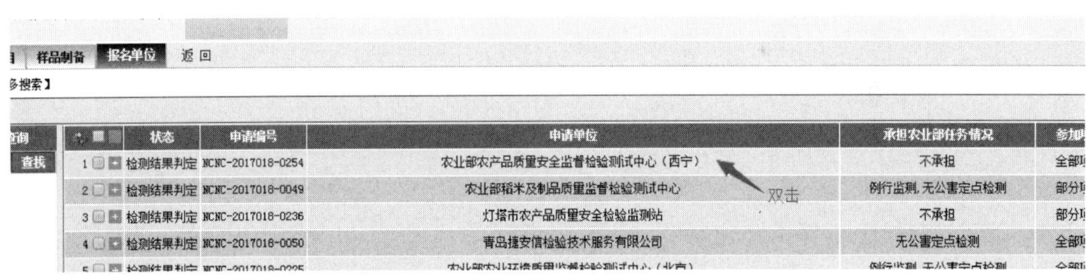

图 2－33

②如图 2－34 所示，其中检测参数的判定结果通过步骤（1）、（2）已经完成了。需要做的是核对检测参数的判定结果，以及是否有其他定性错误的情况存在（非实际考核项目应为 ND，却填写了数值）。然后依据检测参数的结果，判定此样品是否合格，所有样品判定完成后，系统会自动给出总体结果，随后点“保存”。如图 2－34 所示。（仅保存不下发，能力验证单位是看不到结果的）

以下为判定时辅助功能链接：

点击参数名称上面的链接，还可以查看此参数的检测结果汇总情况，包括其他单位填报的检测结果。如图 2－35 所示。

图 2-34

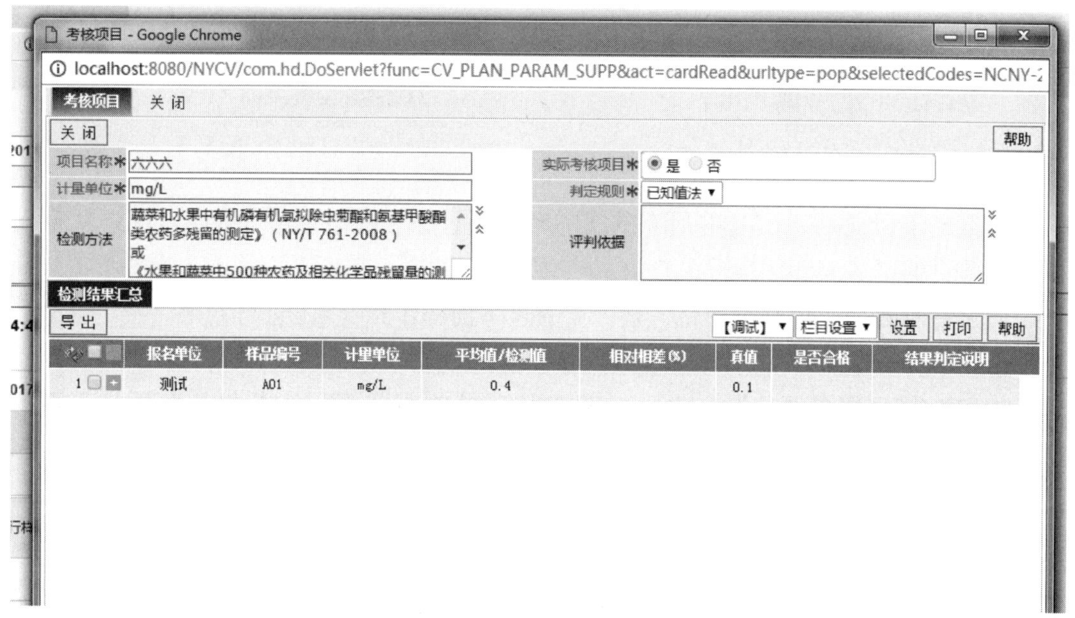

图 2-35

点击样品编号上面的链接，可以查看此样品实际添加的药物浓度。如图 2-36 所示。

③重复上面①~②的步骤，完成所有能力验证单位的结果判定。

④所有单位都判定完成后，可以批量下发判定结果。返回“报名单位”TAB 的列表页面。勾选要下发结果的单位后，点击“批量下发判定结果”。如图 2-37 所示。

⑤所有的能力验证单位判定结果都下发后，点击“判定全部完成”按钮，完成此次技术支持。此时，这条计划在“技术支持”功能里面就看不到了，在“综合查询→能力验证计划”功能里对完成的计划进行查询。

4. 历史数据查询

通过“综合查询”功能对历史数据（即已完成的能力验证计划）进行查询。

综合查询分为能力验证计划查询和能力验证申请查询。其中能力验证计划查询即

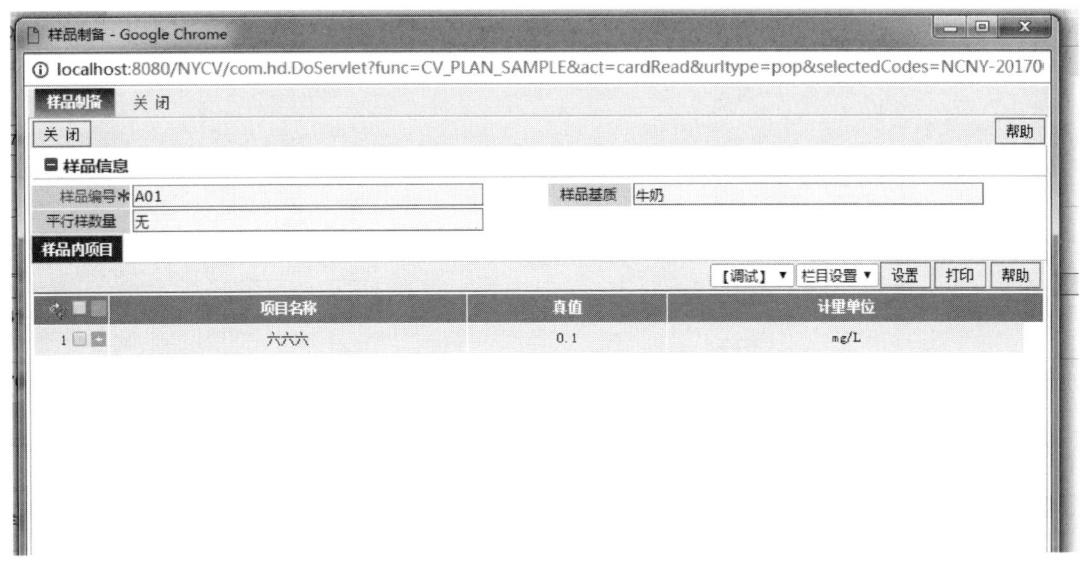

图 2－36

图 2－37

对计划进行查询；能力验证申请查询是针对报名单位进行查询。

综合查询功能里面的数据均为状态为“已完成”的数据，而技术支持功能里面的数据为“进行中”的数据。

（三）供应商

包括仪器设备供应商与标准物质供应商。供应商主要维护本单位提供的仪器设备清单与标准物质清单，以供全国农业农村系统质检机构查询。

1. 系统注册

供应商需在系统内注册账号并经管理员审核后，方可使用本服务平台。在系统登录页面选择供应商注册，即可注册供应商账号。如图 2－38 所示。

2. 维护仪器设备清单

维护本单位可以供应的仪器设备清单。系统支持下载批量数据模板，在 Excel 中填写完毕后，一次性导入系统内。如图 2－39 所示。

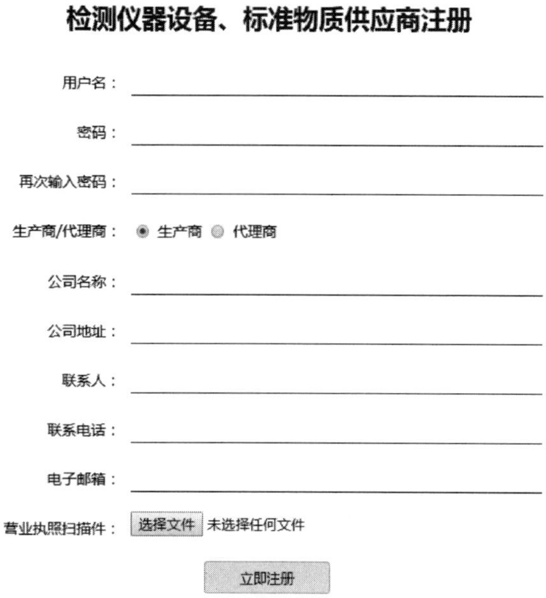

检测仪器设备、标准物质供应商注册

用户名：

密码：

再次输入密码：

生产商/代理商： 生产商 代理商

公司名称：

公司地址：

联系人：

联系电话：

电子邮箱：

营业执照扫描件： 选择文件 未选择任何文件

立即注册

图 2－38

检测仪器 返回

保存 返回

基本信息

仪器品牌* 安静轮
型号/规格*
仪器类型* 实验室检测设备/色谱类/气相色谱仪（GC） 选择 清除
指导价(万元)*
测量范围*
准确度等级/不确定度*
具体用途* 111
主要技术参数* 111
国产/进口* 国产 进口

厂家信息

公司名称*
生产商/代理商* 生产商 代理商
公司地址*
联系人*
联系方式*
创建时间 2018-08-09 10:44:46

图 2－39

3. 维护标准物质清单

维护本单位可以供应的标准物质清单。系统支持下载批量数据模板，在 Excel 中填写完毕后，一次性导入系统内。如图 2－40 所示。

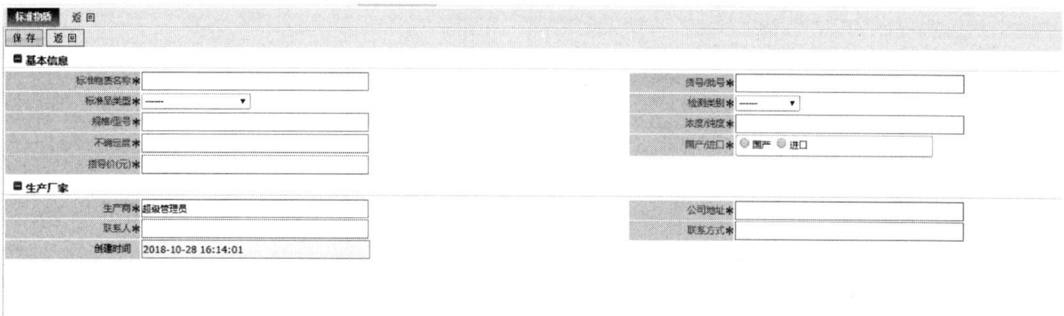

标准物质 返回

保存 返回

基本信息

标准物质名称*
货号/批号*
标准品类型* ------
检测类别* ------
规格/型号*
浓度/纯度*
不确定度*
国产/进口* 国产 进口
指导价(元)*

生产厂家

生产商* 超级管理员
公司地址*
联系人*
联系方式*
创建时间 2018-10-28 16:14:01

图 2－40

（四）系统管理员

1. 注册用户审核

注册用户审核功能为系统用户注册信息审核功能。分为两种注册用户的审核：

✧ 质检机构注册用户审核

✧ 供应商注册用户审核

2. 用户管理

对系统的所有账号进行管理。

注册的账号，账户类型默认为“能力验证单位”，系统管理员可以通过“用户管理”功能变更账户类型。

因此对于技术支持单位，系统管理员可以在“用户管理”处手动添加账号，也可以让技术支持单位注册后，再变更其账户类型为“技术支持单位”。

有如下所示几个字段需注意：

启用：更改为否后，此账号不能再登录系统。

锁定：用户输错 10 次密码后，系统自动锁定此账号，如有账号被锁定，则将锁定字段改为否，即可解锁。

用户密码：输入后，系统管理员对账户的密码进行重置。

3. 项目参数库

在编制能力验证计划前，需先准备项目参数库基础数据。

■ 每个项目参数有一个唯一的参数编码，不能重复；

■ 系统提供了数据导入 Excel 模板；

■ 检测方法仅需录入检测方法号，如存在多个，方法号之间用逗号分开。

【注】项目参数被使用后，不能被删除，可以将启用设置为否，这样再编制计划的时候，就选不到这个参数了。

4. 编制并发布能力验证计划

在编制能力验证计划前，需要先维护项目参数库。如图 2－41 所示。

✧ 点击添加按钮，新建一个能力验证计划，录入必要的信息。

其中报名表模板必须保存后，才能上传。

发样方式：①现场发样，如果为多地点发样，则领样地点间逗号分开，非多地点发样的领域，留空；②寄送样品，填写上报结果日期要求，如自快递签收起 10 日内，含节假日。

✧ 保存成功后，点击“考核项目”TAB 页，点击“添加”按钮，选择要考核的项目。

✧ 编制完成后，返回列表页面，勾选要发布的计划，点击“发布”按钮。

5. 信息发布

在系统的主页右侧，可以看到通知公告与技术培训两个栏目。里面的内容是通过

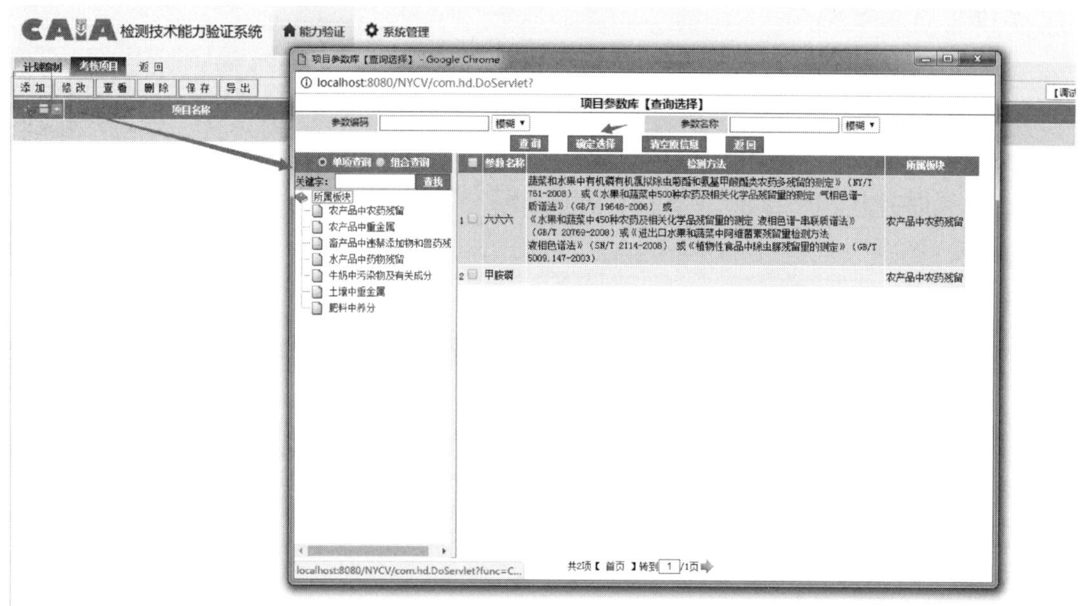

图 2－41

信息发布功能来编辑的。

编辑内容，编辑完成后发布。如图 2－42 所示。

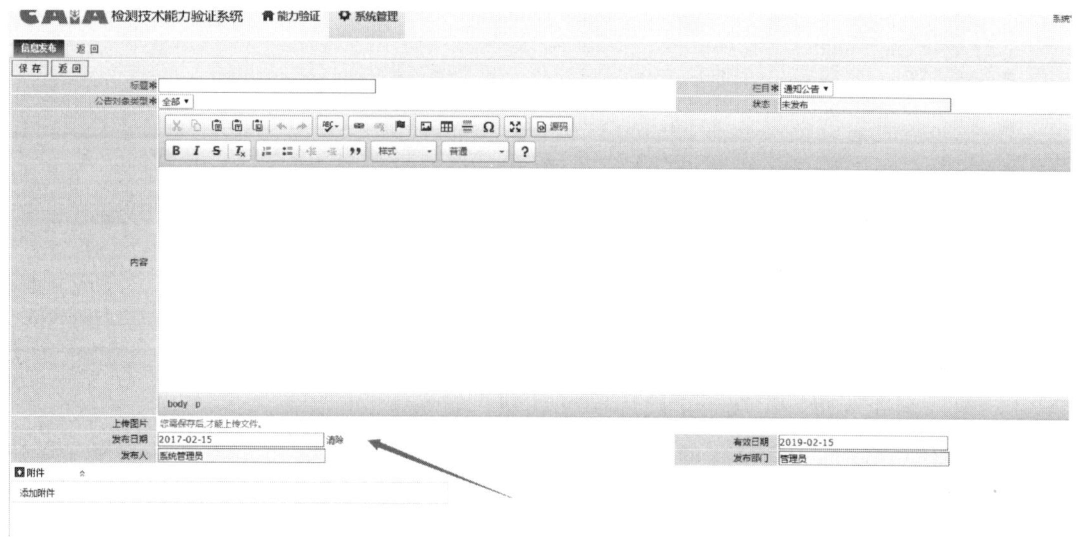

图 2－42

6. 技术支持

对于系统管理员来说，技术支持功能仅是查阅目前正在进行的能力验证计划，不能操作。

7. 综合查询

综合查询分为能力验证计划查询和能力验证申请查询。其中能力验证计划查询即对计划进行查询；能力验证申请查询是针对报名单位进行查询。

综合查询功能里面的数据是状态为“已完成”的数据，技术支持功能里面的数据是“进行中”的数据。

8. 部门管理

在录入了单位信息后，进行部门信息的设置和管理，主要功能包括：新增、修改、删除等。

❑ **新增部门**

部门的信息包括：名称、联系电话、地址、简要说明等。

❑ **部门编辑**

对已经设置好的部门进行修改、删除等操作。

❑ **支持分级管理**

可以分配二级管理员进行管理，对已经设置好的部门进行修改、删除等操作。

9. 用户管理

根据部门设置人员的相关信息，主要功能包括：新增、修改、删除、授权、注销等。

❑ **新增用户**

添加新用户账户到系统，进行用户信息初始化。

❑ **用户编辑**

对已经添加的用户账户做修改、删除操作。系统支持“假删除”和“永久删除操作”。

❑ **用户授权**

对用户进行各种权限设置，可按部门、单位、事务处理动作等进行授权。

❑ **用户注销**

对已存在的用户进行注销管理，被注销用户不能使用本系统。

❑ **用户查询**

可按登录名、所在部门等方式进行查询。

10. 角色管理

❑ **新增角色**

添加新角色到系统。

❑ **角色授权**

对角色进行权限设定。

❑ **角色编辑**

对已有的角色进行修改、删除等操作。

11. 权限策略

系统可以对用户能否进入系统有严格的密码验证机制，进入系统后能进入或看到哪些菜单及进入某功能菜单后能看到哪些信息或字段，以及对某些信息是否有查询权、录入权、修改权等都能做到权限上的严格控制，并且可以按照角色、权限组、人员来进行权限的划分。

第三节　功能拓展

优化统计分析功能：

随着能力验证数据的扩充，增强针对能力验证结果的统计分析，如历年初验、终验通过率、通过率省级分布图。

针对某一领域或参数的趋势分析。

部级、市级、县级农业质检机构及第三方质检机构检测技术能力水平分析等。

第四节　服务咨询

农业农村部农产品质量安全中心检验检测处 010－59198532

北京达邦数据技术有限公司 010－64845114

参考资料

1.《全国农业检验检测服务平台需求规格说明书》

2.《全国农业检验检测服务平台优化升级方案》

3.《全国农业检验检测服务平台操作手册》

第三章　国家农产品质量安全追溯管理信息平台

第一节　综　述

一、项目概况

（一）项目背景

农产品质量安全追溯是信息化与产业发展深度融合的创新举措，已成为农产品质量安全智慧监管的重要建设内容和引领方向。习近平总书记在2013年12月召开的中央农村工作会议上强调："尽快建立全国统一的农产品和食品质量安全追溯管理信息平台"。2015—2018年的中央1号文件连续对追溯体系建设作出重要指示和要求，农产品质量安全追溯体系建设迈出新步伐。《国务院办公厅关于加快推进重要产品追溯体系建设的意见》（国办发〔2015〕95号）要求建立食用农产品质量安全全程追溯协作机制，以责任主体和流向管理为核心、以追溯码为载体，推动追溯管理与市场准入相衔接，实现食用农产品"从农田到餐桌"全过程追溯管理。推动农产品生产经营者积极参与国家农产品质量安全追溯管理信息平台运行。

根据党中央要求，农业部积极推进农产品质量安全追溯体系建设。在深入调研基础上，组织编制了项目可行性研究报告，2014年12月，向国家发展改革委申请立项[《关于报送〈国家农产品质量安全追溯管理信息平台建设项目可行性研究报告（修订版）的函〉》（农办计〔2014〕176号）]，2015年4月国家发展改革委批复立项[《国家发展改革委关于国家农产品质量安全追溯管理信息平台建设项目可行性研究报告的批复》（发改农经〔2015〕625号）]。项目具体明确由农业部农产品质量安全中心负责建设。根据项目可行性研究报告，农业部农产品质量安全中心组织编制了初步设计和投资概算，2015年11月，上报国家发展改革委[农业部以《关于报送国家农产品质量安全追溯管理信息平台建设项目初步设计和概算的函》（农办计函〔2015〕181号）]，2016年1月国家发展改革委批复了投资概算[《国家发展改革委关于国家农产品质量安全追溯管理信息平台初步设计概算的批复》（发改投资〔2016〕109号）]。2016年2月农业部发展计划司对初步设计进行了批复[《农业部办公厅关于国家农产品质量安全追溯管理信息平台初步设计的批复》（农办计〔2016〕6号）]。

初步设计和投资概算获得批复后，国家追溯平台项目实施工作全面展开。

通过公开招标，由成都曙光光纤网络有限责任公司、太极计算机股份有限公司、北京明道泰和信息技术有限公司三家承建商进行分项建设。成都曙光光纤网络有限责任公司负责应用软件开发和标准规范制定，太极计算机股份有限公司负责基础软硬件购置和系统集成，北京明道泰和信息技术有限公司负责指挥调度中心改造。项目监理单位为北京中百信信息技术股份有限公司。

（二）建设目标

建设国家农产品质量安全追溯管理信息平台（简称国家追溯平台），打造“信息采集、分析决策、信息查询、数据共享”四大系统，构建一个“农产品质量安全监管综合服务门户”，为农产品质量安全主体备案、过程记录、标识管理、索证索票、质量监测和执法监管工作信息化管理提供技术条件，为农产品质量安全公众信息查询和政府部门数据分析应用等提供统一平台。

国家追溯平台建设以支撑全国范围内规模化农产品生产经营主体使用为要求进行设计，同时为了确保国家追溯平台在全国范围内的顺利运行，平台建成后先选择 2 个试点省份进行试运行，试运行期间对平台进行调整优化完善，试运行结束后进行项目竣工验收。在此基础上，加快建立法律制度、政策创设、技术标准等配套体系，“十三五”在全国推广运行。通过国家农产品质量安全追溯管理信息平台建设，形成农产品生产、收购、贮藏、运输环节全链条追溯管理模式，提升各级农业行政部门农产品质量安全监管能力和风险预警能力，并提升政府公共服务能力和政府公信力，同时提升农产品生产经营主体诚信自律和质量自控能力，培育诚信的农产品市场，增强社会公众消费信心。项目建设目标见表 3－1。

表 3－1　项目建设目标表

序号	项目名称	建成后目标
1	政务目标	
1.1	各级追溯信息管理联动	建立部级和试点区域范围内省、市和县级农产品质量安全追溯信息管理联动机制
1.2	多类信息共享	形成农产品生产经营主体信息、农产品执法检查信息、农产品检测信息和公众查询投诉信息共享机制，不同参与主体可依据权限查询相应的追溯管理信息
1.3	打通责任主体信息链条	标注追溯标识的产品，可追溯到农产品进入市场或加工企业前各环节的生产经营主体
1.4	统一查询投诉平台	在统一的国家农产品质量安全追溯管理信息平台提供公众查询及投诉服务
2	项目建设目标	

续表

序号	项目名称	建成后目标
2.1	系统功能	国家追溯平台建成后应具备对全国范围主要农产品全过程追溯管理的系统能力，该系统能力指国家追溯平台建成后应具备的技术能力，可满足47.3TB的存储要求，能够支撑2 000用户并发访问下正常完成追溯信息采集，信息查询时可支撑1 000万人次/小时高峰网络访问压力，具有持续正常运行的能力；服务器平均响应时间≤3s，在“十三五”期间，“140万主体和1 000万生产批次农产品”作为推广目标，不作为本项目建设考核指标
2.2	标准体系	形成涵盖专业术语、追溯编码、操作规范、数据交换内容的国家农产品质量安全追溯管理标准体系

（三）建设内容

项目建设主要内容包括：

（1）信息采集系统。主要包括主体备案信息采集子系统、农产品生产流通信息采集子系统、标识管理子系统、风险监测信息采集子系统、监管信息采集子系统、移动终端子系统。

（2）分析决策系统。主要包括数据统计分析子系统、GIS区域分析子系统、风险预警子系统、指挥调度子系统。

（3）信息查询系统。主要包括公众查询子系统、生产经营者查询子系统、检测机构查询子系统和监管机构查询子系统。

（4）数据共享系统。主要包括与国家市场监督管理总局和商务部、农业行业追溯平台、三品一标平台以及地方已有追溯系统进行数据交换。

（5）综合服务网站。主要包括政务办公网、公众服务网及公众网站移动客户终端等。

（6）基础运行环境建设。主要包括服务器等计算设备、磁盘阵列等存储设备、交换机等网络设备、安全设备、机柜等机房设备等，以及服务器操作系统、数据库软件等基础软件。

（7）指挥调度中心改造。主要包括土建工程、电气、通风空调、消防等系统及相关设施改造。

（8）标准规范编制。基于现有国家标准和农业行业标准，建设符合国家农产品质量安全追溯管理信息平台的标准规范体系。

项目建设规模：项目建设为全国部、省、市、县四级监管机构、检测机构和执法机构以及全国主要农产品规模化生产经营主体提供使用权限，支撑追溯管理开展。

项目建设内容汇总表见表3-2。

表3-2 项目建设内容汇总表

序号	应用系统	应用子系统
1	信息采集系统	主体备案信息采集子系统（追溯系统、监管系统、监测系统、执法系统）
		农产品生产流通信息采集子系统（追溯系统）
		监管信息采集子系统（监管系统）
		风险监测信息采集子系统（监测系统）
		标识管理子系统
		移动终端子系统
2	分析决策系统	数据统计分析子系统
		GIS区域分析子系统
		风险预警子系统
		指挥调度子系统
3	信息查询系统	公众查询子系统
		生产经营者查询子系统
		检测机构查询子系统
		监管机构查询子系统
4	数据共享系统	食药总局数据交换
		商务部数据交换
		行业平台数据交换（种植业、畜牧业、渔业、农垦）
		地方省级平台数据交换
5	综合服务网站	政务办公网站
		公众服务网站
		综合服务网站移动版本
6	基础运行环境建设	服务器等计算设备、磁盘列阵等存储设备、交换机等网络设备、安全设备、机柜等机房设备等，以及服务器操作系统、数据库软件等基础软件
7	指挥调度中心改造	主要包括土建工程、电气、通风空调、消防等系统及相关设施改造
8	标准规范编制	基于现有国家标准和农业行业标准，建设符合国家农产品质量安全追溯管理信息平台的标准规范体系

二、建设历程

（一）里程碑

按软件开发规范要求，以及建设单位针对本项目工程的计划和相关要求，软件开发单位就项目的总体进度管理要求，制定了相应的开发计划，严格按计划保质保量完成本项目开发和总体实施工作。具体里程碑如表3-3、图3-1所示。

表 3-3　项目建设里程碑表

阶段	时间
签订合同	2016 年 3 月，中标国家追溯平台应用软件开发（含标准规范）项目。 2016 年 4 月签订项目建设合同
项目启动	2016 年 5 月召开项目启动会
需求调研	1. 2016 年 5 月，在农业部农产品质量安全中心追溯处领导带领下，前往农业部相关司局就追溯方面的信息化工作进行调研。 2. 2016 年 5—6 月，前往内蒙古、甘肃、吉林、浙江、上海、天津等省（自治区、直辖市）开展实地调研。 3. 2016 年 6 月，根据各地调研情况，编制完成国家追溯平台总体调研报告，并向农业部农产品质量安全中心汇报
系统设计	1. 2016 年 6 月，编制完成《总体实施方案》，召开专家评审会，通过评审。 2. 2016 年 7 月，编制完成《需求规格说明书》，召开专家评审会，通过评审。 3. 2016 年 8 月，设计完成国家追溯平台系统原型与数据采集项，召开专家评审会，通过评审。 4. 2016 年 9 月，编制完成国家追溯平台《概要设计说明书》，召开专家评审会，通过评审。 5. 2016 年 10 月，编制完成国家追溯平台《详细设计说明书》，召开专家评审会，详细设计说明书通过评审
系统开发	2016 年 9 月至 2017 年 4 月，开发完成信息采集系统（追溯、监管、监测、执法系统）、分析决策系统、信息查询系统、数据共享系统、后台管理系统、移动专用 App 以及农产品质量安全监管追溯信息网
系统测试	2016 年 12 月至 2017 年 5 月，对国家追溯平台在功能、性能、安全等方面进行系统性测试，确保各项指标正常，满足试运行需要
系统部署	2017 年 5—6 月，在农业部信息中心完成国家追溯平台系统部署
上线启动	2017 年 6 月 30 日，配合农业部农产品质量安全监管局、农业部农产品质量安全中心在中国农业科学院举行国家追溯平台上线启动仪式
系统培训	2017 年 8—9 月，国家追溯平台开展部、省、县级系统培训
试运行	2017 年 7 月至 2018 年 4 月，国家追溯平台在广东、山东、四川开展试运行工作，成都曙光公司配合做好技术支撑服务工作，收集意见建议，修改完善系统
试运行总结	2018 年 4 月底，在西安市召开国家追溯平台试运行总结会暨试点工作专家研讨会，现场收集专家意见建议，并分类汇总，评估后进一步对系统优化完善
系统完善	2018 年 4—7 月，针对试运行期间的问题及意见建议，完善追溯、监管、监测、执法、分析决策系统、信息查询系统等国家追溯平台应用软件系统
系统对接	2018 年 5—8 月，开展国家追溯平台与三品一标认证系统对接
文档归档	2018 年 7—8 月，整理项目过程资料，统一移交监理单位进行归档
交工验收	2018 年 9 月，完善、验证系统，准备交工验收相关材料，开展交工验收工作

（二）功能版本演化

（1）2017 年 3 月，编制完成系统部署方案，对运行环境、软硬件配置、软件平台

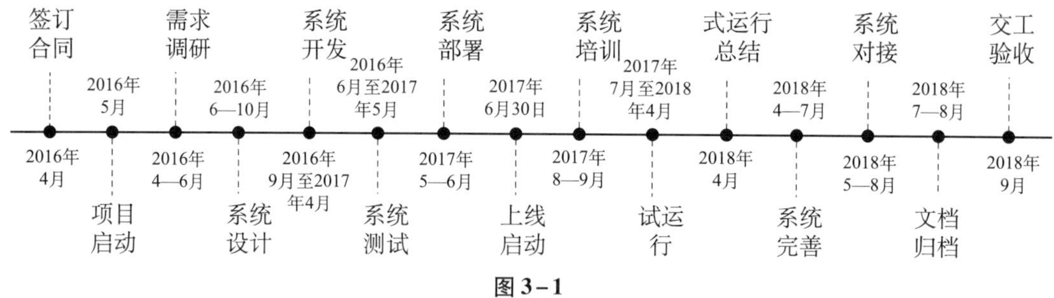

图 3-1

安装、数据库安装、应用软件安装、系统初始化做出说明，配有详细的系统安装操作步骤，确保系统部署科学、规范。

(2) 2017 年 4 月，向农业部农产品质量安全中心递交第一版国家追溯系统平台相关业务端口开通申请和系统部署申请，5 月完成第一版国家追溯系统平台部署。

(3) 2017 年 6 月初，完成国家追溯平台门户部署，递交系统更新申请并对国家追溯平台进行更新升级，保障上线启动仪式顺利完成。

(4) 2017 年 7 月中旬，提交系统组件安装计划和组件相关端口开通申请，8 月初完成系统组件的安装部署。

(5) 2017 年 9 月中旬，针对培训期间收集的意见和问题，对系统完成国家追溯平台更新升级。

(6) 2017 年 6 月至 2018 年，对国家追溯平台进行多次升级部署，使之功能、性能更加完善，满足实际工作需求。系统部署详情汇总见表 3-4。

表 3-4　系统部署详情汇总表

序号	系统	更新内容	时间（年．月．日）
1	追溯系统	平台运行基础环境部署	2017. 5. 25
2	监管系统		
3	监测系统		
4	执法系统		
5	追溯系统	部署国家追溯平台	2017. 5. 26
6	监管系统		
7	监测系统		
8	执法系统		
9	门户系统	门户系统部署	2017. 6. 1
10	门户系统	新增门户页面展示文章	2017. 6. 20
11	追溯系统	升级数据库表字段、修复系统问题	2017. 6. 22
12	监管系统		
13	监测系统		
14	执法系统		

续表

序号	系统	更新内容	时间（年．月．日）
15	数据库	数据库字段调整、添加新增表，门户系统界面布局风格调整	2017.7.27
16	门户系统		
17	中间件	安装金蝶 AETL 中间件	2017.8.2
18	中间件	安装移动应用开发平台、移动中间件平台	2017.8.3
19	中间件	安装普元流程集成组件、应用集成框架组件	2017.8.4
20	中间件	安装南大通用目录服务系统、商业智能系统等	2017.8.7
21	中间件	安装集算报表软件	2017.8.8
22	追溯系统	修复培训期间已知 bug	2017.9.29
23	监管系统		
24	监测系统		
25	执法系统		
26	追溯系统	修复培训期间已知 bug	2017.10.11
27	监管系统		
28	监测系统		
29	执法系统		
30	追溯系统	追溯系统界面、功能调整	2017.11.10
31	监管系统	监管、执法、监测系统界面调整	2017.11.11
32	监测系统		
33	执法系统		
34	监测系统	监测系统业务流程优化	2017.12.4
35	追溯系统	App 业务功能优化	2017.12.12
36	监管系统		
37	监测系统		
38	执法系统		
39	追溯系统	优化系统功能、修复已知 bug	2017.12.21
40	监管系统		
41	监测系统		
42	执法系统		
43	追溯系统	系统 UI 优化、分析决策系统功能优化	2017.12.27
44	分析决策		
45	全部应用服务器	服务器应用系统升级	2018.1.15
46	监测系统	解决监管系统专项监测任务新增不成功的问题	2018.3.14
47	监管系统	业务流程优化、新增手写签字功能	2018.3.29
48	监测系统		

续表

序号	系统	更新内容	时间（年．月．日）
49	监管系统	界面优化、查询功能优化、业务流程优化	2018. 4. 26
50	监测系统		
51	系统管理		
52	查询系统		
53	追溯系统	升级追溯码打印模块	2018. 4. 27
54	中间件	升级金蝶 AETL 应用服务安全补丁	2018. 5. 7
55	中间件	升级普元中间件应用服务安全补丁	2018. 5. 8
56	中间件	升级酷维应用服务安全补丁	2018. 5. 10
57	中间件	升级金蝶 Apusic 应用服务安全补丁	2018. 5. 11
58	追溯系统	升级追溯码打印模块	2018. 5. 14
59	华为云控制台	解决控制台插件问题、测试系统域名问题	2018. 6. 4
60	全部应用服务器	部署服务器性能监控软件	2018. 6. 6
61	分析决策系统	界面优化、算法调优	2018. 6. 7
62	追溯系统	系统压力测试	2018. 6. 8
63	监管系统		
64	监测系统		
65	执法系统		
66	追溯系统	追溯码打印模块升级	2018. 6. 22
67	所有系统	升级系统	2018. 7. 22
68	所有系统	升级系统、调试组件	2018. 8. 20

（三）系统功能提升过程

国家追溯平台开发严格按照《计算机软件开发规范（GB 8566—88）》《计算机软件文档编制规范（GB 8567—2006）》《计算机软件需求说明编制指南（GB 9385—88）》《计算机软件测试文件编制规范（GB 8566—88）》《信息技术　软件安全保障规范（GB/T 30998—2014）》《信息安全技术　信息系统通用安全技术要求（GB/T 20271—2006）》《信息技术　软件生存周期过程（GB/T 8566—2007）》《信息安全技术　移动智能终端应用软件安全技术要求和测试评价方法（GB/T 34975—2017）》等国家和行业标准进行设计开发、测试、部署上线等工作。在开发过程中遵循 J2EE 标准技术框架，技术体系采用 B/S 架构；操作系统基于 Linux；信息存储采用 Oracle 数据库，高并发方面采用集群及分 dubbo 分布式技术；采用的开发语言为 java 1. 8，前后端分离，架构容器采用 Spring 4. 3，分布式集群采用 dubbo，分布式文件服务采用 Fast-DFS，集群管理配置采用 Zookeeper，集群缓存采用 Redis，信息传输采用 HTTP/HTTPS 协议，jason 格式的数据传输，以 RESTful 接口为基础的前后端分离。

国家追溯平台自2016年9月进入开发阶段，成都曙光公司集公司研发精锐力量投入到国家追溯平台项目中，由技术总监统筹负责研发工作，针对各系统确定责任人，制定开发计划，严格绩效考核，保障系统开发顺利进行。2017年6月初步完成国家追溯平台，包括追溯、监管、监测、执法四大业务系统，分析决策系统，信息查询系统，数据共享系统，后台管理系统，移动专用App以及农产品质量安全监管追溯信息网，保障国家追溯平台上线。2017年6月至2018年4月，根据试运行反馈的意见建议，进一步修改完善追溯、监管、监测、执法、分析决策系统、信息查询系统等国家追溯平台应用软件系统。2018年8月完成系统的全部开发工作。

（四）试运行过程

国家追溯平台在2017年6月30日启动上线试运行，农业部下发《关于开展国家农产品质量安全追溯管理信息平台试运行工作的通知》（农质发〔2017〕9号），选定山东、广东、四川3省开展试运行工作。截至2018年4月30日，各试运行省对国家追溯平台试运行工作非常重视，在主体注册、业务数据采集等方面积极应用，深入推动国家追溯平台业务应用。试运行期间，通过培训反馈表、QQ、微信群、系统自带意见收集模块以及信息调度等手段，广泛收集各类用户意见建议，不断完善系统问题修改和功能调优。

第二节 操作指南

一、服务对象

国家追溯平台以“提升政府智慧监管能力，规范主体生产经营行为，增强社会公众消费信心”为宗旨，为各级农产品质量安全监管机构、检测机构、执法机构以及广大农产品生产经营者、社会公众提供信息化服务。

服务政府：为政府监管提供信息化管理手段，通过对追溯、监管、监测、执法基础数据的集中管理，实现政府监管的移动化、智能化、可视化，提升政府科学决策、风险预警和应急指挥能力。

服务企业：为企业搭建统一的内外追溯平台，规范企业生产经营活动，实现农产品“来源可追溯、流向可追踪、风险可预警、产品可召回、责任可追究。”

服务公众：为公众提供追溯统一查询入口，快捷和实时查询农产品的追溯信息。

二、业务流程

平台架构总体设计思路是采用面向服务（SOA）架构模型设计，满足高内聚、低耦合的设计原则。业务架构设计基于模块化设计理念，分离业务和技术实现，面向服务接口设计原则；技术架构采用集群分布式的设计理念。平台总体架构和总体业务流程如图3-2、图3-3所示。

国家农产品质量安全追溯管理标准体系
总体类标准
管理标准
数据交换标准
基础数据标准
业务应用标准数据采集类
应用支撑标准
信息安全标准
运维标准
网络标准
约束
指导
规范
用户层
各级监管机构
各级检测机构
各地生产经营责任主体
社会公众
展现层
指挥调度中心大屏
台式计算机
移动终端
信息发布
信息服务
业务应用层
国家农产品质量安全追溯管理应用系统
信息采集系统
移动终端子系统
生产经营信息采集应用
检测人员应用
监管人员应用
责任主体备案子系统
生产流通信息采集子系统
标识管理子系统
风险监测信息采集子系统
监管信息采集子系统
综合服务网站
政务办公网
公众服务网
网站移动客户端
分析决策系统
数据统计分析子系统
风险预警子系统
GIS区域分析子系统
指挥调度子系统
信息查询系统
公众查询子系统
检测机构查询子系统
生产经营者查询子系统
监管机构查询子系统
数据共享系统
外部系统
“三品一标”平台有关系统
地方、行业平台
商务部、食药总局平台
…
责任主体、产品认证等
企业内部追溯信息等
市场、加工环节的主体信息等
业务支撑服务
应用支撑层
公共业务组件
基础数据元和代码集管理组件
基础代码管理
元数据管理
基础代码共享
目录服务
农产品追溯管理操作规范组件
农产品追溯管理的流程关联地图
法律法规
经验做法
追溯标识格式与编码管理组件
身份卡编码规则管理
追溯码编码规则管理
追溯码备案
可“自生长”的业务支撑组件
…
农产品质量安全追溯信息采集平台
基础代码管理
指标管理
采集方案管理
采集状态监控
数据查询与统计
……
质量追溯空间地理服务组件
图层管理与发布
空间信息服务
GIS应用展示
技术支撑
基础中间件
功能服务组件
集成服务
集成功能组件
依托国家农业电子政务应用支撑平台
数据存储服务
数据访问服务
信息资源层
核心元数据库
共享元数据库
业务数据库
主体备案库
GIS分析库
生产流通库
风险预警库
标识管理库
查询信息库
风险监测库
数据交换库
监管信息库
指挥调度库
统计分析库
门户网站库
基础运行环境层
依托国家农业数据中心
冗余网络系统
安全系统
服务器
存储系统
备份系统
依托农业部金农工程一期项目建成的安全保障与服务体系
物理层安全
网络层安全
系统层安全
应用层安全

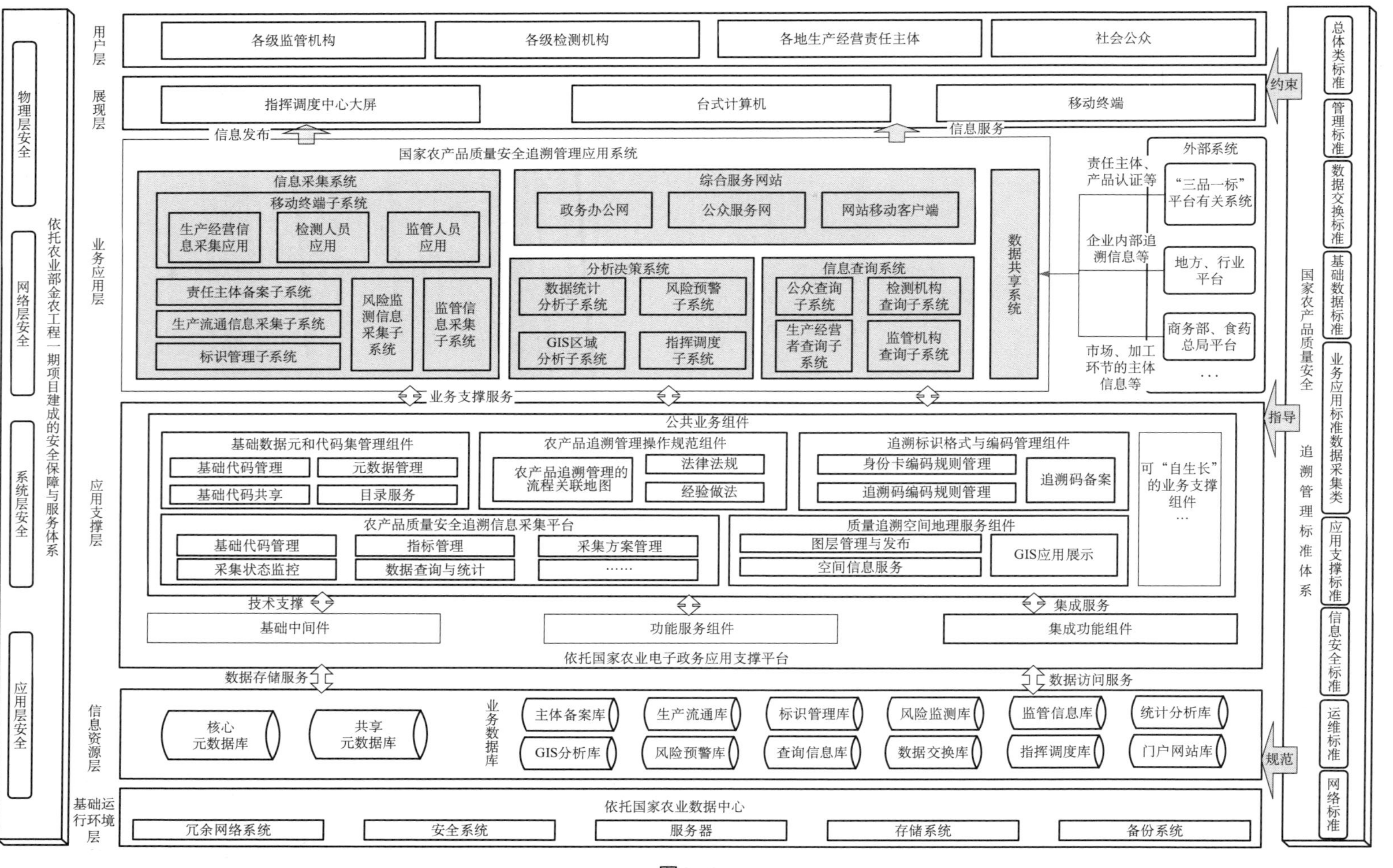

图3－2

整体业务流程图
监管机构
生产经营主体
市场主体、消费者
检测机构
执法机构
主体备案监管
开放主体身份码
建立主体备案档案
建立监督检查档案
基地巡查、监督检查
产品投诉反馈档案
建立产品检测档案
监管综合分析应用（风险预警、统计分析、GIS分析、指挥调度等）
上报
开发
开发
下发任务
下发任务
生产主体
主体备案信息
采集生产信息
产品名称、收获时间、收获量、自检情况
产品生产批次码
记录销售时间，销售量
入市追溯凭证
经营主体
主体备案信息
确认上游信息
主体信息产品追溯信息
产品流通批次码
记录销售时间，销售量
采集流通信息
入市追溯凭证
各环节之间信息采集过程
加工企业
消费市场
消费查询
此环节不在国家追溯平台上，在食物监平台；
制定工作方案
抽检
已备案
未备案
扫描主体码
生成临时主体身份码
扫描产品追溯码
生成产品临时码
记录样品信息
记录检测结果信息
检测信息汇总分析（风险预警）
行政执法
制定工作方案
抽样
已备案
未备案
扫描主体码
生成临时主体身份码
扫描产品追溯码
生成产品临时码
记录样品信息
反馈
移交
上报
上报

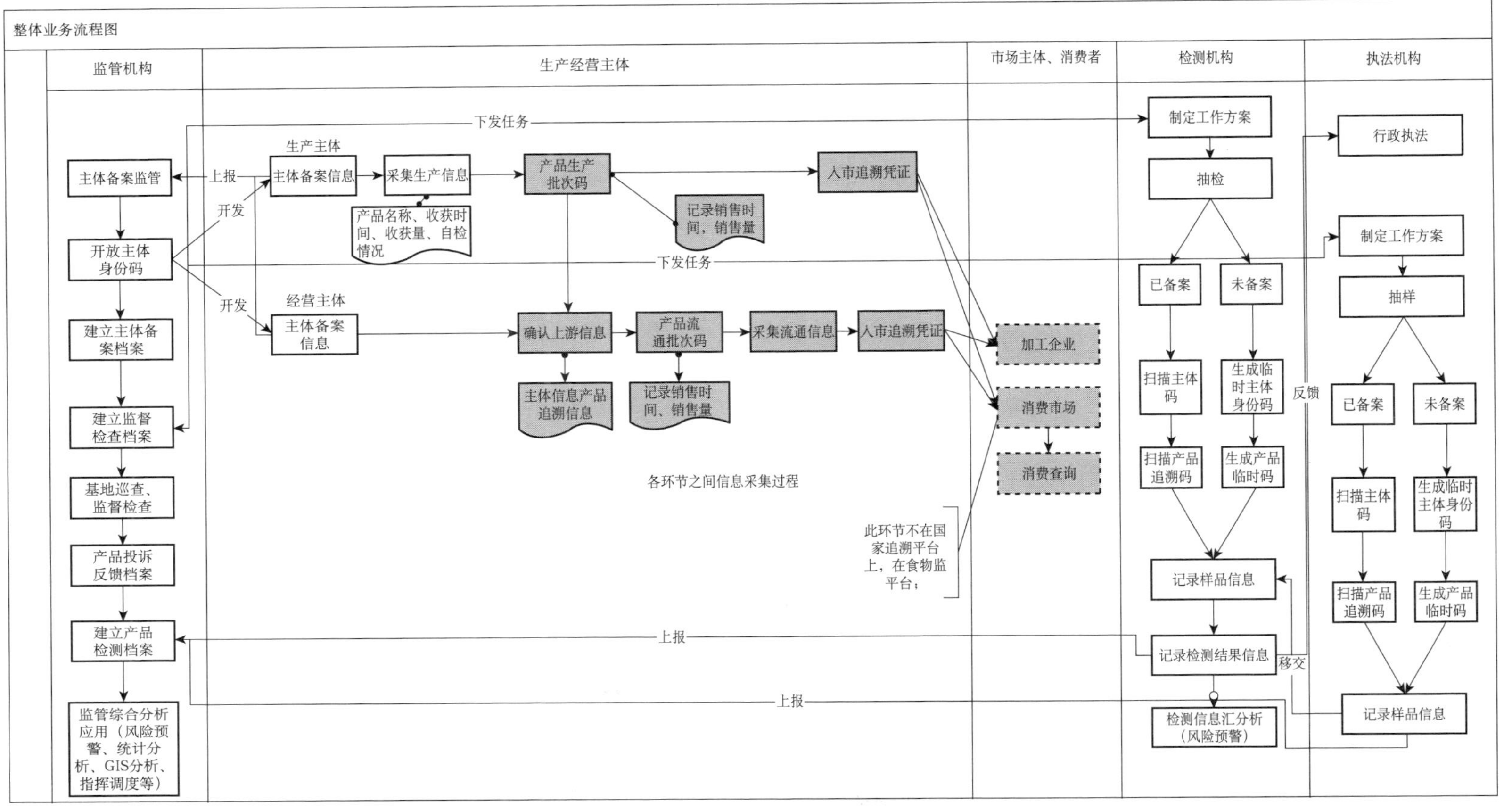

图 3-3

（一）追溯系统流程

追溯业务是国家追溯平台的主要组成部分，以责任主体和产品流向管理为核心，以扫码交易记录产品流通信息，以提供入市追溯凭证为市场准入条件，构建从产地到市场到餐桌的全程可追溯体系。追溯系统主要业务流程包括主体注册和追溯信息采集。

1. 主体注册业务流程

农产品生产经营主体注册由主体发起申请，填报注册资料后，由县级监管机构负责审核，审核通过后开通用户账号及使用权限。

主体注册业务流程如图 3－4 所示。主要注册业务信息项见表 3－5。

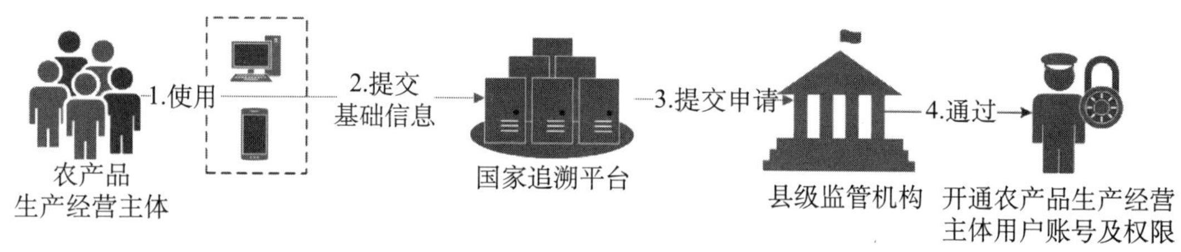

图 3－4

表 3－5　主体注册业务信息项

主体类型	注册信息项
农产品生产经营主体	主体名称、主体类型、机构代码、营业执照、主体属性、所属行业、产品种类、年产量、认证情况、注册所在地、负责人、联系方式等

2. 追溯系统业务流程

追溯系统支持农产品生产经营者采集生产和流通信息。一是农产品生产经营者完成主体注册后，登录国家追溯平台，采集录入产品信息和批次信息，生成产品追溯码，可打印。二是农产品生产经营者在完成产品信息采集后，进入农业农村部门所管辖的流通环节，农产品生产经营者确定下游主体后，通过移动专用 App 扫描下游主体用户码，填写交易信息以及相关承运、贮藏等追溯信息，提交国家追溯平台，下游主体即刻收到推送信息，交易确认后，生成产品追溯码，下游主体不能及时申请主体用户码的，由上游主体手动记录相关追溯信息，并及时向监管机构报告。三是农产品生产经营者在完成产品信息采集后，进入批发市场、零售市场或生产加工企业时，选择入市操作，如实填报交易信息，生成并打印入市追溯凭证并交给下游主体。具体流程如图 3－5 所示。

（二）监管系统流程

监管系统为各级监管机构提供基地巡查和风险监测（例行监测、专项监测）、监督抽查等信息化管理手段。

具体业务：一是各级监管机构通过国家追溯平台发布基地巡查、风险监测（例行监测、专项监测）、监督抽查等任务和通知公告。二是各级监管人员通过国家追溯平台接收任务，开展基地巡查工作，使用移动专用 App 扫描农产品生产经营者电子身份

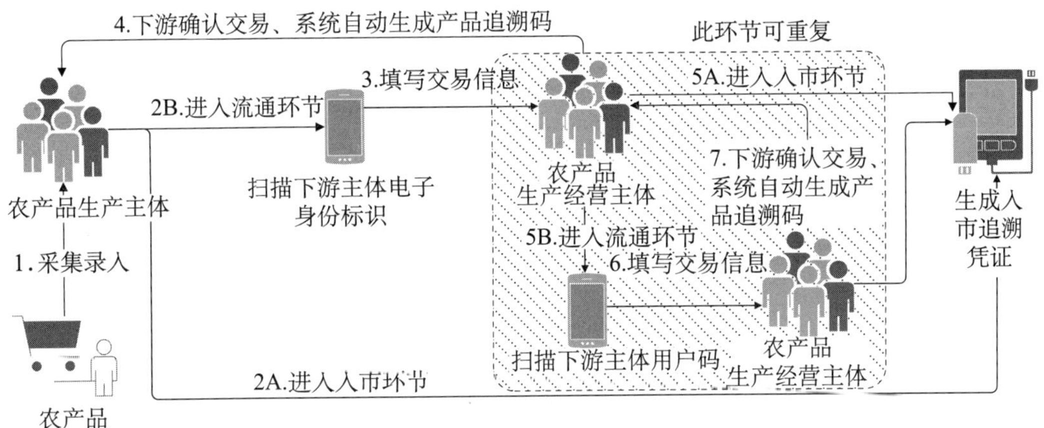

图 3-5

标识，查看主体信息，采集录入监管信息，实现监管信息与主体注册信息关联。三是监管人员如遇农产品生产经营者尚未注册的，采集录入主体、产品和监管信息。四是监管人员在检查过程中发现问题，可通过国家追溯平台移交执法机构，由执法机构开展后续工作。如图 3-6 所示。

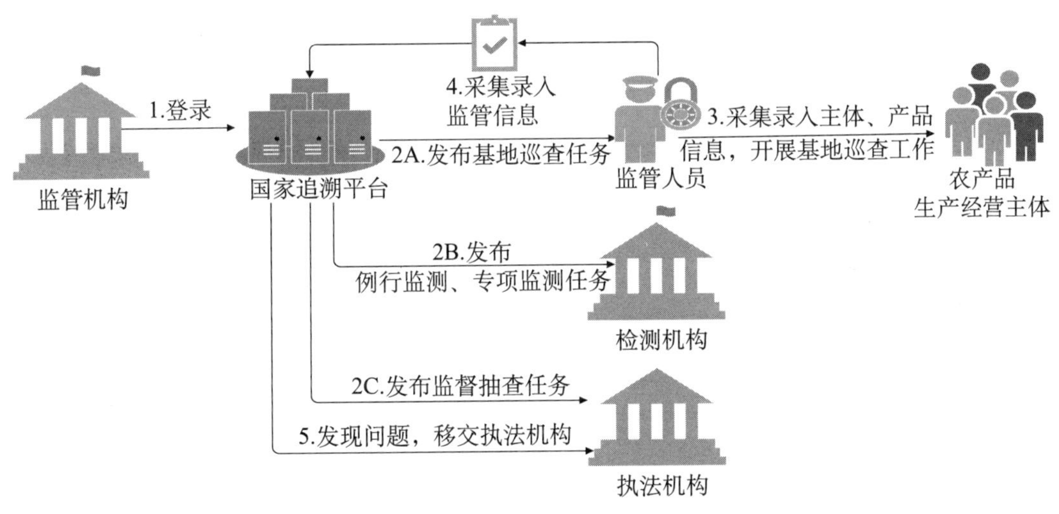

图 3-6

（三）监测系统流程

国家追溯平台为各级检测机构提供风险监测（例行监测、专项监测）和监督抽查信息化管理手段。

具体业务：一是检测机构接收风险监测（例行监测、专项监测）并开展工作。二是抽样人员使用移动专用 App 扫描产品追溯码，自动获取样品信息，填写抽样信息，实现样品信息与主体注册信息关联。三是抽样产品没有加施产品追溯码的，手动录入产品信息。四是检测机构接收监督抽查任务或执法机构委托任务抽样单并开展工作。五是检测人员在实验室检测时，使用国家追溯平台录入检测结果。六是检测机构开展数据汇总分析，并将结果上报至任务下发机构。如图 3-7 所示。

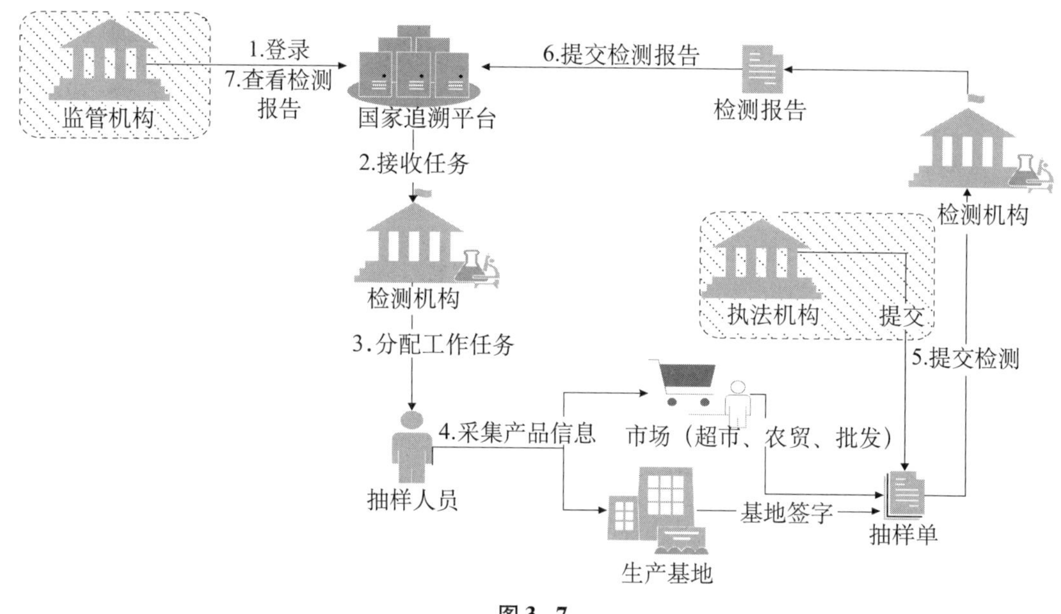

图 3-7

（四）执法系统流程

国家追溯平台为各级执法机构提供日程执法和监督抽查等信息化管理手段。

一是各级监管机构通过国家追溯平台向执法机构发布工作任务。二是执法机构接收工作任务并开展监督抽查和行政执法等相关工作，使用移动专用 App 扫描农产品生产经营者电子身份标识，查看主体信息，采集录入执法信息，实现执法信息与主体注册信息关联。三是执法人员如遇农产品生产经营者尚未注册的，采集录入主体、产品和执法信息。四是执法机构通过国家追溯平台向检测机构提交监督抽查抽样单。五是执法机构在开展行政执法时，如有需要，可通过国家追溯平台向检测机构发布监测任务。六是监管机构、检测机构和执法机构在国家追溯平台查看工作执行情况。如图 3-8 所示。

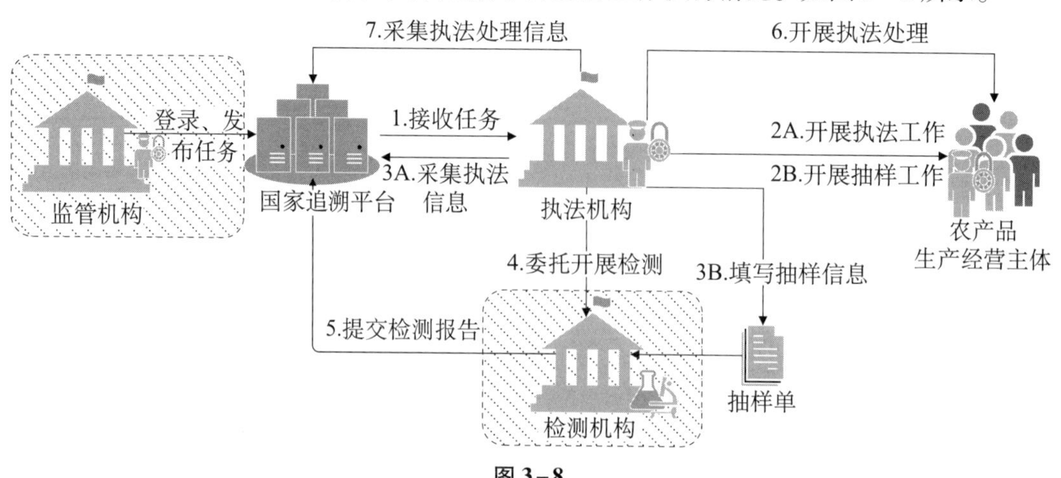

图 3-8

三、功能描述

（一）追溯系统

1. 功能模块

追溯系统功能模块见表3-6。

表3-6　追溯系统功能模块表

序号	功能模块	功能指标	功能项
1	我要生产		需对接后方能使用
2	我的批次	批次管理	新建批次
			删除批次
			批次查询
			查看详情
		组合管理	组合批次
			批次查询
			查看详情
3	我要屠宰	屠宰管理	屠宰
			批次查询
			查看详情
		屠宰记录	记录查询
			屠宰明细
4	我要销售	产品管理	销售流通
			销售入市
			产品查询
		销售历史	历史查询
			查看详情
5	我要收货	采购确认	采购查询
			确认收货
			退换货
		采购管理	信息查询
			查看详情
6	我要打印	销售打印	销售查询
			追溯码打印
		库存打印	库存查询
			追溯码打印

续表

序号	功能模块	功能指标	功能项
7	我要查询	追溯码查询	追溯码查询
		追溯台账	台账查询
			销售明细
			查看详情
8	我的管家	产品管理	新增产品信息
			产品信息查询
			产品信息修改
		基地管理	新增基地
			删除基地
			基地查询
			查看详情
			修改基地信息
		客户管理	删除客户
			查询客户
			查看客户详情
		账号管理	新增账号
			删除账号
			查询账号
			重置密码
			修改账号信息
9	个人中心	个人中心	注册变更
			注册注销
			修改密码
10	通知消息	通知消息	查询通知消息
11	投诉反馈	我要投诉	
		投诉反馈	
12	优化建议	优化建议	
13	帮助中心	帮助中心	下载手册

a. 我要生产。对接后，跳转到省级追溯平台，填报并获取农产品生产过程信息。

b. 我的批次。批次管理：生产经营主体可登记生产环节信息，包括产品名称、收获时间、收获量、自检情况等，填报信息完成后自动生成产品追溯码；批次组合：对同一种混批出售或重新包装时，农产品生产经营者可进行批次组合，重建批次信息，用户可灵活定义农产品批次。

c. 我要屠宰。屠宰管理：生产经营主体为畜牧业时，可对畜牧产品进行屠宰，填报屠宰后产品数量和检验检疫合格证；屠宰记录：生产经营主体可查询屠宰的记录，包括产品名称、屠宰后产品、库存数量、屠宰情况、质检情况、产品追溯码等信息。

d. 我要销售。销售管理：生产经营主体可登记农产品流通环节和入市环节信息，包括销售产品、销售量、销售时间、销售去向等信息；销售历史：生产经营主体可按产品种类、追溯类别、销售状态、销售时间等条件查询销售信息。

e. 我要收货。采购确认：生产经营主体对购买的产品可进行确认收货操作，退货前生产经营主体可进行退货、换货操作；采购管理：生产经营主体可按产品种类、产品名称、交易状态、采购时间等条件查询收货信息。

f. 我要打印。销售打印：农产品生产经营者安装销售控件，可对销售的产品进行打印，可打印追溯标识和入市追溯凭证；库存打印：产品具备包装条件的，生产经营主体也可对库存产品进行打印。

g. 我要查询。追溯查询：生产经营主体输入产品追溯标识，可查询产品追溯信息；可查询追溯台账即生产经营主体可按产品种类、追溯类别、交易状态、交易类型、销售时间段、关键字等条件查询追溯信息。

h. 我的管家。产品管理：生产经营主体新建批次前，进行产品管理，用户可新增产品信息，包括产品种类、产品名称、产品状态；基地管理：生产经营主体新建批次前，进行基地管理，可新增基地信息，包括基地名称、所属区域、基地地址、基地面积、基地负责人、联系方式、状态等信息；客户管理：系统会自动存储与该生产经营主体交易的客户信息，用户可删除客户信息；账号管理：生产经营主体可在账号管理中自行分配内部用户账号、删除账号、重置密码等操作。

i. 个人中心。生产经营主体可查看账号信息、注册信息、法人代表和联系人信息、证照信息等，并可进行注册变更、注册注销、修改密码等操作。

j. 通知消息。生产经营主体在销售过程中会收到采购确认的通知消息。

k. 投诉举报。生产经营主体可对在交易过程中另一方主体存在质量等相关问题进行投诉，县级监管机构完成投诉调查后，生产经营主体可查看投诉结果。

l. 优化建议。生产经营主体可对使用过程平台功能、性能、界面等问题提出意见建议。

m. 帮助中心。生产经营主体可查看系统操作手册以及技术支持联系方式等相关信息。

2. 系统操作

A. 注册和登录

农产品生产经营者使用国家追溯平台，应当进行主体注册。农产品生产经营者的注册管理工作由其生产经营所在地县级监管机构具体负责。

生产经营主体点击信息采集系统——追溯系统进入追溯系统登录界面，如图 3 – 9 所示。

图 3－9

未注册的生产经营主体点击企业账户注册，填写相关注册资料，创建用户账号，填写主体基础信息，上传相关证明材料，提交注册申请。

已注册的生产经营主体在登录界面输入用户名、密码、验证码，点击登录，进入追溯系统。如图 3－10 所示。

图 3－10

用户登录后，可使用我要生产、我的批次、我要销售、我要打印、我要查询等功能模块开展相关追溯操作（图 3－11）。另外还提供了个人中心、通知消息、投诉举报、帮助中心等功能模块。

B. 我要生产

点击我要生产，进入省级追溯平台，开展生产过程的信息管理。如图 3－12、图 3－13 所示。

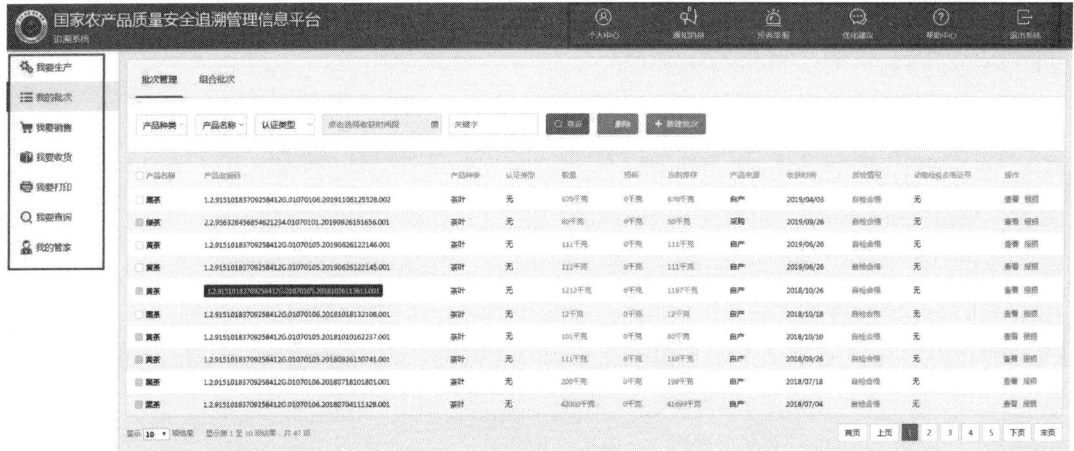

图 3－11

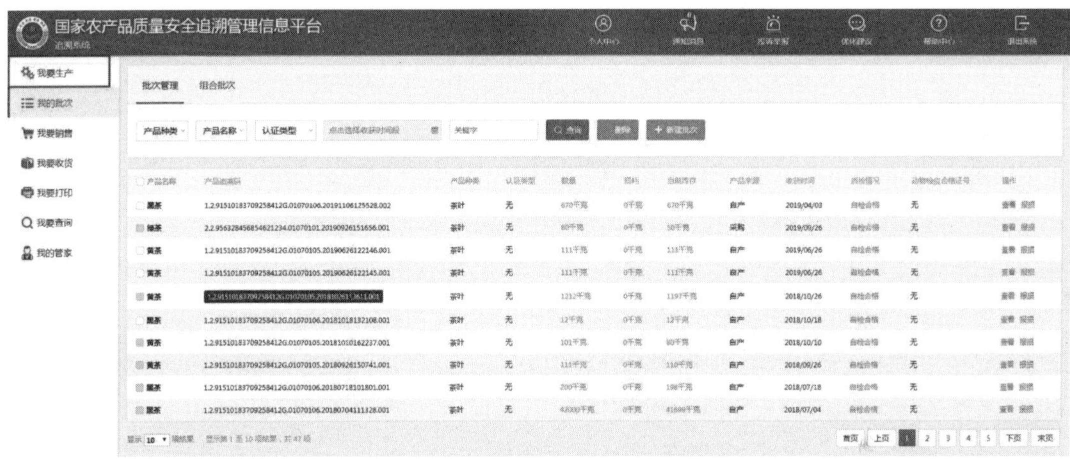

图 3－12

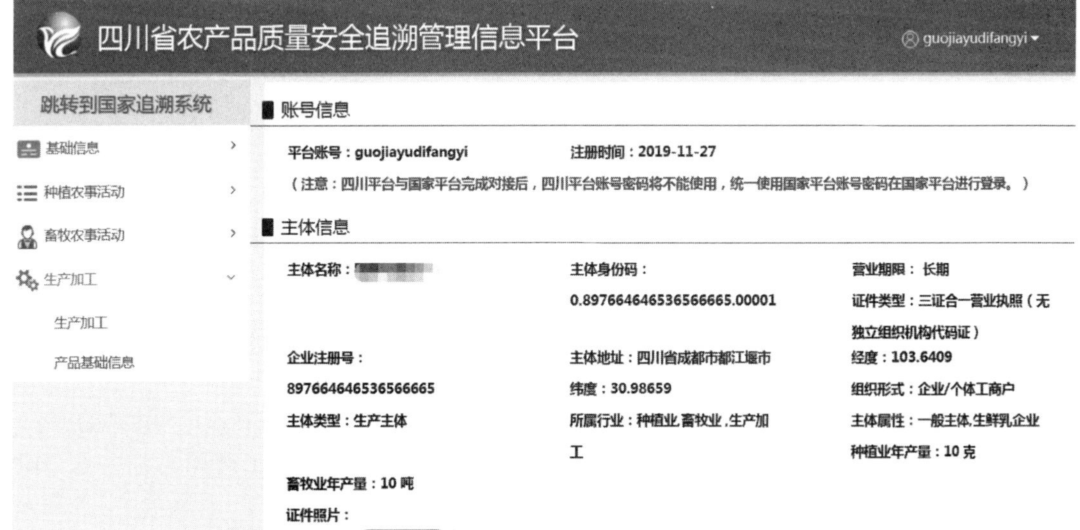

图 3－13

注：我要生产是需要省级追溯平台与国家追溯平台对接方能使用。没有对接的，可直接使用国家追溯平台进行追溯操作。

C. 我的管家

生产经营主体在开展追溯前，首先在我的管家中填写基地和产品信息，再建立追溯批次。我的管家功能模块中对产品信息、基地信息、账号信息进行新增、修改和维护等操作。建好产品、基地等信息后，追溯批次的建立、销售等操作才能正常开展。如图 3－14 所示。

图 3－14

- 基地管理

点击我的管家—基地管理，填写相关基地信息后新增基地信息，可对基地信息进行启用、停用、删除、修改等操作。如图 3－15 所示。

图 3－15

点击启用，用户在可建立生产批次的时候，直接选择基地，无需重复操作。当用户基地不再使用时，可点击禁用，也可进行删除操作。如图 3－16 所示。

- 产品管理

点击我的管家—产品管理，填写相关产品信息后新增产品信息，可对产品信息进行启用、停用、查看、修改等操作。如图 3－17 所示。

用户建立产品后，点击启用，即可在建立产品批次时直接选择。当用户的某一农产品生产周期已过，可以点击禁用，待建立产品批次时可再次启用。如图 3－18 所示。

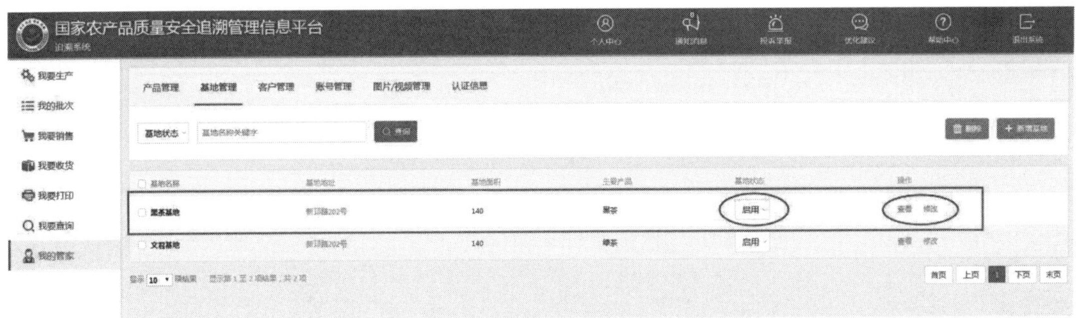

图 3－16

图 3－17

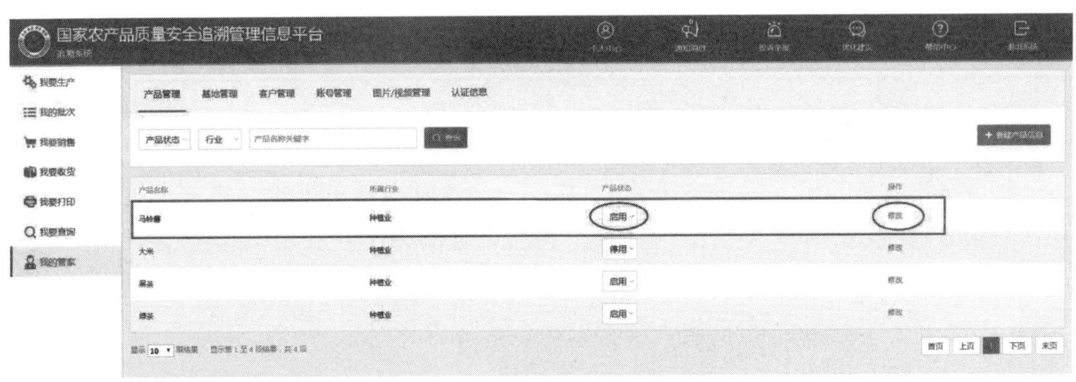

图 3－18

- 客户管理

与用户交易过的生产经营主体，会自动生成并储存在客户管理中，点击我的管家—客户管理，可对客户信息进行查看、删除等操作。如图 3－19 所示。

- 账号管理

用户根据内部管理需要，在国家追溯平台自行分配内部用户账号。用户可对账号信息进行维护，还可以新增或删除用户账号。对账号进行维护，包括删除、重置密码等。点击我的管家—客户管理，可对客户信息进行查看、删除等操作。如图 3－20 所示。

图 3－19

图 3－20

D. 我的批次

用户登录国家追溯平台对待售农产品进行批次管理，并如实填报批次信息。对同一品种混批出售或重新包装时，农产品生产经营者应当登录国家追溯平台重建批次，如实填报重建批次信息，点击组合批次，选择组合品种，开展相关组合操作。屠宰场应当登录国家追溯平台对屠宰产品进行批次管理，如实填报屠宰后产品批次信息。

点击我的批次，可进行批次管理、批次组合等操作，并可对批次进行查询、删除等操作。如图 3－21 所示。

E. 我要销售

因为农业部门负责食用农产品进入批发、零售市场或生产加工企业前（“三前环节”）的质量安全监督管理，所以国家追溯平台包括生产过程追溯和进入“三前”的销售环节追溯。我要销售以“三前环节”为边界分为流通销售和入市销售。流通销售是指农产品在进入“三前环节”的销售行为。入市销售是指农产品在进入批发市场、零售市场和生产加工企业时的销售行为。

农产品生产经营者在农产品进入批发市场、零售市场或生产加工企业前的交易中，选择交易产品批次，如实填报交易数量，提交下游主体确认交易信息。下游主体应当登录国家追溯平台，核对并确认交易信息。下游主体未在国家追溯平台注册的，

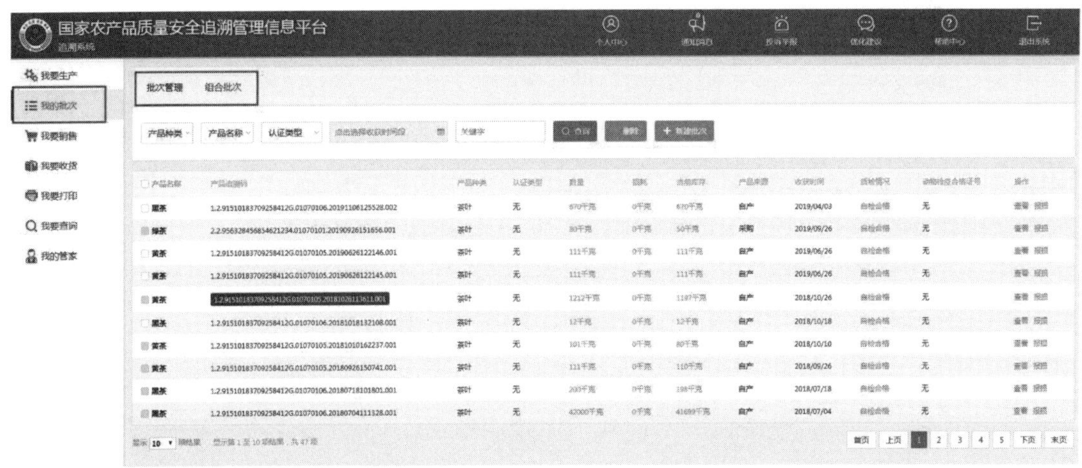

图 3-21

上游主体应当登录国家追溯平台，选择交易产品批次，如实填报交易数量，并准确填写下游主体名称、联系方式等追溯信息。

农产品在进入批发市场、零售市场或生产加工企业时，农产品生产经营者应当登录国家追溯平台，选择交易产品批次，如实填报交易数量，并准确填写批发零售市场名称、市场内主体或生产加工企业主体名称、联系方式等入市追溯信息。

用户也可以使用国家追溯平台移动专用 App 开展相关操作，比较快捷方便。如图 3-22 所示。

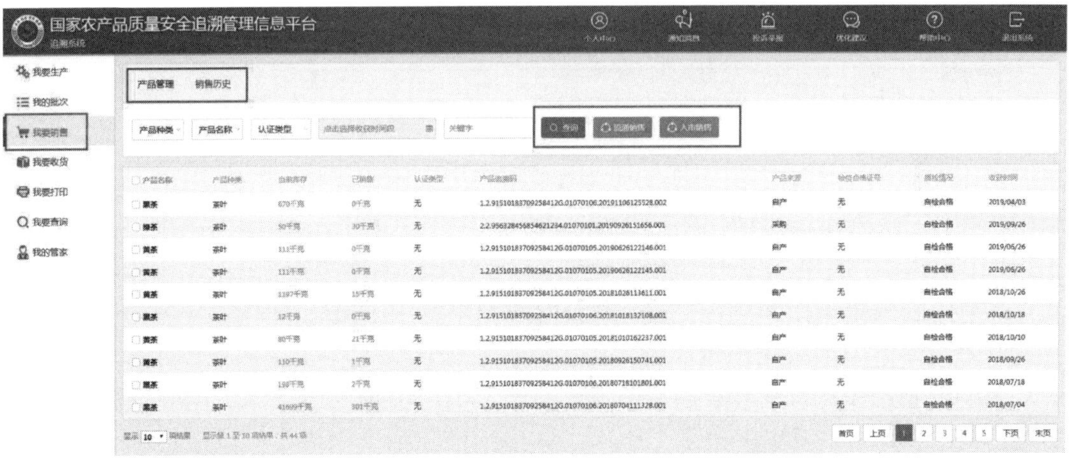

图 3-22

- 产品管理

点击产品管理，可进行流通销售和入市销售操作，需填写用户信息和产品信息等内容。

- 销售历史

可在销售历史中查看过往的销售历史数据，可通过产品种类、追溯类别、销售状态等不同纬度查询。如图 3-23、图 3-24 所示。

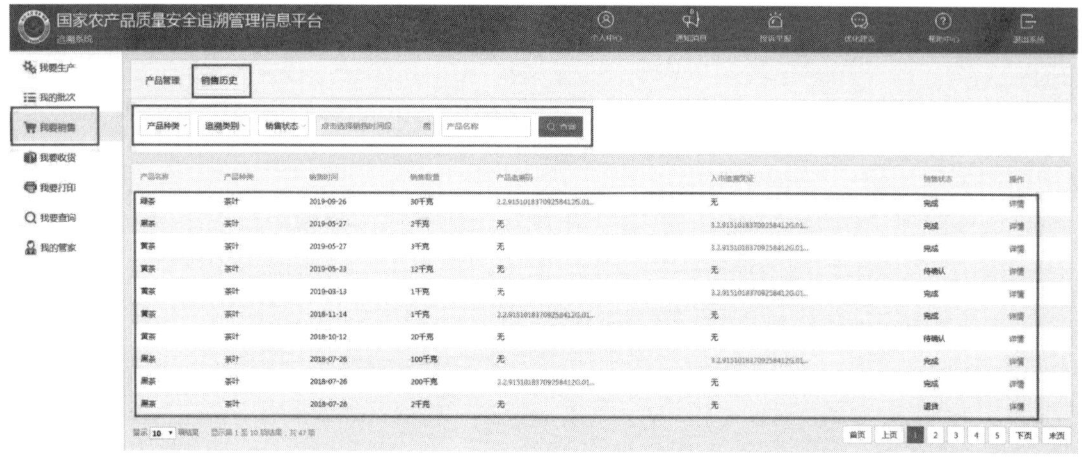

图 3 – 23

流通销售详情

产品信息

产品名称	绿茶	产品种类	茶叶
产品质量	合格	销售日期	2019-09-26
销售数量	30 千克		
产品追溯码	2.2.915101837092584126.01070101.20190926151851.001		查看销售明细

采购方主体信息

单位名称	河北志强蔬菜专业合作社	客户名称	刘志强
单位地址	长安区中山东路216号	联系电话	13623236565
主体身份码	2.789585465213423325.00001		

图 3 – 24

F. 我要收货

上游主体在销售产品后，下游主体收到采购信息，确认收货，完成追溯信息传递。我要收货业务分为采购确认和采购管理。采购确认是指生产经营主体在国家追溯平台中对采购的农产品进行查验和确认的操作；采购管理是对历史采购消息的汇总。如图 3 – 25 所示。

G. 我要打印

如图 3 – 26 所示。我要打印功能分为销售打印和库存打印。销售打印是指对销售后的产品追溯码进行打印。库存打印是指对库存的产品追溯码进行打印。

- 销售打印

点击打印，选择打印类型和打印尺寸，国家追溯平台提供 3 种尺寸的追溯码，满足不同用户的实际需要。如图 3 – 27、图 3 – 28 所示。

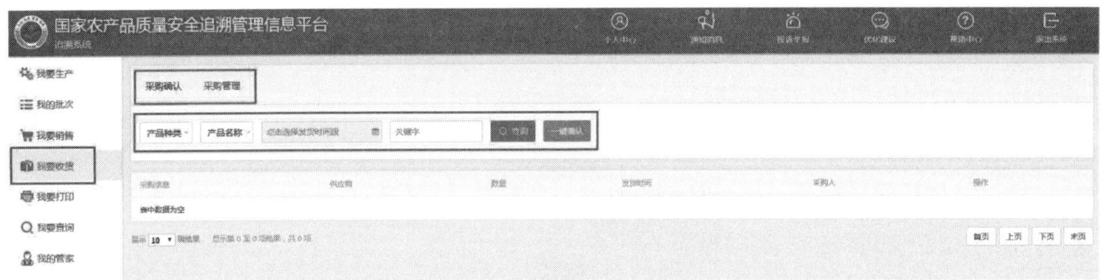

图 3-25

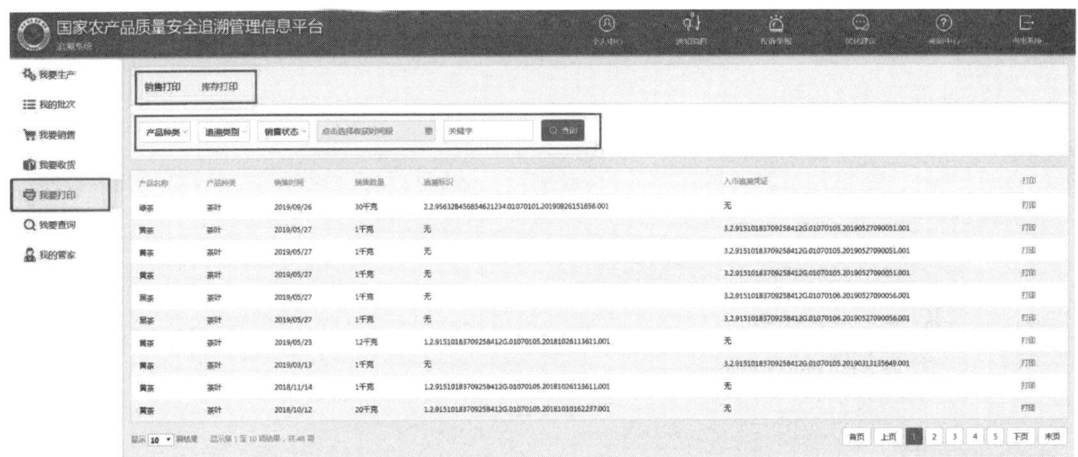

图 3-26

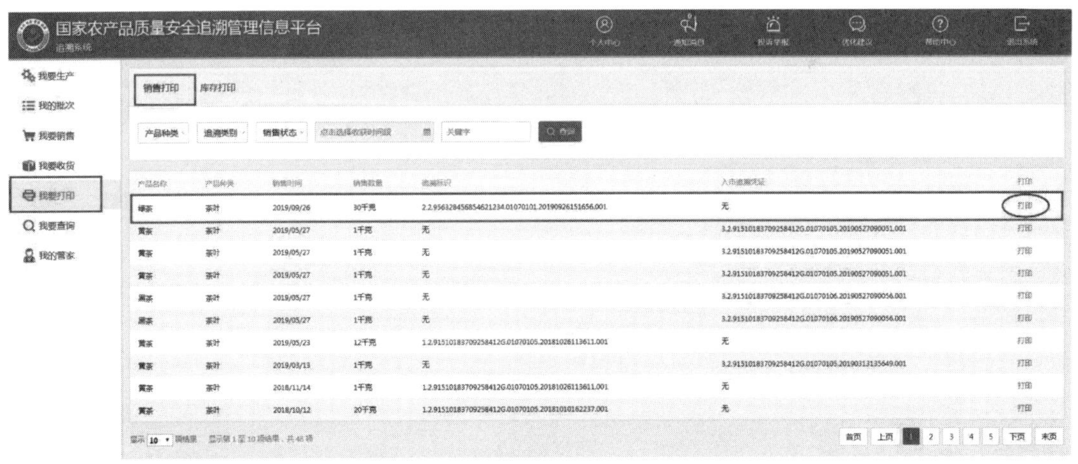

图 3-27

H. 我要查询

农产品生产经营者可登录国家追溯平台，对产品台账信息进行汇总统计和分析应用。我要查询功能分为追溯查询和追溯台账。追溯查询是指对生产经营主体使用产品追溯码查询该批次的上游和下游信息。追溯台账是指生产经营主体所有采购和销售的

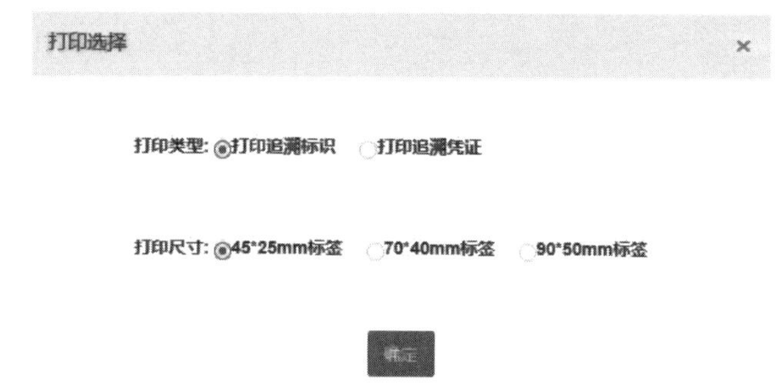

图 3-28

批次信息。

追溯查询如图 3-29 所示。

图 3-29

追溯台账如图 3-30 所示。

图 3-30

（二）监管系统

1. 功能模块

监管系统功能模块见表 3－7。

表 3－7　监管系统功能模块表

序号	功能模块	功能指标	功能项
1	主体管理	生产经营主体	生产经营主体查询
			查看详情
			主体撤销
			临时登记主体查询
			查看详情
			登记待审核主体查询
			审核
			登记变更待审核主体查询
			审核
			登记待注销主体查询
			审核
		监管机构	监管机构主体查询
			查看详情
			撤销主体
			登记变更待审核主体查询
			审核
			登记注销待审核主体查询
			审核
			登记撤销待审核主体查询
			审核
		检测机构	监测机构主体查询
			查看详情
			撤销主体
			登记变更待审核主体查询
			审核
			登记注销待审核主体查询
			审核
			登记撤销待审核主体查询
			审核
		执法机构	执法机构主体查询

续表

序号	功能模块	功能指标	功能项
1	主体管理	执法机构	查看详情
			撤销主体
			登记变更待审核主体查询
			审核
			登记注销待审核主体查询
			审核
			登记撤销待审核主体查询
			审核
		不良记录	不良记录查询
			查看详情
2	监督检查	基地巡查	新增基地巡查
			基地巡查信息查询
			查看详情
			修改任务
		考核任务	新增考核任务
			修改考核任务
			删除考核任务
			考核任务查询
			查看详情
		巡查人员考核	信息查询
			查看详情
			审核
3	监测任务	例行监测	新建例行监测任务
			修改例行监测任务
			删除例行监测任务
			发布例行监测任务
			查询任务
			查看详情
			查看抽样单
			查看牵头报告
			查看承担单位报告
		专项监测	新建专项监测任务
			修改专项监测任务
			发布专项监测任务

续表

序号	功能模块	功能指标	功能项
3	监测任务	专项监测	删除专项监测任务
			查询任务
			查看详情
			查看抽样单
			查看牵头报告
			查看承担单位报告
		监督抽查	新建监督抽查任务
			修改监督抽查任务
			发布监督抽查任务
			删除监督抽查任务
			查询任务
			查看详情
			查看抽样单
			查看牵头报告
			查看承担单位报告
		复检任务	新建复检任务
			修改复检任务
			发布复检任务
			删除复检任务
			查询任务
			查看详情
			查看抽样单
			查看牵头报告
			查看承担单位报告
4	应急管理	应急任务	新建应急任务
			查询任务
			查看详情
		专家资源	查询资源
			查看详情
5	投诉受理	投诉受理	查询投诉受理
			查看详情
			处理

a. 主体管理。生产经营主体管理：县级以上监管机构可查看生产经营主体注册信息，对生产经营者提交的注册申请进行审批，生产经营主体核心信息发生变更的，由

县级监管机构进行审核，县级监管机构受理农产品生产经营者提交注册申请，或发行农产品生产经营主体不再从事农产品生产经营活动的，可撤销该农产品生产经营者创建的用户账号；监管机构主体管理：县级以上监管机构可查看监管机构注册信息，监管机构系统信息发生变化的可进行变更审核、注销、撤销等操作；检测机构主体管理：县级以上检测机构可查看检测机构注册信息，检测机构系统信息发生变化的，可进行变更审核、注销、撤销等操作；执法机构主体管理：县级以上执法机构可查看执法机构注册信息，执法机构系统信息发生变化的，可进行变更审核、注销、撤销等操作；不良记录：监管机构可查看在监管过程中本辖区内生产经营主体的不良记录。

b. 监督检查。考核任务：监管机构可建立基地巡查考核任务，包括任务类型、时间、次数、巡查人员、巡查区域等内容，并可进行删除、修改等操作；基地巡查：监管人员可填报巡查内容，包括任务类型、巡查结果、巡查意见、现场照片等信息，可查看、修改和删除；巡查任务考核：支持对巡查人员考核，可对现场巡查人员填报巡查日志的真实性进行记录和判定。

c. 监测任务。例行监测：包括例行监测任务新增、发布、废止、删除、抽样单查看、牵头单位报告查看、承担单位报告查看等；专项监测：包括专项监测任务新增、发布、废止、删除、抽样单查看、牵头单位报告查看、承担单位报告查看等；监督抽查：包括监督抽查任务新增、发布、废止、删除、抽样单查看、报告查看等；复检任务：包括复检任务新增、发布、废止、删除、抽样单查看、报告查看等。

d. 应急管理。应急任务：发生农产品质量安全事故后，县级以上监管机构在国家追溯平台快速查找追溯、监管、监测、执法等信息，确定主体范围，为应急处置提供数据支撑，县级以上监管机构在应急处置过程中，发现需移交执法机构处理的事项，应当通过国家追溯平台及时向执法机构发布任务；专家资源：县级以上监管机构在国家追溯平台建立并动态维护农产品质量安全应急专家资源库，为监管机构提供应急处置咨询。

e. 投诉受理。农产品生产经营者发现交易方存在农产品质量安全问题或追溯违规操作行为时，可登录国家追溯平台投诉，县级监管机构收到相关投诉时，应当在国家追溯平台进行受理，完成投诉调查处理后，应当及时将结果通过国家追溯平台反馈。

2. 系统操作

A. 登录

填写国家追溯平台分配的管理员账号、密码，点击登录进入系统。如图3-31、图3-32所示。

可在监管系统进行主体管理、监管检查、监测任务、应急管理、投诉管理等操作。如图3-33所示。

B. 主体管理

包括：生产经营主体、监管机构、检测机构、执法机构管理和不良记录。监管人员审核生产经营主体提交注册、变更、注销等申请，管理监管、检测、执法机构提交的变更和注销申请等。如图3-34所示。

图 3-31

图 3-32

图 3-33

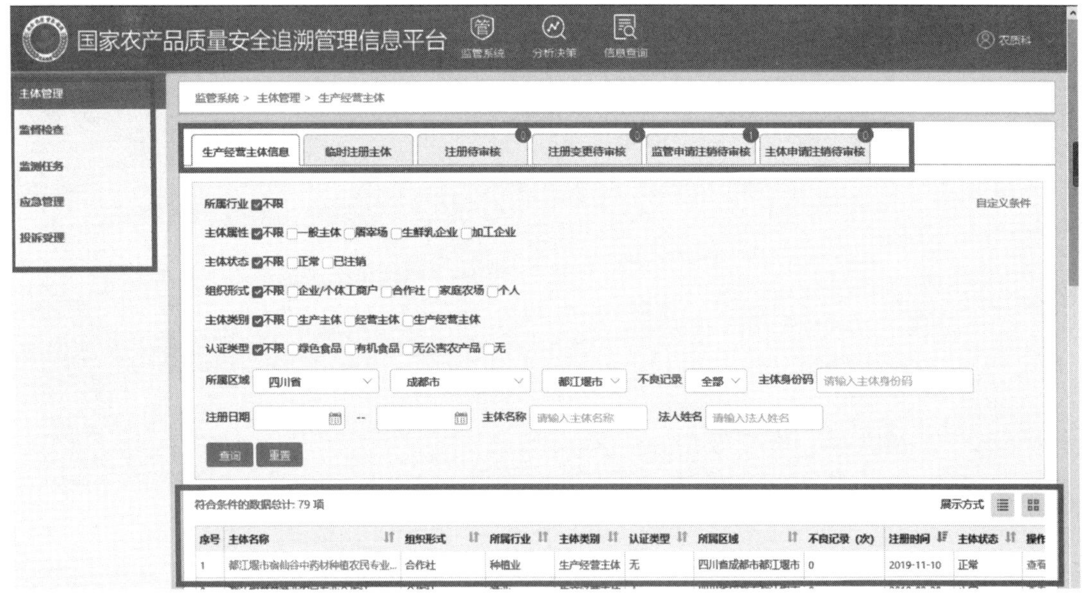

图 3-34

- 生产经营主体

可进行生产经营主体信息查询、临时注册主体、注册待审核、注册变更待审核、监管申请注销待审核和主体申请注销待审核操作。如图 3-35 所示。

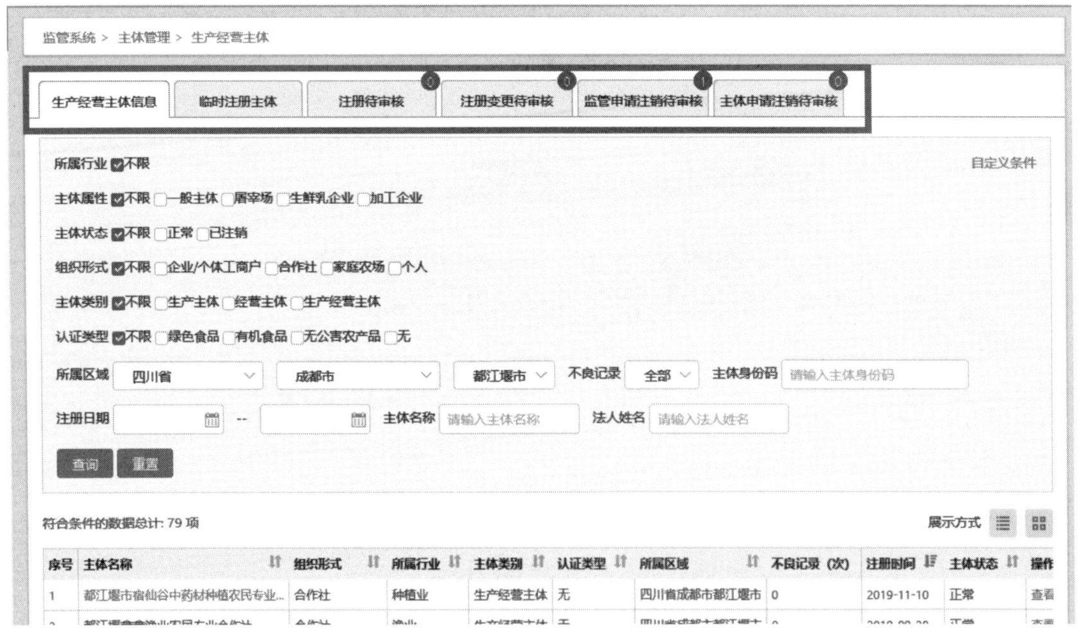

图 3-35

- 监管机构

可进行监管机构信息查看、撤销、注册变更待审核、注册注销待审核、注册撤销待审核等操作。如图 3-36 所示。

图 3－36

● 检测机构

可进行检测机构信息查看、撤销、注册变更待审核、注册注销待审核、注册撤销待审核等操作。如图 3－37 所示。

图 3－37

● 执法机构

可进行执法机构信息查看、撤销、注册变更待审核、注册注销待审核、注册撤销待审核等操作。如图 3－38 所示。

● 不良记录

点击不良记录，可查看生产经营主体在监管和执法过程中不合格或被处罚等信息。如图 3－39、图 3－40 所示。

图 3－38

图 3－39

图 3－40

C. 监督检查

包括基地巡查、考核任务和巡查人员考核三项业务功能。在监督检查过程中，需先创建考核任务，监管人员依据考核任务执行基地巡查，基地巡查完成后（App 可现场采集信息），录入基地巡查结果，系统根据考核任务自动判断巡查人员的考核结果。如图 3－41 所示。

图 3－41

- 考核任务

县级以上监管机构制定基地巡查任务后，应当登录国家追溯平台监管系统，填写基地巡查任务，并发送给本机构监管人员。

点击新增按钮，监管人员创建考核任务，填写考核信息和考核人员，可进行删除、修改等相关操作。如图 3－42 所示。

- 基地巡查

考核任务设置完成后，可点击基地巡查，监管人员开展基地巡查工作，采集录入基地巡查数据。选择被监管的主体，填写巡查内容、意见及上传现场图片等信息。当然，监管人员在开展基地巡查时，也可以使用国家追溯平台移动专用 App 扫描被巡查对象的电子身份标识，被巡查对象未在国家追溯平台注册的，监管人员应当使用移动专用 App 现场录入被巡查对象主体基础信息。监管人员巡查结束后，应当及时将巡查信息上传至国家追溯平台。如图 3－43、图 3－44 所示。

- 巡查人员考核

点击考核任务，由监管人员审核该基地巡查任务完成的是否合格。如图 3－45 所示。

图 3－42

图 3－43

D. 监测任务

包括例行监测、专项监测、监督抽查及复检任务。监管机构发布例行监测（专项监测）给检测机构（牵头单位）。如图 3－46 所示。

- 例行监测

点击新增，创建例行监测任务，选择执行任务的牵头单位，填写例行监测任务基本信息并上传附件，并可进行废止、删除、发布等操作。如图 3－47、图 3－48 所示。

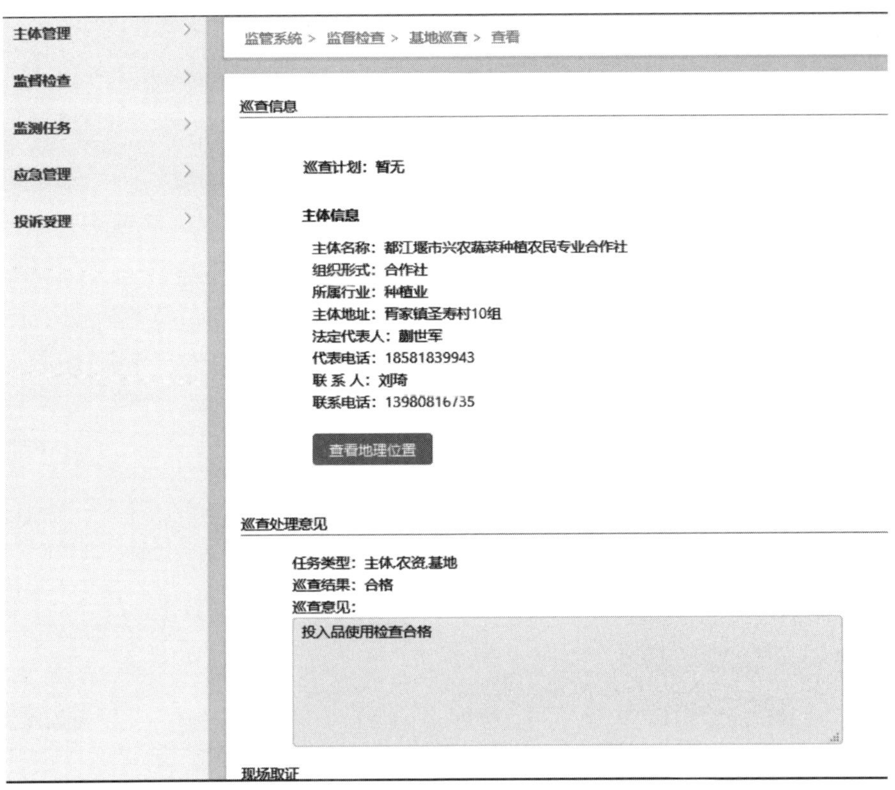

图 3-44

序号	巡查人员	考核类型	考核时间	设定次数	所属区域	实际次数	任务状态	考核结果	报告	操作
1	tianma	月度	2019年04月	4	四川省成都市都江堰市	8	已完成	未审核	查看	审核
2	胥家农林综合服务站	月度	2019年04月	4	四川省成都市都江堰市	4	已完成	未审核	查看	审核
3	聚源农林综合服务站	月度	2019年04月	4	四川省成都市都江堰市	5	已完成	未审核	查看	审核
4	中兴农林综合服务站	月度	2019年04月	4	四川省成都市都江堰市	0	已结束(未完成)	未审核	查看	审核
5	安龙农林综合服务站	月度	2019年04月	4	四川省成都市都江堰市	0	已结束(未完成)	未审核	查看	审核
6	柳街农林综合服务站	月度	2019年04月	4	四川省成都市都江堰市	4	已完成	未审核	查看	审核
7	蒲阳农林综合服务站	月度	2019年04月	4	四川省成都市都江堰市	4	已完成	未审核	查看	审核
8	向峨农林综合服务站	月度	2019年04月	4	四川省成都市都江堰市	1	已结束(未完成)	未审核	查看	审核
9	崇义农林综合服务站	月度	2019年04月	4	四川省成都市都江堰市	3	已结束(未完成)	未审核	查看	审核

图 3-45

发布成功例行监测任务，在任务状态栏中会显示已发布，后续工作由检测机构登录国家追溯平台开展工作。

监管机构在监管系统中可查看任务的抽样单、报告等。如图 3-48 所示。

图 3－46

图 3－47

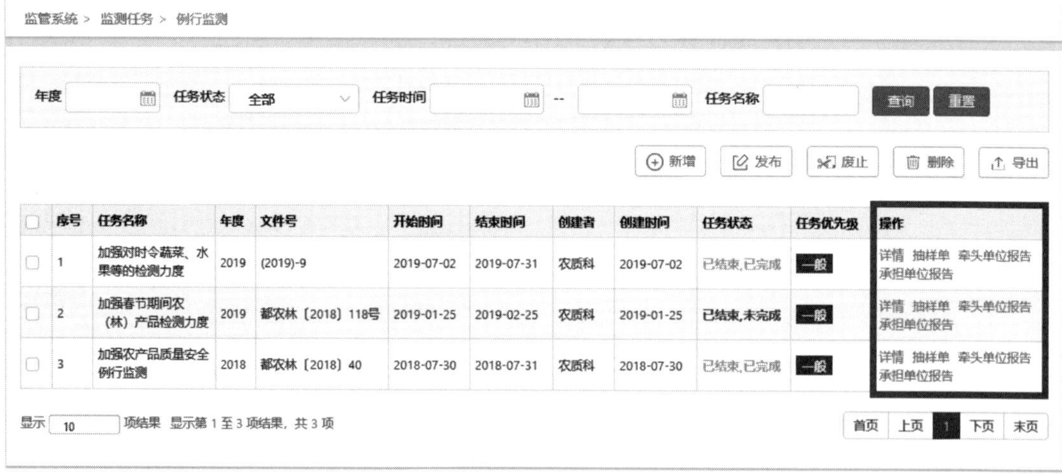

图 3－48

E. 监督抽查

监督抽查任务由监管机构下发，执法机构及检测机构分别执行产品抽样和产品检测的业务流程。如图 3－49 所示。

图 3－49

点击新增按钮，监管人员创建监督抽查任务。创建完成后可进行发布、查看、删除、废止等操作。如图 3－50 所示。

图 3－50

F. 复检任务

监管机构根据实际需要，对例行监测任务的不合格结果进行复检，发布复检任务。如图 3－51 所示。

G. 应急管理

在发生农产品质量安全事件或舆情时，监管机构可通过应急管理发布应急任务，可指定监管或检测或执法机构执行。如图 3－52 所示。

图 3－51

图 3－52

- 专家资源

可在线动态维护专家资源。如图 3－53 所示。

- 投诉受理

投诉受理功能主要由监管机构对农产品生产经营主体之间的投诉进行受理和查看。如图 3－54、图 3－55 所示。

（三）监测系统

1. 功能模块

执法系统功能模块见表 3－8。

图 3 – 53

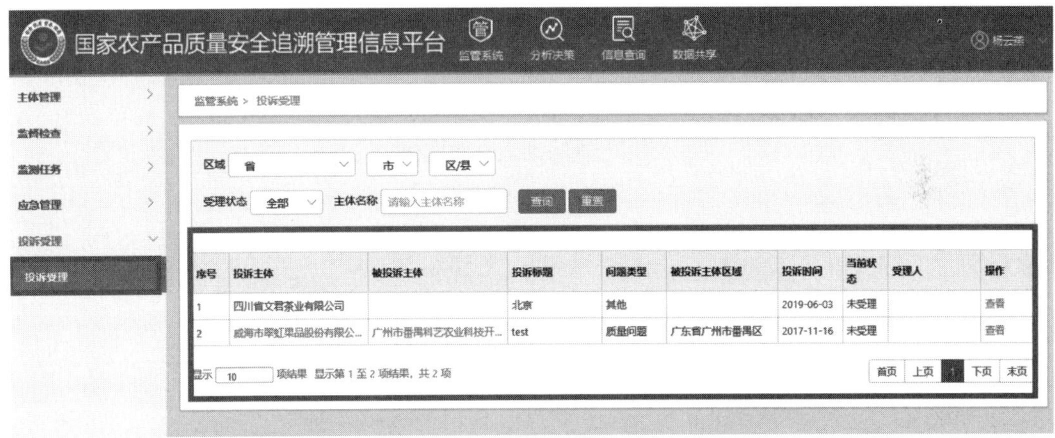

图 3 – 54

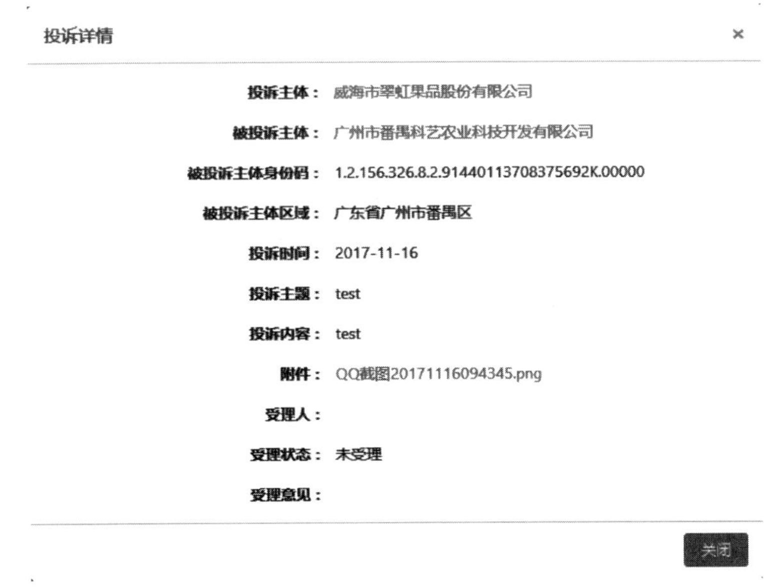

投诉详情

投诉主体：威海市翠虹果品股份有限公司

被投诉主体：广州市番禺科艺农业科技开发有限公司

被投诉主体身份码：1.2.156.326.8.2.91440113708375692K.00000

被投诉主体区域：广东省广州市番禺区

投诉时间：2017-11-16

投诉主题：test

投诉内容：test

附件：QQ截图20171116094345.png

受理人：

受理状态：未受理

受理意见：

关闭

图 3 – 55

表 3-8　监测系统功能模块表

序号	功能模块	功能指标	功能项
1	监测模型	检测对象包配置	新增检测对象包配置
			修改检测对象包配置
			删除检测对象包配置
			查询检测对象包
			查看检测对象包详情
		检测包配置	新增检测包配置
			修改检测包配置
			删除检测包配置
			查询检测包配置
			查看检测包详情
		模型配置	新增模型
			配置模型
			修改模型
			删除模型
			配置模型
			查看模型
			启用模型
			查询模型
2	牵头单位	例行监测	已接受任务查询
			执行任务
			下载附件
			待发布任务查询
			发布任务
			导出任务
			任务配置
			历史任务查询
			导出历史任务
			查看任务详情
			下载报告
		专项监测	已接受任务查询
			执行任务
			下载附件
			待发布任务查询
			发布任务
			导出任务
			任务配置
			历史任务查询
			导出历史任务
			查看任务详情
			下载报告

续表

序号	功能模块	功能指标	功能项
2	牵头单位	项目完成情况	监测任务查询
			查看抽样详情
			查看检测详情
			退回抽样信息
			退回检测信息
		监测信息汇总	例行监测信息查询
			查看抽样信息
			查看检测信息
			导出例行监测信息
		承担任务报告下载	例行监测任务报告查询
			例行监测任务报告下载
			专项监测任务报告查询
			例行监测任务报告下载
			批量下载
		项目总结报告上传	例行监测任务报告上传
			专项监测任务报告上传
		项目总结报告管理	例行监测任务报告查询
			例行监测任务报告查看
			专项监测任务报告查询
			专项监测任务报告查看
		系统报表	抽样环节统计报表查看
			抽样环节统计报表导出
			抽样地区统计报表查看
			抽样地区统计报表导出
			抽样机构统计报表查看
			抽样机构统计报表导出
			检测环节统计报表查看
			检测环节统计报表导出
			检测地区统计报表查看
			检测地区统计报表导出
			检测对象统计报表查看
			检测对象统计报表导出
			检测机构统计报表查看
			检测机构统计报表导出
3	承担单位	新任务	任务退回清单查看
			退回
			查看任务详情
		例行监测	例行监测任务查询
			例行监测任务详情查看
			下载附件
			填写抽样单

续表

序号	功能模块	功能指标	功能项
3	承担单位	例行监测	查询抽样单
			查看抽样单详情
			上报抽样信息
			修改抽样信息
			删除抽样信息
			下载抽样单
			导出抽样单
			新增检测信息
			修改检测信息
			查看检测信息
			上报检测信息
			删除检测信息
			生成检测任务单
			查询检测信息
			导出检测信息
			查看抽样单
			上传报告
		专项监测	专项监测任务查询
			专项监测任务详情查看
			下载附件
			填写抽样单
			查询抽样单
			查看抽样单详情
			上报抽样信息
			修改抽样信息
			删除抽样信息
			下载抽样单
			导出抽样单
			新增检测信息
			修改检测信息
			查看检测信息
			上报检测信息
			删除检测信息
			生成检测任务单
			查询检测信息
			导出检测信息
			查看抽样单
			上传报告
		监督抽查	监督抽查任务查询
			监督抽查任务详情查看
			下载附件

续表

序号	功能模块	功能指标	功能项
3	承担单位	监督抽查	查询抽样单
			查看抽样单详情
			下载抽样单
			导出抽样单
			新增检测信息
			修改检测信息
			查看检测信息
			上报检测信息
			删除检测信息
			生成检测任务单
			查询检测信息
			导出检测信息
			上传报告
		报告汇总	查询报告
			批量下载
			查看详情
		问题单据	例行监测单据查看
			例行监测单据上传
			专项监测单据查看
			专项监测单据上传
			监督抽查单据查看
			监督抽查单据上传
			受托检测单据查看
		受托检测	受托检测单据上传
			受托检测任务查询
			受托检测任务详情查看
			下载附件
			查询抽样单
			查看抽样单详情
			下载抽样单
			导出抽样单
			新增检测信息
			修改检测信息
			查看检测信息
			上报检测信息
			删除检测信息
			生成检测任务单
			查询检测信息
			导出检测信息
			上传报告
			新增复检任务

续表

序号	功能模块	功能指标	功能项
3	承担单位	复检任务	修改附件任务
			删除复检任务
			新增检测信息
			修改检测信息
			查看检测信息
			上报检测信息
			删除检测信息
			生成检测任务单
			查询检测信息
			导出检测信息
			上传报告

a. 监测模型。主要是配置监测项目所需要的监测要素，包括行业、监测对象、监测项目、监测标准、判定标准等要素，包括新增、修改、删除等功能。

b. 牵头单位。任务下发：牵头单位接收任务后，开始执行任务，配置监测模型、承担单位、开始时间和结束时间，抽样信息上报时间，填报完毕后，发布给承担任务的单位；项目完成情况：牵头单位可以查看例行监测或专项监测完成情况，包括任务数、抽样完成数、抽样上报时间、监测完成数、监测上报状态、监测上报时间等。监测系统汇总：提供例行监测和专项监测信息汇总功能，接收承担单位上报的检测数据进行汇总，形成本地区的监测结果数据，并可以上报上级检测机构；承担任务报告下载：牵头单位可以下载承担单位上传的监测报告；项目总结报告上传和管理：牵头单位编制监测任务总报告，上传给下发监测任务的监管机构，牵头单位可对上传的报告进行查询、修改、重新提交。

c. 承担单位。执行任务：承担单位接受任务后，开展抽样工作，填报并提交抽样单，检测机构完成样品监测后，填写监测结果，并对监测结果进行汇总，编制总结分析报告，上传给牵头单位；监督抽查：监测机构根据监管机构下发的任务，配置监测模型，包括检测对象、检测标准、检测项目、判定标准等，收到抽样单位移交的样品后进行检测，填写检测结果信息，并根据检测结果编制总结分析报告，上传给下发监督抽查任务的监管机构；复检任务：检测机构对复检样品进行检测，填写检测结果信息，将检测结果上传给下发复检任务的监管机构。

2. 系统操作

A. 登录

监测人员使用国家追溯平台分配的用户账号和密码，登录系统。如图 3－56 所示。

可进行模型配置、牵头单位、承担单位等功能模块操作。

牵头单位负责监测任务的分发和汇总工作，承担单位负责监测任务的具体实施。如图 3－57、图 3－58 所示。

图 3－56

图 3－57

图 3－58

B. 监测模型

牵头单位根据监管机构下发的监测任务及方案，在监测系统中配置监测模型，具体包括检测对象、检测标准、检测项目和判定标准等内容。牵头单位分配检测任务前，在监测系统中通过配置检测对象包、检测项包来创建相关任务的监测模型，并在分配承担单位的任务时调用相关监测模型。如图 3－59 所示。

图 3－59

● 检测对象包配置

点击新增，填写对象包名称，选择行业，点击弹出检测对象框，填写完检测对象包后，点击保存即可。

新增后的检测对象包可以修改、删除和查看详情，如图 3－60 所示。

图 3－60

• 检测项包配置

填写名称，选择行业，点击弹出检测项框，勾选检测项后确认，填写完检测包后，点击保存即可。新增后的检测项包可以修改、删除和查看详情。如图 3-61 所示。

图 3-61

• 模型配置

点击新增，填写模型名称，选择行业，点击保存按钮即可。如图 3-62 所示。

图 3-62

C. 牵头单位

牵头单位接收并执行监管机构下发的例行监测、专项监测任务，配置监测任务并分配给承担单位；管理查询监测项目完成情况，汇总监测信息，上传项目总结报告给监管机构。

- 例行监测

在已接收任务页执行例行监测任务。如图 3－63 所示。

图 3－63

点击执行任务，开始任务配置。如图 3－64 所示。

图 3－64

填报基本信息，包括发布单位、任务名称、选择监测模型等相关信息。如图 3－65 所示。

图 3－65

填报抽样机构、抽样数量、抽样地区、抽样上报时间等。如图 3－66 所示。

图 3－66

在总览中查看任务详情，点击发布，任务即发布成功。如图 3－67 所示。

在历史任务中可查看例行监测发布的所有任务。如图 3－68 所示。

- 项目完成情况

牵头单位可查看发布的任务进展情况。如图 3－69 所示。

- 监测信息汇总

牵头单位可查询、查看检测信息。如图 3－70 所示。

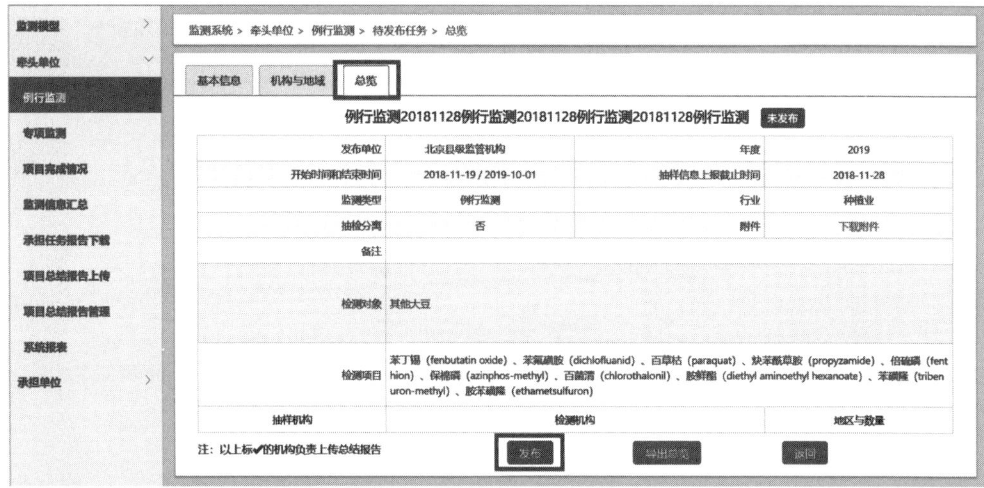

图 3－67

图 3－68

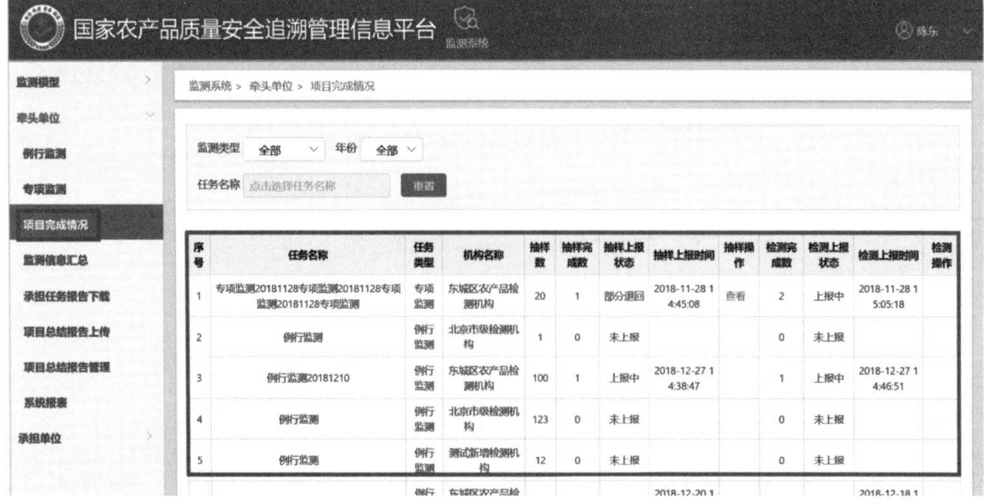

图 3－69

图 3-70

点击进入查看检测单详情。如图 3-71 所示。

图 3-71

查看抽样单。如图 3-72 所示。

导出生成监测报告。如图 3-73 所示。

- 承担任务报告下载

查询、查看任务报告。如图 3-74 所示。

任务报告下载。如图 3-75、图 3-76 所示。

抽样信息　检测信息

农业农村部 农产品质量安全 例行监测 抽样单

产品编码 1.0.123456789876543212.01

样品编码 LXJC000002018010075

产品编码：追溯码、产品批次码、入市追溯凭证之一

样品编码规则:20位以内的大写字母、小写字母、数字及其组合

样品名称	鲜食苹果	样品编号	LXJC000002018010075
商标		包装	
等级		标识	
型号规格		执行标准	
生成日期或批号	1545091920000	产地	
产品认证情况	☐无公害农产品 ☐绿色食品 ☐有机食品 ☑其他	证书编号	
抽样数量	12 单位 吨	抽样基数	222 单位 吨
抽样场所	☑生成基地/企业 ☐屠宰场 ☐农贸市场 ☐批发市场 ☐超市 ☐其他		

图 3－72

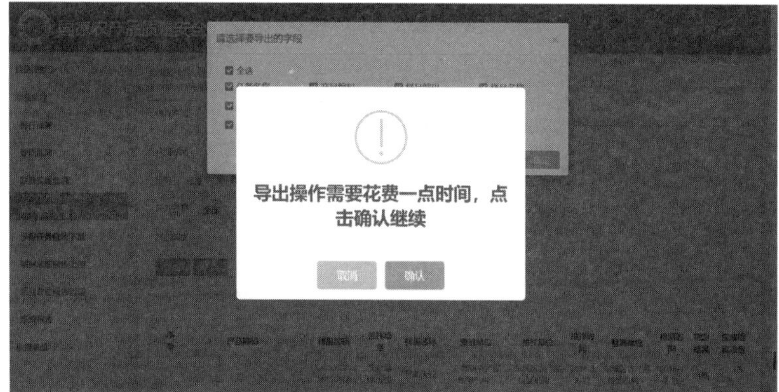

图 3－73

图 3－74

国家农产品质量安全追溯管理信息平台
监测系统
监测模型
牵头单位
例行监测
专项监测
项目完成情况
监测信息汇总
承担任务报告下载
项目总结报告上传
项目总结报告管理
系统报表
承担单位
监测系统 > 报告下载 > 例行监测
例行监测
专项监测
年度 全部 任务名称 全部
查询
重置
批量下载
序号 任务名称 报告单位 年度 报告名称 创建时间 操作
首页 上页 1 下页 末页

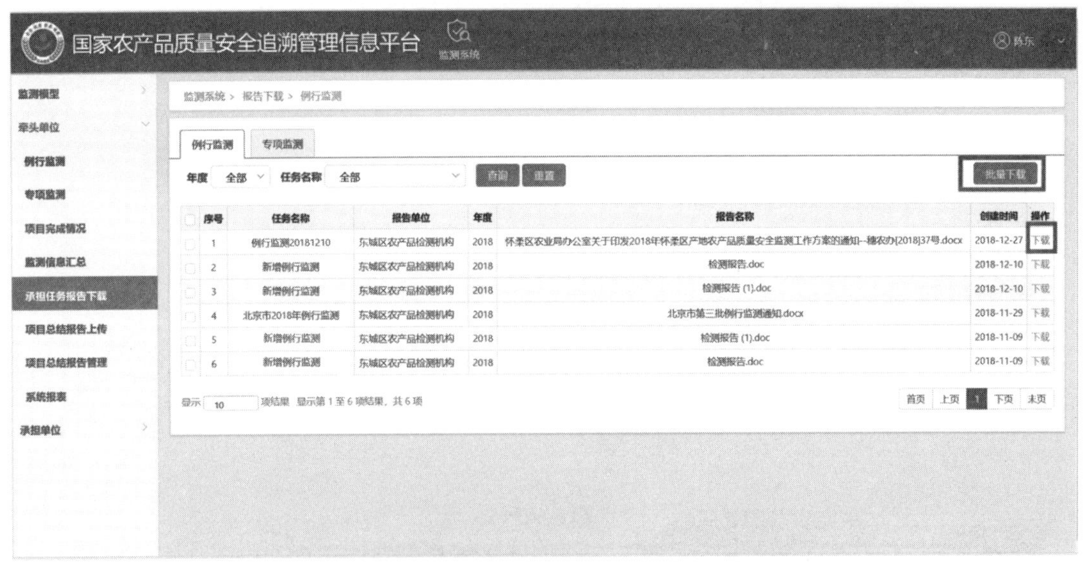

图 3－75

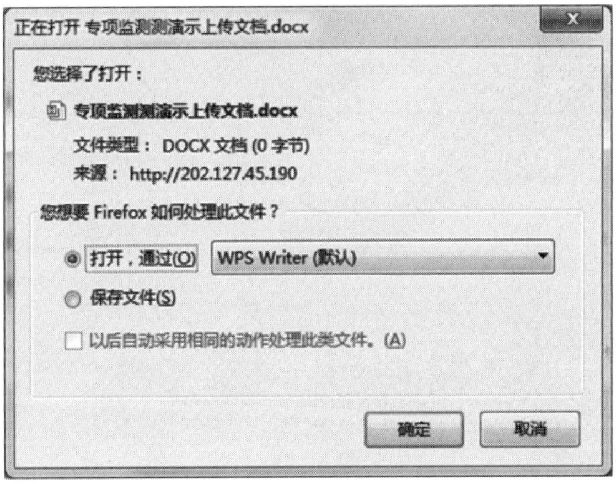

正在打开 专项监测测演示上传文档.docx
您选择了打开：
专项监测测演示上传文档.docx
文件类型： DOCX 文档 (0 字节)
来源： http://202.127.45.190
您想要 Firefox 如何处理此文件？
打开，通过(O)
WPS Writer (默认)
保存文件(S)
以后自动采用相同的动作处理此类文件。(A)
确定
取消

图 3－76

- 项目总结报告上传

牵头单位在国家追溯平台监测系统中获取承担单位上传的总结分析报告，编制监测任务的总报告，通过国家追溯平台监测系统上传给下发监测任务的监管机构。如图 3－77 所示。

- 项目总结报告管理

查询、查看总结报告。如图 3－78 所示。

下载报告。如图 3－79 所示。

系统报表。如图 3－80 所示。

图 3-77

图 3-78

图 3-79

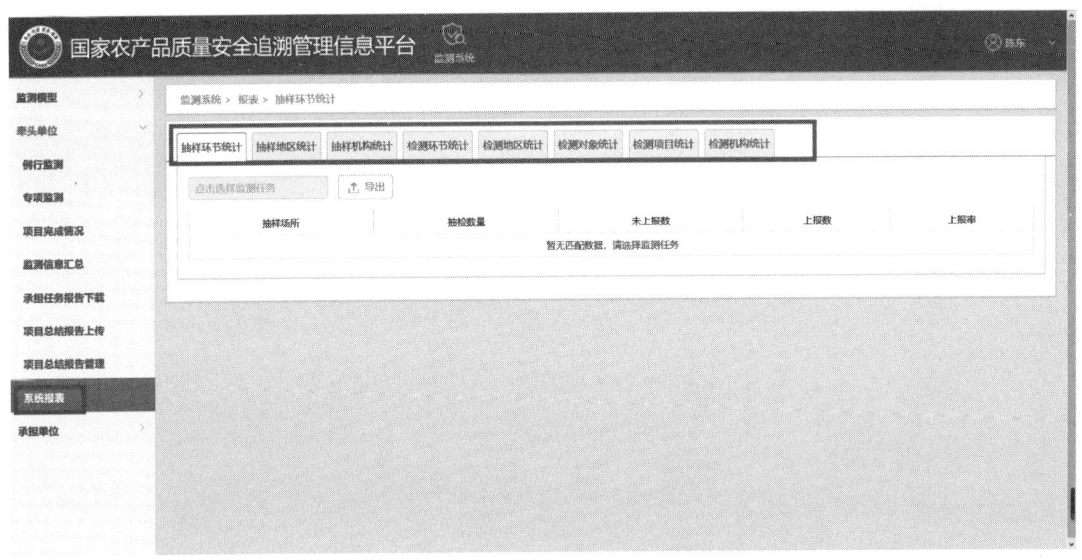

图 3-80

D. 承担单位

承担单位接收并执行牵头单位下发的监测任务、复检任务，接收并执行执法机构委托的样品检测任务，汇总管理监测任务中提交的检测报告，以及对问题单据的管理。如图 3-81 所示。

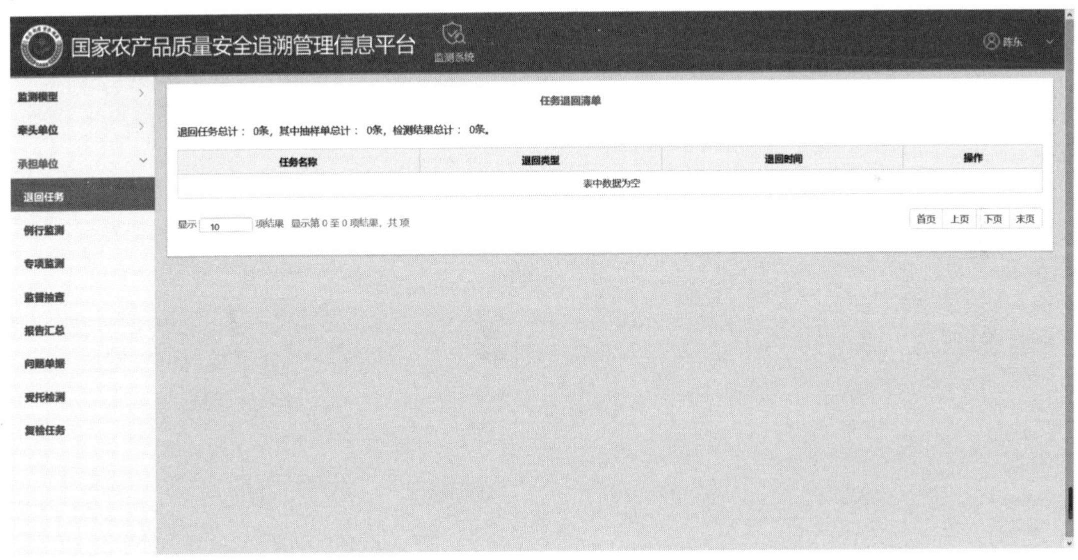

图 3-81

选择新建任务，执行例行监测任务。如图 3-82 所示。

在任务详情中开始填报抽样单。承担单位根据接收的风险监测任务，开展抽样工作。抽检产品有国家追溯平台产品追溯码的，抽样人员使用移动专用 App 扫描产品追溯码，现场补充录入抽样信息。抽检产品没有国家追溯平台产品追溯码的，抽样人员使用移动专用 App，现场录入抽样信息。如图 3-83 所示。

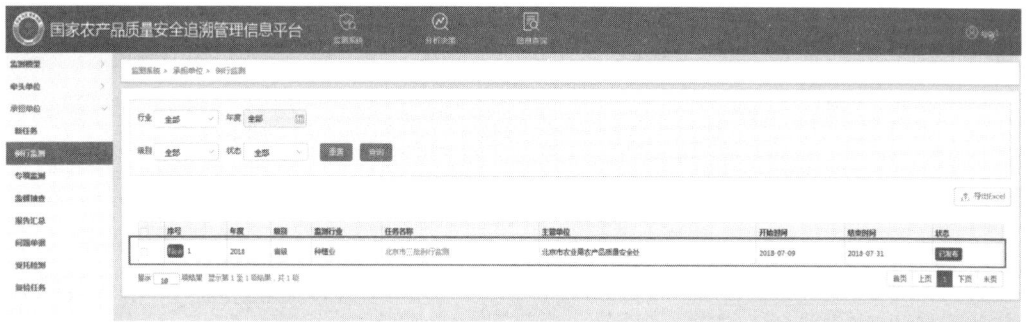

图 3－82

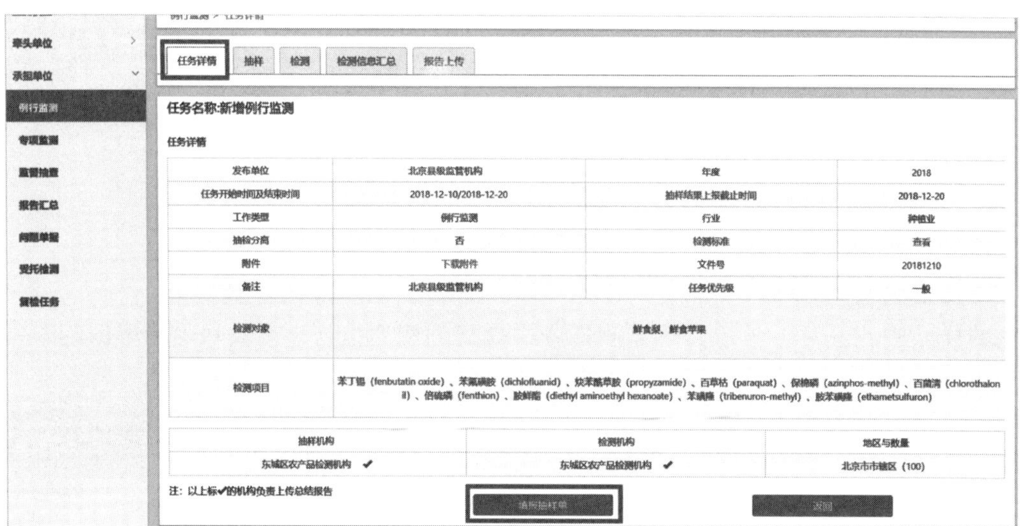

图 3－83

选中未上报的抽样单，点击上报抽样信息按钮，完成上报。如图 3－84 所示。

图 3－84

选择要检测的样品，点击检测按钮。如图 3－85 所示。

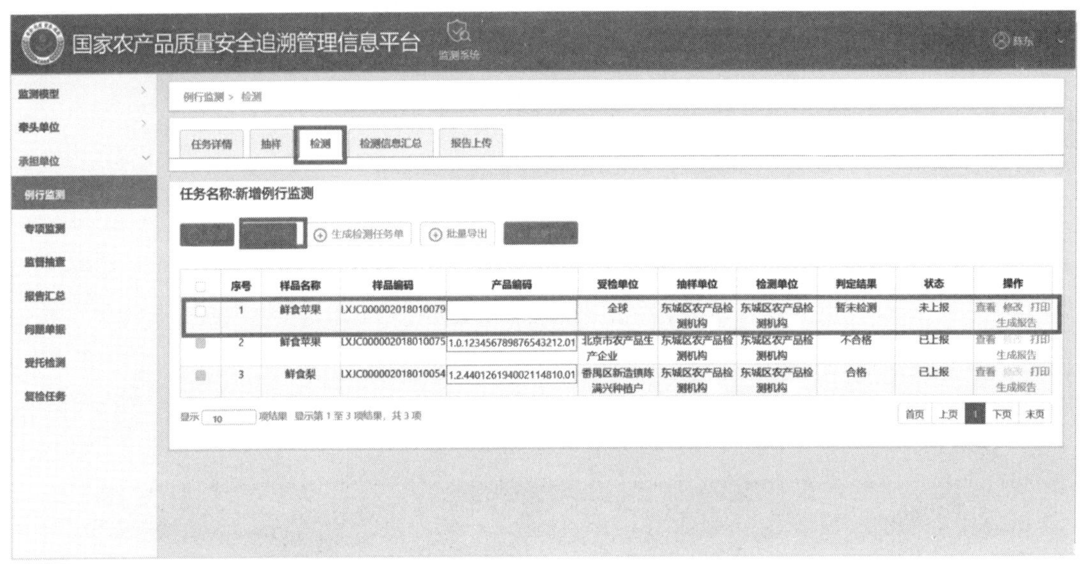

图 3－85

录入样品检测项的值，点击保存即可。如图 3－86 所示。

图 3－86

选择要导出的样品，点击导出按钮，导出数据。如图 3－87 所示。

选择文件，将检测报告上传给牵头单位。如图 3－88 所示。

- 监督抽查

承担单位接收并执行监管机构下发的监督抽查任务、执法机构抽样后将样品交由检测机构进行检测，检测完成后上传检测报告给监管机构。

点击监督抽查，执行任务。如图 3－89 所示。

图 3－87

图 3－88

图 3－89

点击监督抽查任务，进入检测界面。如图 3－90 所示。

任务名称:新增监督抽查

基本信息

发布单位	北京县级监管机构	年度	2018
任务开始时间及结束时间	2018-12-10/2018-12-20		
任务优先级	一般		
抽样结果上报截止时间	2018-12-20		
工作类型	监督抽查		
抽检分离	是		
附件	农产品图片.jpg	文件号	20181212
检测标准	GJBZ-2018	判定标准	GB 2762
备注			

监测信息

产品种类	产品名称	抽样数量	受检区域	操作
稻	稻谷	100	北京市市辖区东城区	配置限量值 查看产品信息

显示 10 项结果　显示第 1 至 1 项结果，共 1 项　首页 上页 1 下页 末页

打印　下载

图 3－90

点击查看样品信息 。如图 3－91 所示。

任务名称:新增监督抽查

基本信息

发布单位	北京县级监管机构	年度	2018
任务开始时间及结束时间	2018-12-10/2018-12-20		
任务优先级	一般		
抽样结果上报截止时间	2018-12-20		
工作类型	监督抽查		
抽检分离	是		
附件	农产品图片.jpg	文件号	20181212
检测标准	GJBZ-2018	判定标准	GB 2762
备注			

监测信息

产品种类	产品名称	抽样数量	受检区域	操作
稻	稻谷	100	北京市市辖区东城区	配置限量值 查看产品信息

显示 10 项结果　显示第 1 至 1 项结果，共 1 项　首页 上页 1 下页 末页

打印　下载

图 3－91

查看样品信息，点击样品编码，可查看、下载和打印样品抽样单信息。如图 3－92 所示。

选择要检测的样品，点击检测按钮进行下一步操作。如图 3－93 所示。

查看检测值是否要修改，检查完后，点击保存按钮即可。如图 3－94 所示。

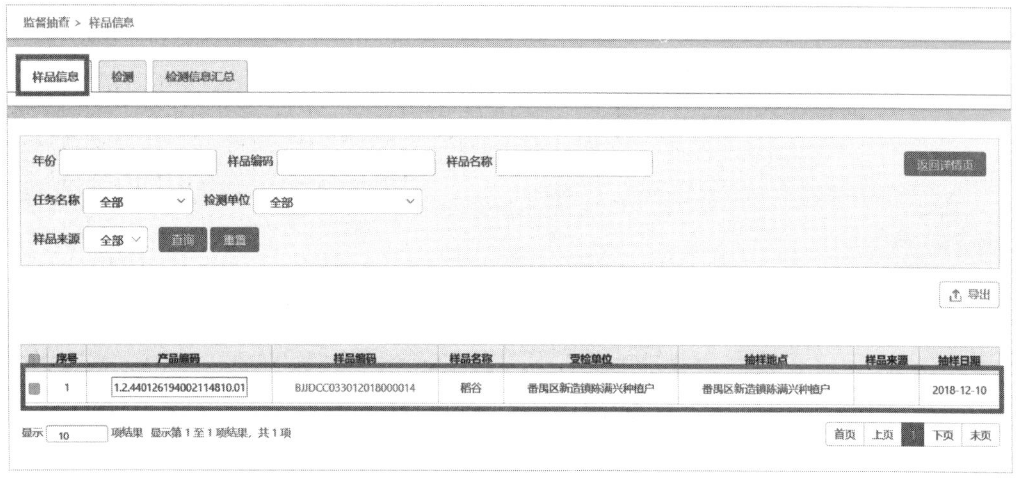

图 3－92

图 3－93

图 3－94

选择要上报的样品，点击上报按钮即可。如图 3－95 所示。

图 3－95

查看监测信息汇总。如图 3－96 所示。

图 3－96

点击上传，上传检测报告。如图 3－97 所示。

图 3－97

● 报告汇总

可通过行业、监测类型、年度、任务名称等维度查询监测信息。如图 3-98 所示。

图 3-98

（四）执法系统

1. 功能模块

执法系统功能模块见表 3-9。

表 3-9 执法系统功能模块表

序号	功能模块	功能指标	功能项
1	日常执法管理	现场巡查	新增现场巡查任务
			修改现场巡查任务
			删除现场巡查任务
			任务查看
			查看详情
			打印任务
		委托检测任务	新增委托检测任务
			修改委托检测任务
			发布委托检测任务
			删除委托检测任务
			查看详情
			任务查询
		行政处罚	新增行政处罚
			打印行政处罚
			查看详情
			处罚查询

续表

序号	功能模块	功能指标	功能项
2	监督抽查管理	监督抽查任务	查看监督抽查任务
			查询监督抽查任务
			下载附件
			填写抽样单
			查询抽样单
			查看抽样单详情
			上报抽样信息
			修改抽样信息
			删除抽样信息
			下载抽样单
			导出抽样单
			查询历史任务
			查看任务详情
			查看报告
			查看抽样单

A. 日常执法管理

现场巡查：执法人员可以新增巡查日志，包括巡查时间、巡查对象、巡查人员、巡查结果、巡查意见等内容，并可进行查看、修改、删除、打印操作；委托检测任务：执法人员填写委托检测任务单，发布给委托的检测机构，并可进行修改、删除、废止等操作；行政处罚：执法人员可新增行政处罚，并可进行打印、查看等操作。

B. 监督抽查管理

主要包括查询监督抽查任务并执行，填写抽样单，上报抽样信息，可进行修改、删除等操作，并可查看报告。

2. 功能操作

A. 登录

执法人员使用国家追溯平台分配的用户账号和密码，登录系统。如图 3-99 所示。

可进行日常执法管理和监督检查管理等功能模块操作。如图 3-100 所示。

B. 日常执法管理

包括：现场巡查、委托检测和行政处罚。

日常巡查任务主要由执法机构发起对生产经营主体的现场巡查工作任务，对检查不合格的产品进行委托检测，如果检测不合格，则对生产经营主体进行行政处罚。

执法人员进行日常执法时，还可使用移动专用 App 扫描被执法对象的电子身份标识，被执法对象未在国家追溯平台注册的，执法人员应当使用移动专用 App 现场录入

图 3－99

选择	序号	年度	任务名称	被执法对象	区域	被执法对象地址	执法时间	巡查结果	操作
	1	2018	2018巡查任务3...	四川徽牧现代农业有限...	四川省成都市邛崃市	前进镇前进街中段	2018-03-07	合格	查看 打印
	2	2018	2018巡查任务2...	四川省文君茶业有限公...	四川省成都市邛崃市	成都市邛崃市工业集中...	2018-02-09	合格	查看 打印
	3	2018	2018巡查任务2...	卧龙农化技术服务部	四川省成都市邛崃市	卧龙镇	2018-02-05	合格	查看 打印
	4	2018	2018巡查任务2...	成都市恒成生态农业有...	四川省成都市邛崃市	成都市邛崃市牟礼镇杨...	2018-02-01	合格	查看 打印
	5	2018	2018巡查任务1...	邛崃市固驿镇喻传发饲...	四川省成都市邛崃市	固驿镇	2018-01-19	合格	查看 打印
	6	2018	2018巡查任务1...	邛崃市临济镇永琴农药...	四川省成都市邛崃市	临济镇	2018-01-16	合格	查看 打印
	7	2018	2018巡查任务1...	成都鑫兆康农业科技有...	四川省成都市邛崃市	邛崃市文君街道办	2018-01-10	合格	查看 打印
	8	2017	2017巡查任务12...	东兴猪业	四川省成都市邛崃市	宝林镇南岳村1组	2017-12-11	整改	查看 打印
	9	2017	2017巡查任务12...	成都通威鱼有限公司	四川省成都市邛崃市	邛崃市	2017-12-06	合格	查看 打印

图 3－100

被执法对象主体基础信息。执法人员日常执法结束后，及时将执法信息上传至国家追溯平台。

- 现场巡查

点击新增执法日志。如图 3－101 所示。

选择巡查对象，填写执法日志信息。如图 3－102 所示。

对现场巡查任务可进行查看、修改、打印等操作。如图 3－103 所示。

- 委托检测任务

执法机构在执法过程中进行样品抽样和初步检测，对初检不合格的样品提交检测机构，委托检测机构进行样品的检测服务。如图 3－104 所示。

图 3－101

图 3－102

点击新增，出现委托检测任务详情。需现场抽样取证的，由执法人员依照有关规定进行现场抽样。抽样产品有国家追溯平台产品追溯码的，执法人员使用移动专用App扫描产品追溯码，现场补充录入抽样信息。抽样产品没有国家追溯平台产品追溯码的，执法人员使用移动专用App，现场录入抽样信息。如图3－105所示。

选择委托单位，选择相应的监测标准，点击检测对象，新增检测对象，填写抽样单。如图3－106所示。

任务填写完毕后，发布委托检测任务给委托的检测机构。如图3－107所示。

- 行政处罚

进入行政处罚页面，可查询、打印、新增、删除行政处罚。如图3－108所示。

点击新增行政处罚按钮，选择不合格结果的现场巡查，填写行政处罚信息。如图3－109所示。

图 3－103

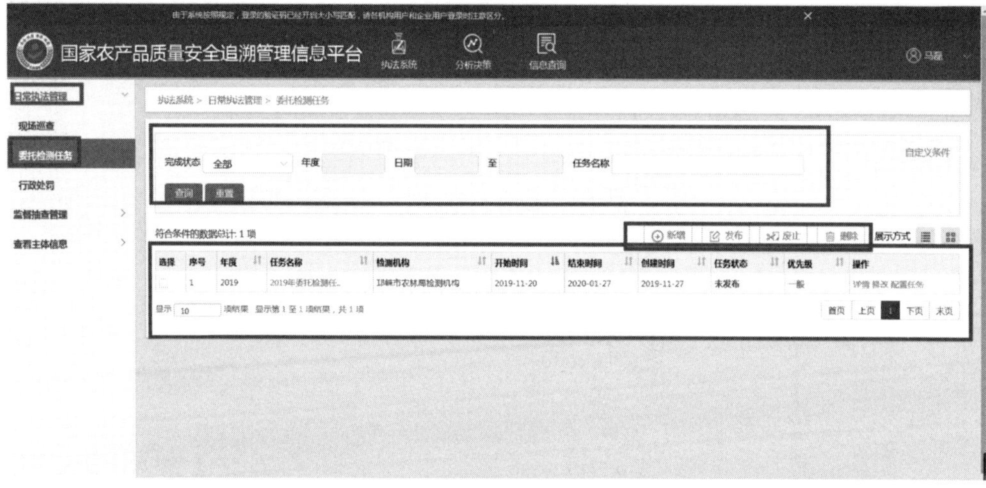

图 3－104

图 3－105

图 3－106

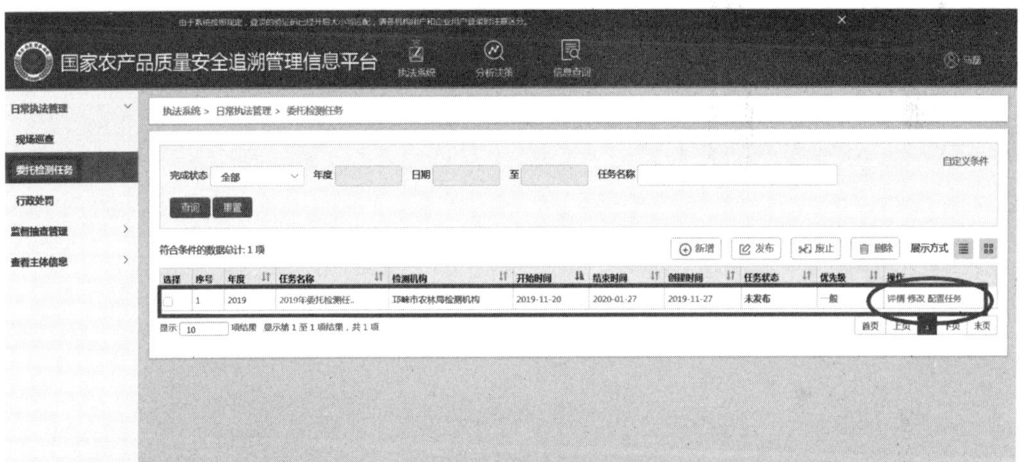

图 3－107

图 3－108

图 3-109

新增的行政处罚信息，可在系统中进行查看、打印、删除等操作。如图 3-110 所示。

图 3-110

C. 监督抽查管理

执法机构接收监管机构发布的监督抽查任务，执行样品的抽样工作，在系统中录入并提交抽样单，检测机构完成样品检测后，提交检测报告给监管机构。

- 监督抽查

在监督抽查任务界面，新任务栏显示监管下发的监督抽查任务。如图 3-111 所示。

查看监管机构下发的监督抽查任务详情，点击抽样单，录入检测对象的抽样单信息。如图 3-112 所示。

点击新增按钮，开始填写抽样单。如图 3-113、图 3-114 所示。

图 3－111

图 3－112

图 3－113

图 3-114

点击上报抽样单，由监测机构进行检测。如图 3-115 所示。

图 3-115

第三节　功能拓展

国家农产品质量安全追溯管理信息平台功能拓展，主要是积极为当前质量兴农、绿色兴农、品牌强农提供信息化技术支撑手段。一是推动质量兴农，新建绿色基地示范创建及星级评价模块，可以引导农产品生产经营主体落实以品质提升为核心的标准化生产；二是推动绿色兴农，从试运行情况来看，企业建议增加农产品生产过程追溯、农业投入品追溯与监管等模块，促进农业绿色发展；三是推动品牌强农，新建的生产指导消费引导服务功能模块，可以促进优质农产品产销对接，提升农产品农业服务机构与生产经营主体的合作共赢，提升农产品品牌价值，实现优质优价。

依托已经建设国家农产品质量安全追溯管理信息平台，新增农产品生产过程追溯、投入品追溯和管理、绿色基地示范创建及星级评价和生产指导消费引导服务，突出“远程督导检查、星级评价、生产消费引导”三大特色，构建一个“优质农产品网上展厅”，为农产品质量安全生产过程记录信息、优质农产品信息网上展厅、投入品网上展厅、科普示范基地展示、追溯产品网上展示和绿色基地示范评价提供支撑和服务。

（1）追溯平台基础功能完善。主要包括农产品生产过程追溯、农业投入品追溯与监管、远程督导检查、移动 App。

（2）绿色基地示范创建及星级评价。主要包括追溯示范基地创建及星级评价、投入品双减示范基地创建及评价、标准化体系评价、全程质量控制基地创建及评价、品牌建设评价、品质提升评价。

（3）生产指导消费引导服务。主要包括名特优新产品名录发布、农产品质量安全专业机构服务、追溯产品网上展示及服务、投入品网上展示及服务、科普示范基地及科普示范企业管理。

第四节 服务咨询

技术服务热线：010－59198588

技术服务 QQ：1986365571

第四章　无公害农产品管理系统

第一节　综　述

一、建设背景

无公害农产品管理系统项目，最早始建于农业部金农工程一期。金农工程是1994年12月在“国家经济信息化联席会议”第三次会议上提出的，目的是加速和推进农业和农村信息化，建立“农业综合管理和服务信息系统”。

金农工程系统结构的核心是金农工程的国家中心。其主要任务是：①网络的控制管理和信息交换服务，包括与其他涉农系统的信息交换与共享；②建立和维护国家级农业数据库群及其应用系统；③协调制定统一的信息采集、发布的标准规范，对区域中心、行业中心实施技术指导和管理；④组织农业现代化信息服务及促进各类计算机应用系统，如专家系统、地理信息系统、卫星遥感信息系统的开发和应用。金农工程系统结构的基础是国家重点农业县、大中型农产品市场、主要的农业科研教育单位、各农业专业学会和协会等。

金农工程一期，构建三个应用系统，开发两类信息资源，强化一个服务网络。即：建设农业监测预警系统、农产品和生产资料市场监管信息系统、农村市场与科技信息服务系统；开发整合国内、国际农业信息资源；建设延伸到县乡的全国农村信息服务网络。无公害农产品管理系统正是金农工程一期“农产品和生产资料市场监管信息系统”的其中一个重要组成部分。

二、建设历程

（一）里程碑

在金农工程一期项目基础上，根据原农业部农产品质量安全中心的实际业务需求，从2014年3月至2016年12月陆续完成了四个阶段的建设工作（图4－1）。

无公害一期2014年3月建成，实现全国省级上报，设计规划整体系统架构模型，建立了统一的无公害农产品上报、查询入口。

无公害二期2015年5月建成，完成地市区县上报与审核专用通道，增加了无公害获证产品监管查询及审核功能。

无公害三期 2015 年 12 月建成，完成企业端产品申报、标识征订以及申报产品信息跟踪等功能。

无公害四期 2016 年 12 月建成，完成对各级产品申报审核管理、标识征订管理、证书管理的优化，以及对检查员、内检员、检测机构管理等功能。

无公害新系统改造 2018 年 5 月建成，完成省级产品申报审核、省级证书打印等功能。

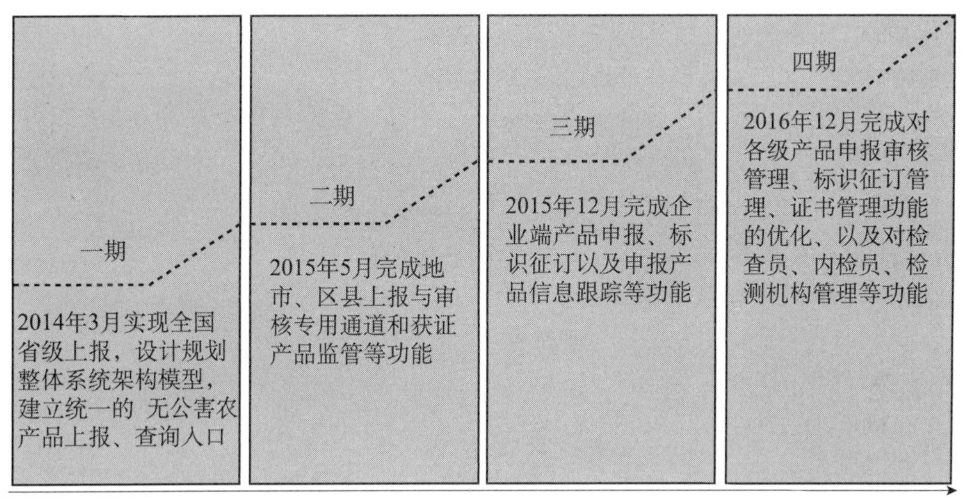

图 4－1

（二）功能版本演化

“无公害农产品管理系统一期”项目，项目周期 2013 年 6 月 1 日至 2014 年 5 月 31 日，主要建设内容为：设计无公害整体系统架构模型，建立统一的无公害农产品信息上报与查询入口，实现全国省级机构、分中心、部级网上无公害农产品审核管理，标识征订与证书打印。

“无公害农产品管理系统二期”项目，项目周期 2014 年 6 月 1 日至 2015 年 5 月 31 日，主要建设内容为：建立无公害农产品从县级到省级再到部级的专用认证通道，增加获证产品监管和查询统计的功能模块，实现全国省级和部级的获证产品监管，初步满足了日常的统计需求。

“无公害农产品管理系统三期”项目，项目周期 2015 年 2 月 23 日至 2016 年 3 月 31 日，主要建设内容为：建立无公害农产品企业服务平台，增加无公害企业信息注册与管理、企业待办信息提醒、在线无公害农产品产地申报、在线无公害防伪标签征订、产品上报信息跟踪等模块，初步实现企业申报无公害农产品主要功能。

“无公害农产品管理系统四期”项目，项目周期 2016 年 5 月 17 日至 2016 年 12 月 31 日，主要建设内容为：建立全国检查员内检员培训管理子系统，实现全国各省培训计划报送与审核、检查员与内检员信息管理、教材征订与证书管理。建立全国无公害定点检测机构管理子系统，实现全国无公害检测机构注册与续展管理、工作信息报送管理、产品检测标准查询等。

“无公害农产品管理系统”改造项目，项目周期2018年1月至2018年5月。主要建设内容为：实现无公害农产品认定的审核中心改为省级，增加省级审核，签发省级证书打印功能等。

（三）系统功能提升及成果

系统用户主要包括农业农村部农产品质量安全中心，种植业、畜牧业、渔业分中心，省、市、县各级地方工作机构，全国产品定点检测机构、无公害农产品申请主体。未来将扩展检查员、内检员用户。

2016年6月1日系统开放全国省、市、县各级工作机构账户注册功能，到目前为止，累计注册成功用户5 700个左右。除新疆建设兵团、云南、西藏不具备地市、区县用户使用条件，仍保留由省级申报产品外，其余各省、市、县工作机构均已实现网上系统申报无公害农产品。

自2014年5月1日系统正式上线以来，通过系统累计认证产品总数7万多个，三年有效申请主体总数3万多个，三年有效产品总数7万多个，其中县级工作机构申报的产品总数2万多个。

第二节　操作指南

一、服务对象

无公害农产品管理系统一期用户主要包括原农业部农产品质量安全中心，种植业分中心，畜牧业分中心，渔业分中心，各省级、直辖市、计划单列市的用户。

无公害农产品管理系统二期用户主要包括原农业部农产品质量安全中心，种植业分中心，畜牧业分中心，渔业分中心，各省级、直辖市、计划单列市的用户，各市级、县级地方工作机构，各省级证后监管主要人员。

无公害农产品管理系统三期用户主要包括原农业部农产品质量安全中心，种植业分中心，畜牧业分中心，渔业分中心，各省级、直辖市、计划单列市的用户，各市级、县级地方工作机构，各省级证后监管主要人员，以及企业及无公害用户。

无公害农产品管理系统四期用户主要包括原农业部农产品质量安全中心，种植业分中心，畜牧业分中心，渔业分中心，各省级、直辖市、计划单列市的用户，各市级、县级地方工作机构，各省级证后监管主要人员，以及企业及无公害用户，并增加了全国无公害定点检测机构、检查员与内检员。

新版农产品管理系统用户主要包括农业农村部农产品质量安全中心，中国绿色食品发展中心，各省级、直辖市、计划单列市的用户。

2016 年 6 月 1 日系统开放全国省、市、县各级工作机构账户注册功能，除新疆建设兵团、云南、西藏仍保留由省级申报产品外，其余各省、市、县工作机构均已实现网上系统申报无公害农产品。

二、业务流程

（一）系统总体设计

无公害农产品管理系统依托于国家农业数据中心，部署在农业农村部信息中心机房，构建在国家电子政务应用支撑平台之上。本系统建设了五大类基础数据，包括无公害农产品认证过程信息、产品产地证书信息、标识征订信息、检查员与内检员管理信息、全国定点检测机构信息。实现了企业在线申请，省、市、县各级工作机构，种畜渔 3 个分中心，部级逐级审核，实时标识征订、证书打印，以及检查员、内检员管理和定点检测机构管理等功能。总体技术构架见图 4－2。

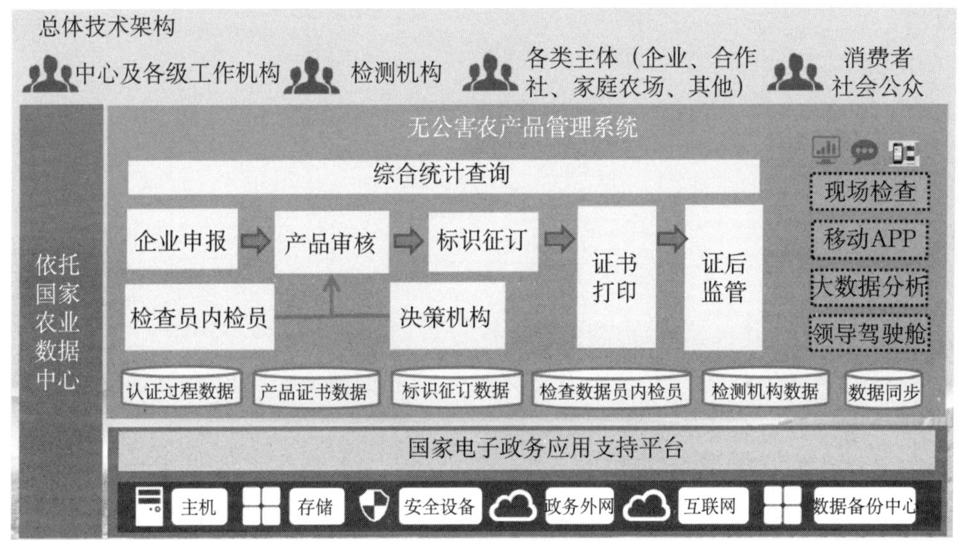

图 4－2

服务于农业农村部农产品质量安全中心，种植业、畜牧业、渔业分中心，全国省、市、区县各级地方工作机构，全国检查员和内检员，全国定点产品检测机构以及各类生产主体、消费者等群体。

（二）系统主要功能模块

无公害农产品管理系统主要包括四个子系统，分别是无公害农产品认证子系统、全国检查员与内检员培训管理子系统、全国无公害农产品定点检测机构管理子系统、无公害农产品标签生产子系统。主要模块见图 4－3。

无公害农产品认证子系统，主要包括产品认证审核模块、产地备案模块、标识征订模块、证书管理模块、获证产品监管模块、财务对账模块、人员管理模块、查询与

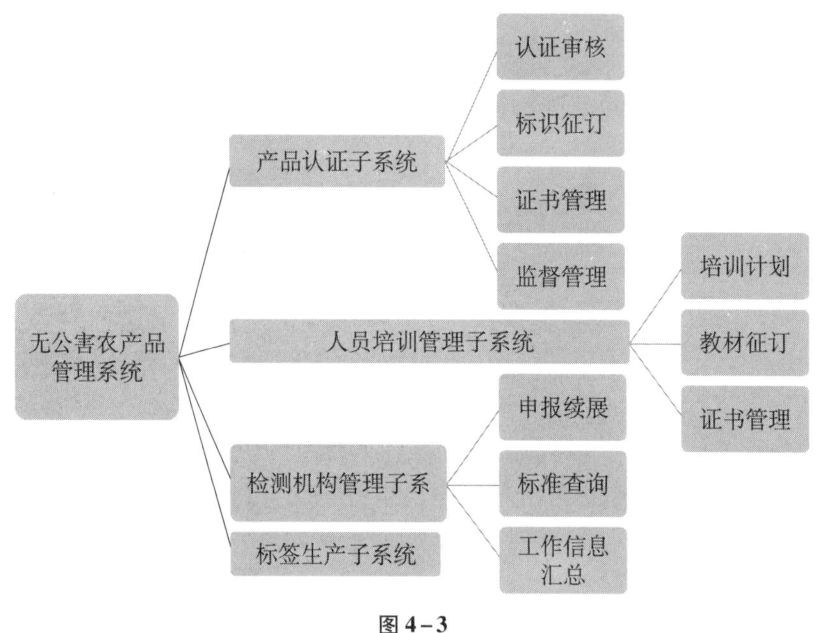

图 4-3

统计模块等功能。

全国检查员与内检员培训管理子系统，主要包括培训计划模块、检查员与内检员管理模块、教材征订模块、证书管理模块、师资管理模块、查询与统计模块等功能。

全国无公害农产品定点检测机构管理子系统，主要包括全国检测机构注册续展模块、工作信息报送模块、产品检测标准模块、查询与统计模块等功能。

无公害农产品标签生产子系统，主要包括订单管理模块、证书管理模块、标签库存管理模块、标签分配模块、标签退订模块等功能。

新版无公害产品管理系统，新增了省级工作机构无公害农产品信息导入，审核管理，证书管理的功能。

（三）数据同步与接口调用

无公害农产品管理系统与标签生产系统有三个数据同步接口，每天晚上定时同步当天的标识征订单信息、获证产品证书信息、产品证书变更信息，用于无公害农产品标识生产。

无公害农产品管理系统与农产品质量安全网有三个数据同步接口，每天实时同步获证产品证书信息、通过部级专家评审会审核需要征订标识的产品信息、标识征订单信息，用于网站信息公开。

无公害农产品管理系统实时调用农业农村部 12316 短信平台，分别在部级产品证书签发、系统录入企业标识征订单、确认订单金额到款、证书打印环节自动触发。

三、功能描述

1. 系统登录

（1）登陆地址

http：//nyyyw. agri. gov. cn/SignOnServlet

登陆界面见图4－4。

（2）注意事项

a. 初始密码为：默认设置为1。

b. 验证码：注意区分大小写。

c. 用户名密码输入三次错误后，系统会锁定此用户，若出现此类问题请找系统运维人员。

d. 密码忘记重置密码，需要找系统运维人员重置。

图4－4

2. 省级工作机构用户功能

（1）系统界面

省级工作机构用户登录系统后，功能包括审核管理、Excel导入、证书管理三大功能模块。见图4－5。

（2）审核管理

点击审核管理模块，会看到证书申报管理列表，列表中可以看到所有该省级工作机构导入的所有未经签发的数据。列表上方为次列表的查询条件、注意事项和功能点击按钮。

查询条件包括：申报的产品名称、申请人全称、行业、地市、导入时间区间和证书编号。

功能点击按钮包括：设置签发时间、批量签发、删除和模板下载。

设置签发时间：可以根据勾选证书申报管理列表中的数据来进行签发。具体操作为，勾选列表中要签发的数据，点击设置签发时间，在弹出的对话框中，选择要签发

图 4－5

的具体时间，点击保存，即可完成设置证书的签发时间。如图 4－6 所示。

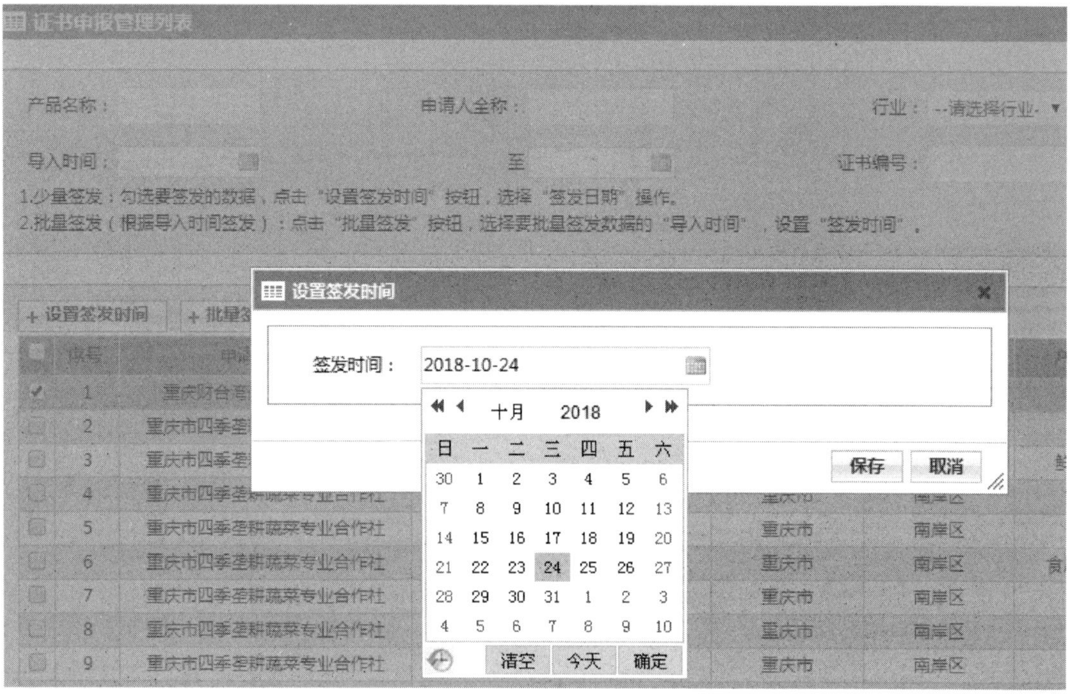

图 4－6

产品签发后，会生成产品证书编号，签发时间即为证书开始时间，开始时间后三年为证书截止时间。证书编号的格式如图 4－7 所示。

批量签发

批量签发可以实现大批量数据统一签发，适用于需要签发的数据非常多的情况。具体操作如下：点击批量签发，在弹出的对话框中，选择所有要签发数据的导入时间和要具体签发的时间，点击保存，即可完成批量数据的签发。如图 4－8 所示。

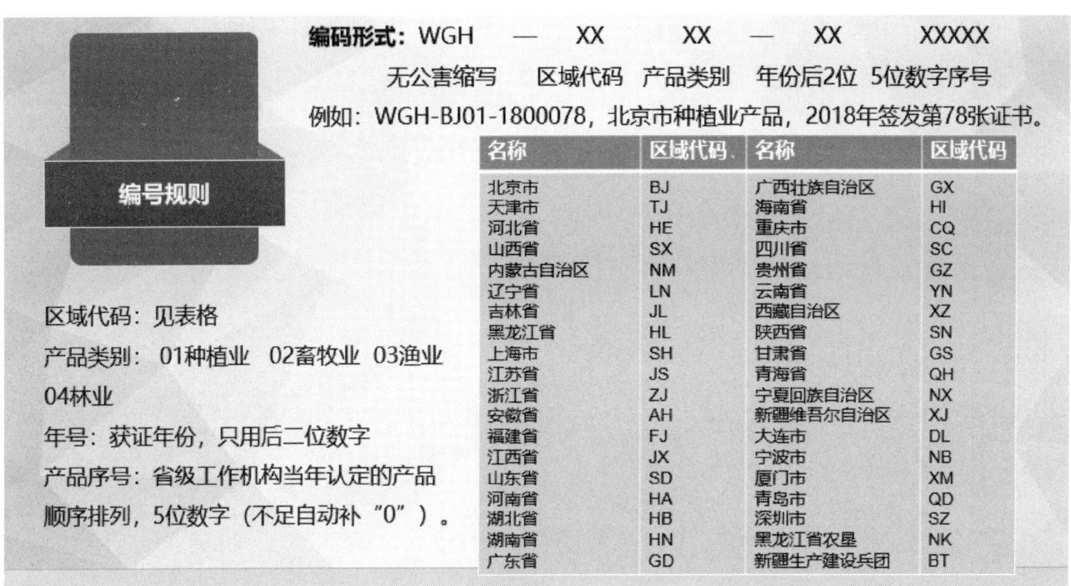

名称	区域代码	名称	区域代码
北京市	BJ	广西壮族自治区	GX
天津市	TJ	海南省	HI
河北省	HE	重庆市	CQ
山西省	SX	四川省	SC
内蒙古自治区	NM	贵州省	GZ
辽宁省	LN	云南省	YN
吉林省	JL	西藏自治区	XZ
黑龙江省	HL	陕西省	SN
上海市	SH	甘肃省	GS
江苏省	JS	青海省	QH
浙江省	ZJ	宁夏回族自治区	NX
安徽省	AH	新疆维吾尔自治区	XJ
福建省	FJ	大连市	DL
江西省	JX	宁波市	NB
山东省	SD	厦门市	XM
河南省	HA	青岛市	QD
湖北省	HB	深圳市	SZ
湖南省	HN	黑龙江省农垦	NK
广东省	GD	新疆生产建设兵团	BT

图 4-7

图 4-8

删除：可以删除省级工作机构导入的未设置签发的数据。

模板下载：可以下载省级工作机构导入无公害数据的 Excel 模板。

提示：

为了方便省级用户设置签发时间，我们在查询条件下方，给出了两条关于少量签发和批量签发的操作注意提示。

①少量签发：勾选要签发的数据，点击“设置签发时间”按钮，选择“签发日期”操作。

②批量签发（根据导入时间签发）：点击“批量签发”按钮，选择要批量签发数

据的“导入时间”，设置“签发时间”。

签发界面如图 4－9 所示。

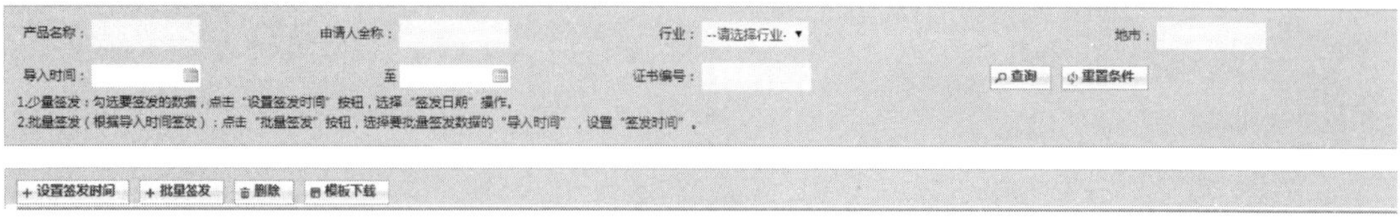

图 4－9

（3）Excel 导入

省级工作机构用户可以在审核管理功能的模板下载中，下载导入所需要的模板。模板如图 4－10 所示。

图 4－10

图 4－10 只为模板的一部分，具体的列包含：

①序号：省级工作机构自己的导入序号。用户自己填写序号即可。

②省份：导入的无公害农产品的省份。可以从下拉框中选择。

③市：导入的无公害农产品的所在市。可以从下拉框中选择，并且与省份列联动。

④县（区）：导入的无公害农产品的所在区县。可以从下拉框中选择，并且与省份、市两列联动。

⑤所属行业：导入的无公害农产品的行业。可以从下拉框中选择，其中包括，种植业、畜牧业、渔业和林业。

⑥产品类别：导入的无公害农产品的所属产品类别。可以从下拉框中选择，并且与所属行业列联动。

⑦产品名称：导入的无公害农产品的产品名称。可以从下拉框中选择，并且与所属行业、产品类别两列联动。

⑧申请人全称：导入的无公害农产品的申请人名称。

⑨法人代表：导入的无公害农产品的法人代表姓名。

⑩法人代表电话：导入的无公害农产品的法人代表的电话。

⑪联系人：导入的无公害农产品的联系人姓名。

⑫联系人电话：导入的无公害农产品的联系人电话。

⑬传真：导入的无公害农产品申请人的传真号，为非必填项。

⑭E - mail：导入的无公害农产品申请人的电子邮箱，为非必填项。

⑮邮政编码：导入的无公害农产品所在地区的邮政编码。

⑯申请人地址：导入的无公害农产品申请人的通讯地址。

⑰生产规模：导入的无公害农产品的生产规模。

⑱生产规模单位：导入的无公害农产品的生产规模单位。其中包括，公顷、万袋（食用菌）、平方米（食用菌）、万头、万只、万羽、群（蜂产品）、立方米水体。

⑲年产量（吨）：导入的无公害农产品的年产量。

⑳年总销售量（吨）：导入的无公害农产品的年总销售量。

㉑产品年销售额（万元）：导入的无公害农产品的年销售额。

㉒产地规模：导入的无公害农产品的产地规模。其单位与生产规模一致。

㉓职工人数：导入的无公害农产品企业的职工人数。

㉔管理人员数：导入的无公害农产品企业的管理人员数。

㉕技术人员数：导入的无公害农产品企业的技术人员数。

㉖生产周期（从某月到某月）：导入的无公害产品的生产周期，为非必填项。

㉗包装规格：导入的无公害产品的包装规格，为非必填项。

㉘单位性质：导入的无公害农产品企业的单位性质。

㉙带动农户数（户）：导入的无公害产品带动的农户数。

㉚国家级龙头企业：导入的无公害农产品企业是否为国家级龙头企业，非国家级龙头企业不填，是国家级龙头企业选择是，为非必填项。

㉛省级龙头企业：导入的无公害农产品企业是否为省级龙头企业，非省级龙头企业不填，是省级龙头企业选择是，为非必填项。

㉜市级龙头企业：导入的无公害农产品企业是否为市级龙头企业，非市级龙头企业不填，是市级龙头企业选择是，为非必填项。

㉝县级龙头企业：导入的无公害农产品企业是否为县级龙头企业，非县级龙头企业不填，是县级龙头企业选择是，为非必填项。

省级用户根据此模板，填写自己省份无公害农产品数据，并导入到系统中。导入数据时要注意几点：

①省、市、县为联动选择，请勿直接粘贴。

②行业、产品类别、产品名称为联动选择，请勿直接粘贴。

③法人电话、联系人电话、传真、邮政编码请填写文本类型数据。

④模板表头标红的列项为非必填项。

⑤产品名称和申请人全称不可一样，一样判定为重复数据。

模板导入后，导入成功条数和失败条数会有提示，失败的条项会罗列出来失败原因。

导入后的数据显示在证书管理列表中，等待签发。

（4）证书管理

点击证书管理功能，进入到证书审核历史记录管理列表。该列表包含所有已经通过审核并签发的数据。列表上方为次列表的查询条件、注意事项提示和功能点击按钮。证书管理界面如图 4－11 所示。

序号	申请人	产品名称	签发日期	证书有效期	证书编号	行业	所在省	生产规模
1	永川市优质水果（股份）示范场	梨	2004-07-01	2004年07月01日~2007年06月30	WGH-04-07777	种植业	重庆市	60公顷
2	重庆市綦江县米业有限公司	大米	2004-07-01	2004年07月01日~2007年06月30	WGH-04-07778	种植业	重庆市	1000公顷
3	永川市黄瓜山大型梨园	梨	2004-07-01	2004年07月01日~2007年06月30	WGH-04-07779	种植业	重庆市	500公顷
4	潼南县桂林蔬菜营销经营部	黄瓜	2004-07-01	2004年07月01日~2007年06月30	WGH-04-07780	种植业	重庆市	33.3公顷
5	潼南县桂林街道办事处	黄瓜	2007-08-01	2007年08月01日~2010年07月31	WGH-04-07780	种植业	重庆市	15公顷
6	潼南县桂林蔬菜营销经营部	番茄	2004-07-01	2004年07月01日~2007年06月30	WGH-04-07781	种植业	重庆市	26.7公顷
7	潼南县桂林街道办事处	番茄	2007-08-01	2007年08月01日~2010年07月31	WGH-04-07781	种植业	重庆市	10公顷
8	潼南县桂林蔬菜营销经营部	苦瓜	2004-07-01	2004年07月01日~2007年06月30	WGH-04-07782	种植业	重庆市	33.3公顷
9	潼南县桂林街道办事处	苦瓜	2007-08-01	2007年08月01日~2010年07月31	WGH-04-07782	种植业	重庆市	10公顷

图 4－11

查询条件包括：申报的申请人全称、行业、产品类别、产品名称、单位性质、签发标记、地市、区县、签发时间区间、证书编号和证书类型。其中申请人全称、地市、区县和证书编号为关键字模糊查询，行业、产品类别、产品名称为下拉列表联动选择，单位性质、签发标记、证书类型为下拉选择，签发时间为日期控件选择。

签发标记选项包含部级签发和省级签发。部级签发为 2018 年以前由农业部农产品质量安全中心审核并签发的数据。省级签发为从 2018 年 1 月 1 日开始由省级工作机构审核和签发的数据。

功能点击按钮包括：查看、编辑、导出附证证书、导出单证证书和导出全部历史记录。

查看按钮：勾选证书审核历史记录列表中的一条数据，点击查看按钮，可以查看该条无公害农产品的详细信息。如图 4－12 所示。

证书申报详细信息

导入时间：	2017-08-18	申请人全称：	重庆丰都光明食品贸易有限公司	企业级别：	
行业名称：	畜牧业	产品类别：	畜类	产品名称：	猪肉
所在省：	重庆市	所在市：	重庆市	所在区县：	丰都县
生产规模：	1 万头	证书编号：	WGH-06-02591	申报类型名称：	复查换证
带动农户数：		法人代表：	王光明	法人电话：	13709476896
联系人：	杨建国	联系人电话：	13996731313	传真：	023-70614666
邮政编码：	408201	申请人地址：	重庆市丰都县名山街道何家坪村五组	Email：	
年产量（吨）：	1000.00	年总销售量（吨）：	1000.00	年销售额(万元)：	3000.00
产地地址：	重庆市丰都县十直十字村	产地认定规模：	10000万头	单位性质：	企业
带动农户数：		职工人数：	135	管理人员数：	15
技术人员数：	23	生产周期：	200	包装规格：	

← 返回

图 4－12

编辑：勾选证书审核历史记录列表中的一条数据，点击编辑按钮，可以修改该条无公害农产品的除证书编号以外项的基本信息。证书信息修改如图 4－13 所示。

图 4－13

在弹出的证书申报修改对话框中，可以根据实际情况修改该条无公害产品的信息。点击保存即修改成功。

导出附证证书：点击该按钮，根据弹出的对话框，选择要导出证书的签发时间，可以导出所有带有附证信息的证书的 word 文件。注意，这里省级工作机构用户只能导出由省级签发的证书信息。如图 4－14 所示。

图 4－14

带有附证的无公害农产品证书模板如图 4－15 所示。

导出单证证书：点击该按钮，根据弹出的对话框，选择要导出证书的签发时间，可以导出所有只有一个产品的单证书的 word 文件。注意，这里省级工作机构用户只能导出由省级签发的证书信息。如图 4－16 所示。

单证的无公害农产品证书模板如图 4－17 所示。

导出全部历史记录：点击此按钮，可以直接导出所有根据查询条件查询出来的列表数据。

注意事项提示：

为了方便省级用户导出证书文件，在查询条件下方，给出了两条关于导出附证证书和导出单证证书的操作注意提示，具体提示为：

①批量导出证书：点击“导出单证证书”或“导出附证证书”按钮，选择“签发日期”操作。

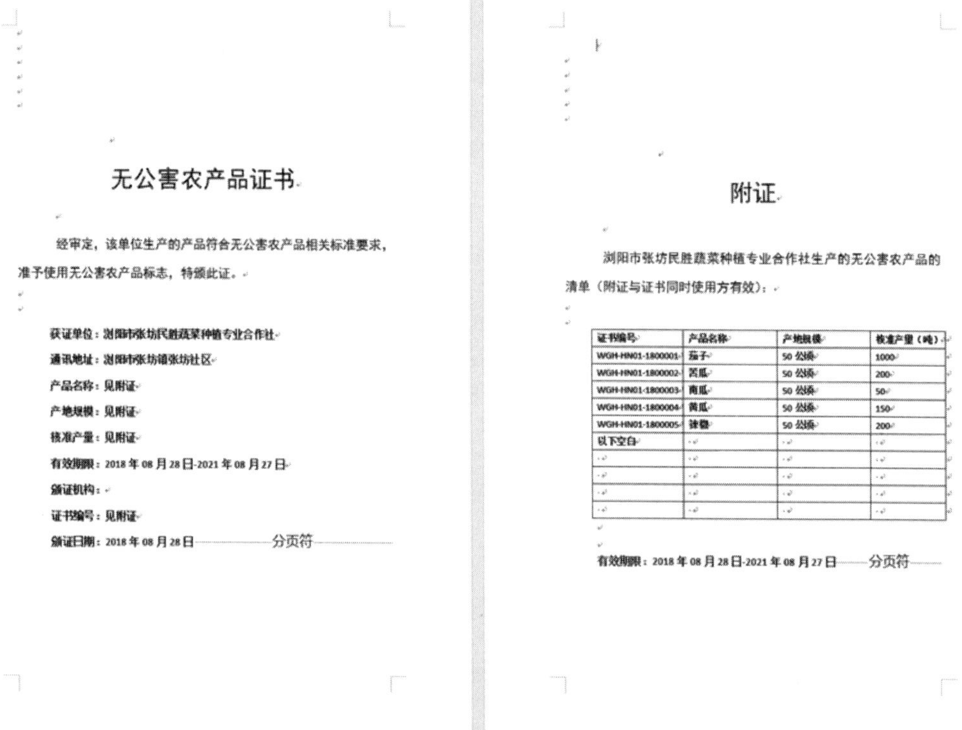

无公害农产品证书

经审定，该单位生产的产品符合无公害农产品相关标准要求，准予使用无公害农产品标志，特颁此证。

获证单位：浏阳市张坊民胜蔬菜种植专业合作社

通讯地址：浏阳市张坊镇张坊社区

产品名称：见附证

产地规模：见附证

核准产量：见附证

有效期限：2018 年 08 月 28 日-2021 年 08 月 27 日

颁证机构：

证书编号：见附证

颁证日期：2018 年 08 月 28 日 分页符

附证

浏阳市张坊民胜蔬菜种植专业合作社生产的无公害农产品的清单（附证与证书同时使用方有效）：

证书编号	产品名称	产地规模	核准产量（吨）
WGH-HN01-1800001	茄子	50 公顷	1000
WGH-HN01-1800002	苦瓜	50 公顷	200
WGH-HN01-1800003	南瓜	50 公顷	50
WGH-HN01-1800004	黄瓜	50 公顷	150
WGH-HN01-1800005	辣椒	50 公顷	200
以下空白			

有效期限：2018 年 08 月 28 日-2021 年 08 月 27 日 分页符

图 4－15

单证导出

选择证书的签发时间：

注：只支持省级签发的证书导出

保存 取消

图 4－16

②通过查询条件（“签发日期”时间段选同一天、“证书类型”选单证或附证）筛选列表，即可验证导出证书的准确性。

查询导出证书如图 4－18 所示。

3. 中心用户标识征订管理

中心用户的标识征订管理功能，包含订单录入、订单信息管理、到款订单修改、财务对账、标签管理五大功能模块。

（1）订单录入

用户根据各无公害农产品企业传真或邮件过来的征订表信息录入无公害定标信息。系统根据所录信息自动生成订单，并计算所需金额。订单录入界面如图 4－19 所示。

无公害农产品证书

经审定，该单位生产的产品符合无公害农产品相关标准要求，准予使用无公害农产品标志，特颁此证。

获证单位：衡南县绿众果林畜禽种养专业合作社
通讯地址：湖南省衡南县廖田镇青冲村
产品名称：枣
产地规模：20 公顷
核准产量：50 吨
有效期限：2018 年 08 月 28 日-2021 年 08 月 27 日
颁证机构：
证书编号：WGH-HN01-1800214
颁证日期：2018 年 08 月 28 日 分页符

图 4－17

证书审核历史记录管理　隐藏查询条件
申请人全称：　行业：--请选择--　产品类别：　产品名称：　单位性质：--请选择--　签发标记：--请选择--
地市：　区县：　签发时间：2017-10-04　至 2018-10-31　证书编号：　证书类型：--请选择--
1.批量导出证书：点击“导出单证证书”或“导出附证证书”按钮，选择“签发日期”操作。
2.通过查询条件（“签发日期”时间段选同一天、“证书类型”选单证或附证）筛选列表，即可验证导出证书的准确性。
查询　重置
查看　编辑　导出附证证书　导出单证证书　导出全部历史记录

图 4－18

第二步 标识信息

标识种类	规格	尺寸(mm)	单价(元)	标识数量(万枚)	粘贴附着物	包装规格(说明)	标识金额(元)
纸质刮开式标识	1号	19×25	0.02	0　8万枚	产品 包装		0
	2号	24×32	0.035	0　4万枚	产品 包装		0
	3号	36×48	0.055	0　2万枚	产品 包装		0
锁扣刮开式标识	个	吊牌 20×30 扣带 2×150	0.055	0　1万枚	产品 包装		0
捆扎带标识	1号（加铁丝）	200×12或200×14	0.22	0　米 2400米	产品 包装		0
	2号（离型纸）	200×14	0.22	0　米 2400米	产品 包装		0
	3号（离型纸）	200×50	0.40	0　米 2400米	产品 包装		0
纸质揭开式标识	1号	10(直径)	0.008	0　22万枚	产品 包装		0
	2号	15(直径)	0.011	0　11万枚	产品 包装		0
	3号	20(直径)	0.02	0　7万枚	产品 包装		0
	4号	30(直径)	0.038	0　3万枚	产品 包装		0
	5号	60(直径)	0.15	0　0.7万枚	产品 包装		0
全息揭开式标识	2号	15(直径)	0.011	0　11万枚	产品 包装		0
	3号	20(直径)	0.02	0　7万枚	产品 包装		0
	4号	30(直径)	0.038	0　3万枚	产品 包装		0
	5号	60(直径)	0.15	0　0.7万枚	产品 包装		0

图 4－19

（2）订单信息管理

点击订单信息管理模块，进入到订单信息管理列表。该列表包含所有订单数据。列表上方为次列表的查询条件和功能点击按钮。如图 4－20 所示。

订单录入 订单信息管理 到款订单修改 财务对账 标签管理

订单管理

单位名称： 订单号： 汇款人： 数码订单： 入账通知单： 收货人： 查询
订单类型：--订单类型 收货地址： 数码订单范围： 至 确认时间： 至 重置条件
省份： 行业：--全部-- 确认到款：--确认状态 备注： 工作机构：--请选择工作机构-- 初次确认：--确认状态

查看 金额确认 添加订单 修改订单 导出原始 导出数码 导出发 导出发 导出标 数码订 入账通 快递单 删 票据信 总金 备

订单号	单位名称	产品名称	证书编号	汇款余额	下单时间	初次确认	到款	到款时间	数码订单	邮寄方	入账通知单	快递公司	快递单
201800671	牡丹江市东安区小团村祥和肉	鲜鸡蛋	WGH-16-1066	9984	2018年10月29日	未确认	未确认			邮寄			
201800670	上海东周丰源蔬果种植专业合	大白菜,胡萝	WGH-12-1783	4160	2018年10月29日	未确认	未确认			邮寄			
201800669	上海金鸽生态农业有限公司	鸽肉	WGH-15-0183	8580	2018年10月29日	未确认	未确认			邮寄			
201800668	博罗县柏塘镇平安合和农民专	豌豆,菜薹,普	WGH-13-1078	1140	2018年10月29日	未确认	未确认			货到付			
201800667	洛阳博大牧业科技有限公司	鲜鸡蛋	WGH-13-1432	1830.4	2018年10月29日	未确认	未确认			邮寄			
201800666	安徽华卫集团禽业有限公司	鸡肉	WGH-17-0909	7280	2018年10月29日	未确认	未确认			邮寄			
201800665	定南阳林山下养殖有限公司	生猪	WGH-16-0101	572	2018年10月17日	已确认	已确认	2018年10月19日	18-DZ017	邮寄	18-10.15-44		
201800664	南靖绿明生态农业有限公司	鲜鸡蛋	WGH-15-0320	2080	2018年10月15日	已确认	已确认	2018年10月19日	18-DZ017	邮寄	18-10.12-43		
201800663	涞源县六旺川生态养殖有限公	鲜鸡蛋	WGH-13-0104	1144	2018年10月12日	已确认	已确认	2018年10月19日	18-DZ017	邮寄	18-10.08-41		
201800662	沈阳市亿丰牧业有限责任公司	鲜鸡蛋	WGH-04-0622	3775.2	2018年10月12日	已确认	已确认	2018年10月12日	18-DZ016	邮寄	18-9.28-38		
201800661	仁化县黄坑镇柑桔农民专业合	柑桔	WGH-17-0822	1144	2018年10月10日	已确认	已确认	2018年10月19日	18-DZ017	邮寄	18-10.10-42		
201800660	邵武市红枫耕山队种植农民专	鲫	WGH-13-0350	572	2018年09月29日	已确认	已确认	2018年10月12日	18-DZ016	邮寄	18-9.28-39		
201800659	平利县大贵镇鑫欣蛋鸡养殖专	鲜鸡蛋	WGH-16-0420	1830.4	2018年09月28日	已确认	已确认	2018年10月19日	18-DZ017	邮寄	18-9.27-38		
201800658	长岛市学杰家庭农场	胡萝卜	WGH-17-0677	1185.6	2018年09月26日	已确认	已确认	2018年10月12日	18-DZ016	邮寄	18-9.26-37		

图 4－20

查询条件包括：单位名称、订单号、汇款人、数码订单、入账通知单、收款人、订单类型、收货地址、数码订单号区间、确认时间区间、省份、行业、确认到款状态、备注、工作机构和初次确认状态。

其中单位名称、订单号、汇款人、数码订单、入账通知单、收货人、收货地址、省份和备注为关键字模糊查询。订单类型、行业、确认到款状态、工作机构和初次确认状态为下拉列表选择。确认时间区间为日期框选择。

功能按钮包括：查看、金额确认、添加订单、修改订单、导出原始订单、导出数码订单、导出发票、导出发货、数码订单、入账通知单、快递单号、删除、票据信息、总金额和备注。

查看：勾选订单信息管理列表中的一条数据，点击查看按钮，可以查看该条订单的定标基本信息。订单详情如图 4－21 所示。

订单详细信息

申订单位情况	单位名称		牡丹江市东安区小团村祥和肉鸡养殖孵化场					
	用标产品名称		鲜鸡蛋					
标识种类	规格	尺寸（mm）	单价（元/枚）	标识数量（万枚）	粘贴附着物		包装规格(说明)	标识金额(元)
					产品	包装		
纸质刮开式标识	1号	19×25	0.02	0.0				0.0
	2号	24×32	0.035	0.0				0.0
	3号	36×48	0.055	0.0				0.0
锁扣刮开式标识	套	吊牌 20×30 扣带 2×150	0.055	0.0				0.0
捆扎带标识	1号（加铁丝）	200×12或200×14	0.22	0.0(米)				0.0
	2号（离型纸）	200×14	0.22	0.0(米)				0.0
	3号（离型纸）	200×50	0.40	0.0(米)				0.0
纸质揭开式标识	1号	10（直径）	0.008	120.0				9600.0
	2号	15（直径）	0.011	0.0				0.0
	3号	20（直径）	0.02	0.0				0.0
	4号	30（直径）	0.038	0.0				0.0
	5号	60（直径）	0.15	0.0				0.0
全息揭开式标识	2号	15（直径）	0.011	0.0				0.0
	3号	20（直径）	0.02	0.0				0.0
	4号	30（直径）	0.038	0.0				0.0
	5号	60（直径）	0.15	0.0				0.0
	合计金额			9984.0				

图 4－21

金额确认：勾选订单信息管理列表中的一条数据，点击金额确认，就可将订单状态更改为已确认。已确认的订单可以添加数码订单号和入账通知单号。

添加订单：可以直接在这个功能里添加订单，与订单录入模块功能相同，这里就不多做介绍。

修改订单：勾选订单信息管理列表中的一条数据，点击修改订单，就可更改已经添加好的未进行金额确认的订单信息。

导出原始订单：点击导出原始订单按钮，可以直接导出订单的相关信息。

导出数码订单：点击导出数码订单，可以根据数码订单号导出相应的数码订单信息。

导出发货：点击导出发货，可以根据查询条件导出具体订单的发货情况。

导出发票：点击导出发票，可以根据查询条件导出具体订单的发票信息。

数码订单：勾选订单信息管理列表中的一条数据，点击数码订单，就可以给这条数据添加数码订单号。已经确定金额的数据才可添加数码订单号。

入账通知单：勾选订单信息管理列表中的一条数据，点击入账通知单，就可以给这条数据添加入账通知单号。已经确定金额的数据才可添加入账通知单号。入账通知单号还可以在财务管理模块中自动生成。

快递单号：勾选订单信息管理列表中的一条数据，点击快递单号，就可以给这条数据添加快递单号。已经确定金额和添加好数码订单的数据才可添加快递单号。

删除：勾选订单信息管理列表中的一条未确定金额的数据，点击删除，就可以删除此条订单。已经确定金额的订单不可删除。

票据信息：勾选订单信息管理列表中的一条数据，点击票据信息，就可以添加这条数据的票据信息。

总金额：根据勾选订单信息管理列表中的多条数据，点击总金额，可以直接计算出订单的总计金额。

备注：根据勾选订单信息管理列表中的多条数据，点击备注，可以直接添加订单的备注信息。

1）到款订单修改

点击到款订单修改模块，进入到款订单修改管理列表。该列表包含所有已经确认金额并完成的订单数据。列表上方为次列表的查询条件和功能点击按钮。到款订单修改界面如图 4－22 所示。

查询条件包括：订单号、单位名称、订单类型、汇款人、数码订单、确认时间区间、数码订单范围区间。

其中单位名称、订单号、汇款人、数码订单为关键字模糊查询。订单类型为下拉列表选择。确认时间区间为日期框选择。

功能按钮为修改按钮。勾选到款订单修改管理列表中的一条数据，点击修改，就

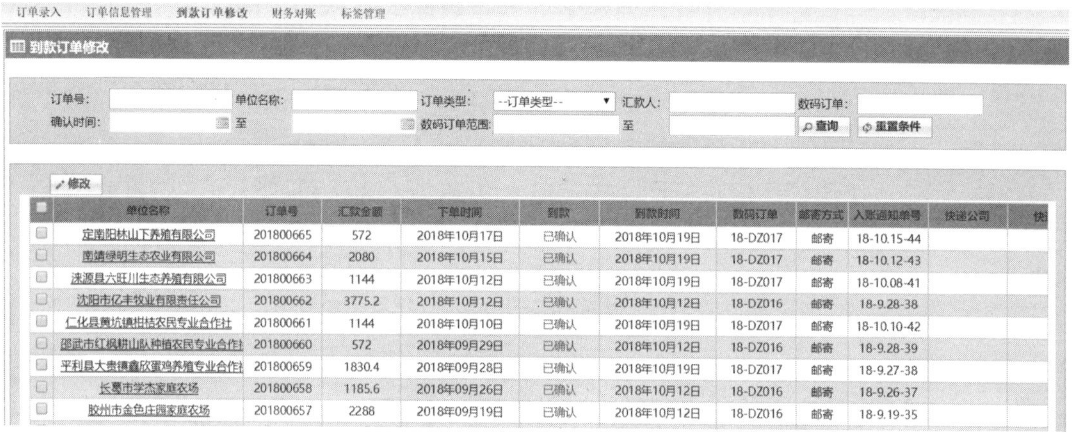

订单录入 订单信息管理 到款订单修改 财务对账 标签管理
到款订单修改
订单号: 单位名称: 订单类型: --订单类型-- 汇款人: 数码订单:
确认时间: 至 数码订单范围: 至 查询 重置条件
修改
单位名称 订单号 汇款金额 下单时间 到款 到款时间 数码订单 邮寄方式 入账通知单号 快递公司
定南阳林山下养殖有限公司 201800665 572 2018年10月17日 已确认 2018年10月19日 18-DZ017 邮寄 18-10.15-44
南靖绿明生态农业有限公司 201800664 2080 2018年10月15日 已确认 2018年10月19日 18-DZ017 邮寄 18-10.12-43
涞源县六旺川生态养殖有限公司 201800663 1144 2018年10月12日 已确认 2018年10月19日 18-DZ017 邮寄 18-10.08-41
沈阳市亿丰牧业有限责任公司 201800662 3775.2 2018年10月12日 已确认 2018年10月12日 18-DZ016 邮寄 18-9.28-38
仁化县黄坑镇柑桔农民专业合作社 201800661 1144 2018年10月10日 已确认 2018年10月19日 18-DZ017 邮寄 18-10.10-42
邵武市红枫耕山队种植农民专业合作 201800660 572 2018年09月29日 已确认 2018年10月12日 18-DZ016 邮寄 18-9.28-39
平利县大贵镇鑫欣蛋鸡养殖专业合作 201800659 1830.4 2018年09月28日 已确认 2018年10月19日 18-DZ017 邮寄 18-9.27-38
长葛市学杰家庭农场 201800658 1185.6 2018年09月26日 已确认 2018年10月12日 18-DZ016 邮寄 18-9.26-37
胶州市金色庄园家庭农场 201800657 2288 2018年09月19日 已确认 2018年10月12日 18-DZ016 邮寄 18-9.19-35

图 4－22

可以修改这条订单信息。

2）财务对账

点击财务对账模块，进入到财务对账信息管理列表。该列表包含所有导入的财务信息。列表上方为次列表的查询条件和功能点击按钮。财务对账界面如图 4－23 所示。

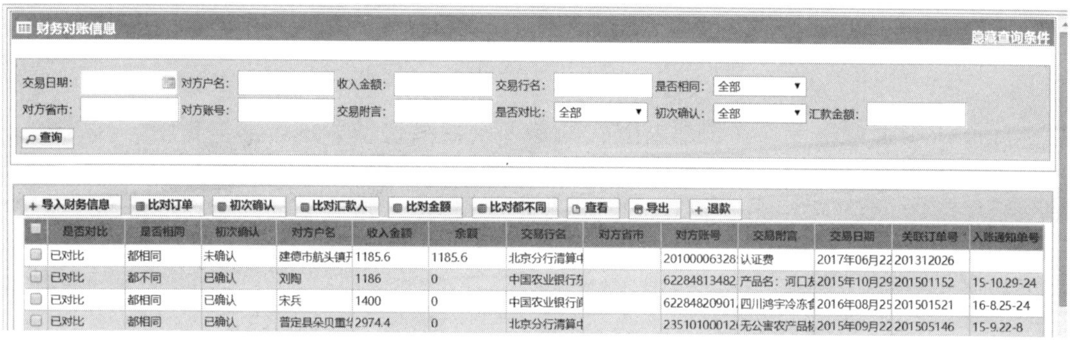

财务对账信息
隐藏查询条件
交易日期: 对方户名: 收入金额: 交易行名: 是否相同: 全部
对方省市: 对方账号: 交易附言: 是否对比: 全部 初次确认: 全部 汇款金额:
查询
导入财务信息 比对订单 初次确认 比对汇款人 比对金额 比对都不同 查看 导出 退款
是否对比 是否相同 初次确认 对方户名 收入金额 余额 交易行名 对方省市 对方账号 交易附言 交易日期 关联订单号 入账通知单号
已对比 都相同 未确认 建德市航头镇 1185.6 1185.6 北京分行清算中 20100006328 认证费 2017年06月22 201312026
已对比 都不同 已确认 刘陶 1186 0 中国农业银行 62284813482 产品名：河口 2015年10月29 201501152 15-10.29-24
已对比 都相同 已确认 宋兵 1400 0 中国农业银行 62284820901 四川鸿宇冷冻 2016年08月25 201501521 16-8.25-24
已对比 都相同 已确认 普定县朵贝重 2974.4 0 北京分行清算中 23510100012 无公害农产品 2015年09月22 201505146 15-9.22-8

图 4－23

查询条件包括：交易日期、对方户名、收入金额、交易行名、是否相同、对方省市、对方账号、交易附言、是否对比、初次确认和汇款金额。

其中对方户名、收入金额、交易行名、对方省市、对方账号、交易附言和汇款金额为关键字模糊查询。是否相同、是否对比和初次确认为下拉列表选择。交易日期为日期框选择。

功能按钮包括：导入财务信息、对比订单 、初次确认、对比汇款人、对比金额、对比都不同、查看、导出和退款。

导入财务信息：可以将财务给出的汇款信息导入系统中，自动生成入账通知单号，便于与订单信息进行比对。

对比订单：点击对比订单，可以将财务信息和系统中的订单信息进行比对。比对后结果有四种情况，都相同、汇款人相同、金额相同和都不同。都相同为汇款信息的汇款人和金额都与系统订单一致。汇款人相同为汇款信息中汇款人与系统订单一致。金额相同为汇款信息中的金额与系统订单一致。都不同为汇款信息中汇款人和金额都不与系统一致。

对比汇款人：点击对比汇款人，可以将已经比对好的财务信息根据汇款人名称与系统中订单的汇款人进行比对，如果比对的上，点击初次确认，就可以初步确认订单，等待最后的金额确认。

对比金额：点击对比金额，可以将已经比对好的财务信息根据金额与系统中订单的金额进行比对，如果比对的上，点击初次确认，就可以初步确认订单，等待最后的金额确认。

对比都不同：点击对比都不同，可以根据汇款信息的交易附言或备注与系统订单进行关联匹配，点击初次确认，就可以初步确认订单，等待最后的金额确认。

查看：勾选财务对账信息管理列表中的一条数据，可以查看此财务信息的详细情况。

导出：点击导出按钮，可以根据查询条件导出财务对账信息管理列表中的数据。

退款：如果企业汇款的信息和金额有误，可以在财务对账信息管理列表勾选信息，点击退款，即可进行退款标注。等待财务线下退款。

3）标签管理

点击标签管理模块，可进入到无公害农产品防伪标识管理系统。用户可以直接查询标签征订情况。

4）中心历史数据查询

中心用户可以查询所有通过审核的历史数据。如图 4－24 所示。

历史记录管理　隐藏查询条件

证书编号：WGH-　产品名称：　申请人全称：　订标状态：--请选择--
省份：　行业：--请选择--　有效产品日期：　签发年份：2017年
产品编号：　申报年份：--请选择年份-　申报类型：--请选择--
可说明：--请选择--　评审会批次：--请选择年份-　--请选择--　工作机构：--请选择工作　查询　重置条件

查看

序号	评审会批次	证书编号	证书有效期	行业	所在省	产品类别	产品名称	申请人
1	2017年第五次	WGH-14-07244	2017年08月11日~2020年08月10日	种植业	甘肃省	蔬菜类	番茄	酒泉市肃州区银兴农林专
2	2017年第三次	WGH-14-04892	2017年05月22日~2020年05月21日	种植业	浙江省	果品类	无花果	武义桑合水果专业合作社
3	2017年第一次	WGH-13-19803	2017年03月01日~2020年02月29日	渔业	四川省	淡水虾	克氏原螯虾	成都市丰润水产养殖农民
4	2017年第五次	WGH-17-07743	2017年08月11日~2020年08月10日	种植业	山东省	蔬菜类	辣椒	东营御龙苑农业开发有限
5	2017年第五次	WGH-17-07741	2017年08月11日~2020年08月10日	种植业	广东省	蔬菜类	叶芥菜	广东桢州集团有限公司
6	2017年第三次	WGH-17-02700	2017年05月22日~2020年05月21日	种植业	福建省	蔬菜类	普通白菜	宁化县新绿金农业综合开

图 4－24

5）中心统计

中心用户可以通过月报统计了解无公害的产品情况。如图 4－25 所示。

2017年12月获证产品统计表

		合计						
		企业数（个）	合格产品数（个）	总面积（万公顷）	总产量（万吨）	总销售额（万元）	企业数（个）	合格产品数
当月获证	新认证	3032	4971	51.78	725.48	969.76	1758	3233
	复查换证	1689	3185	43.84	588.89	408.66	768	1970
	合计	4691	8156	95.62	1314.36	1378.42	2505	5203
当年获证	新认证	12984	23364	311.25	4635.98	3228.40	9118	18142
	复查换证	8693	19365	478.23	5610.75	8499.05	5238	14128
	合计	21411	42735	789.49	10246.73	11727.46	14144	32277

图 4－25

第三节　功能拓展

由于农业农村部农产品质量安全中心职能变更，无公害农产品认证审核工作改为指导全国各省级工作机构完成，取消无公害农产品标识征订，取消种植业、畜牧业、渔业三个分中心，目前正在运行的无公害农产品管理系统划入中国绿色食品发展中心管理。

未来无公害农产品管理系统，可以拓展的功能如下：

（1）增加省级工作机构审核功能，使审核不仅仅只有证书签发功能。

（2）增加省级工作机构证后信息监管模块，实现省级的证书撤销与注销功能。

（3）增加省级检查员与内检员审核、培训计划、教材管理等功能。实现省级自己可以用系统管理检查员与内检员。

（4）增加检测机构申报与续展流程。

（5）完善省级和中心统计查询功能，使用户更方便查询和统计无公害的数据。

（6）建议对全国各省无公害农产品认证、标识、证书、检查员、内检员、检测机构的情况调研分析后，再制定具体详细的系统扩展方案。

第四节　服务咨询

（1）运维服务

提供 QQ 在线运维和电话技术支持，针对用户操作问题必要时提供远程支持。确保用户使用正常，保障系统稳定运行。

（2）问题处理

简单问题立即处理，如用户录入信息有误、账户锁定等问题。复杂问题 24 小时之内解决，如证书过期、编号重复等。

（3）日常巡检

对于可能发生的问题进行常规定期检查，如每周进行错误数据信息检查及修正。

（4）系统调整

对于无公害用户反映的问题每月进行问题汇总，针对收集上来的系统需要调整的地方（尤其是系统功能异常问题），进行及时修改、调整、测试、部署。

第五章　绿色食品网上审核与管理系统

第一节　综　述

一、项目概况

（一）建设背景

金农工程一期项目是依托国家电子政务外网和现有资源，大力促进农业信息资源的整合、共享和开发利用，加快推动农业决策、监管和服务的信息化，进一步增强政府对农业生产指导、资源配备、市场监管和社会服务的能力，为扎实推进新农村建设奠定基础。金农工程一期（农业部本级）项目应用系统主要包括三大应用系统和一个门户网站，其中三大应用系统为农业监测预警系统、农产品与生产资料市场监管信息系统、农村市场与科技信息服务系统，一个门户网站为国家农业综合门户网站。各应用系统之间采用松耦合的方式连接，依托国家农业数据中心、农业科技数据分中心和国家粮食流通数据中心，通过应用支撑平台分别建设、统一整合。

绿色食品网上审核与管理子系统是农产品和生产资料市场监管系统的其中之一，随着金农工程一期的建成而投入使用，服务于中国绿色食品发展中心，实现了绿色食品认证业务的在线办理与审核。近年来我国绿色食品事业的发展不断壮大，在利用金农工程一期的软硬件资源的基础上，经过了多次的系统升级完善。

（二）建设目标

（1）逐步实现绿色食品认证许可业务和监督管理的规范化、标准化、网络化处理，提高工作效率，增加业务透明度，为绿色产品生产企业提供便捷有效的服务。

（2）构建绿色食品监管数据库，实现认证、许可流程电子化管理，便于注册用户及时查询审批过程信息与审批结果信息。

（3）建立生产企业、管理机构数据库和认证产品信息数据库。

二、建设历程

（一）里程碑

2012 年 10 月由中软国际项目组团队承担建设绿色食品监管系统，历时 10 个月，项目于2013年8月正式交付投入使用。

2013年9月根据绿色食品实际业务需要立即启动补充项目，于2014年4月补充项目完成验收投入使用。

2014年8月中心提出信息化分阶段、分层次建设的长远规划和整体布局，随后启动系统扩展项目（第一阶段）的建设工作，用于实现企业申报材料的电子化采集和传输，审核内容的进一步明确和细化等，2015年5月扩展项目（第一阶段）完成验收，除第一阶段基础架构功能，其余功能模块全部上线投入使用。

2015年7月开始筹备扩展项目（第二阶段）系统建设，2016年1月完成招标工作，项目正式启动，2016年6月扩展项目（第二阶段）开发完成，已分别同相关处室以及黑龙江、江苏用户代表进行功能确认，2016年8月25日绿色食品监管系统扩展项目第二阶段验收完成。

（二）功能版本演化

2012年10月启动绿色食品网上审核与管理系统建设，直到2014年4月完成补充项目验收，标志着绿色食品网上审核与管理系统进入1.0时代。

2014年8月，中国绿色食品发展中心提出分阶段、分层次建设的长远规划和整体布局，标志着绿色食品网上审核与管理系统进入2.0时代。

2017年5月国务院发布了《政务信息系统整合共享实施方案》，农业农村部开始对农业内部信息系统进行整合，绿色食品发展中心停止当前信息系统建设，全力配合整合工作，标志着绿色食品网上审核与管理系统进入3.0时代。

（三）系统功能提升过程

系统1.0：主要是围绕基础功能建设，包括产品初次申请、产品续展审核、证书管理、质量监督管理、财务管理及基础信息管理等，涵盖中国绿色食品发展中心处室和各地绿办的统计分析、合同管理、录入修改、下发任务、查询展示、批量打印、检查员评价等多项工作。

系统2.0：主要用于向企业、地方绿办延伸，实现企业申报材料的电子化采集和传输，审核内容的进一步明确和细化，深化各级工作机构的协同管理和信息共享，全面实现企业网上申报绿色食品业务、绿办逐级网上审核和中国绿色食品发展中心认证处网上审批的生产应用。

系统3.0：按照国家和农业部的统一部署，全面推进政务信息资源整合共享工作，绿色食品网上审核与管理系统已纳入农业农村部政务综合业务系统10大板块之中，正在进一步完善。

第二节　操作指南

一、服务对象

中国绿色食品发展中心和省、市、县三级绿色食品办公室。

二、业务流程

申报申请业务流程如图 5－1 所示。

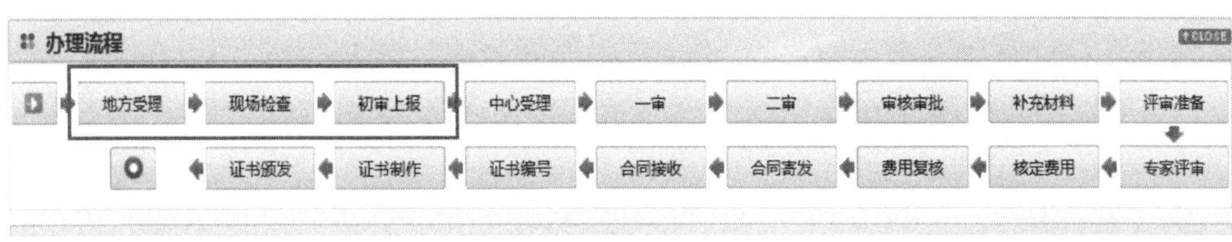

图 5－1

三、功能描述

（一）产品初次申请

地方受理【初次申请】

访问方式：用户登录系统后，导航到“审核许可—业务办理—产品初次申请”，如图 5－2 所示。

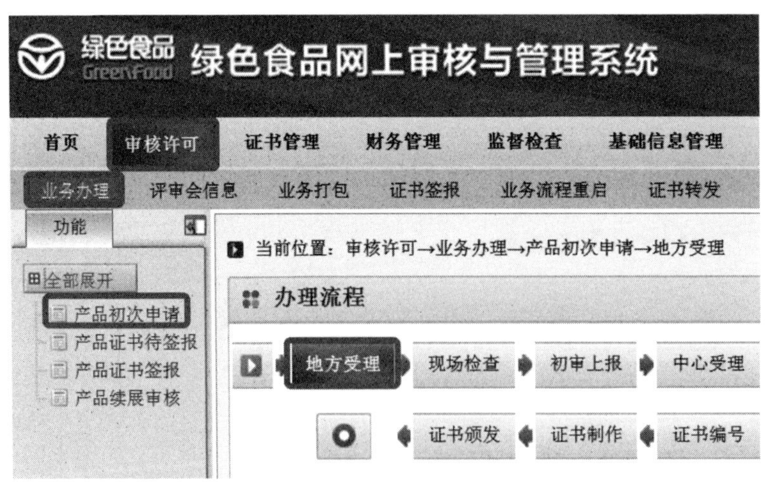

图 5－2

操作步骤：创建初次申请流程，操作方式点击“地方受理”环节，点击“新增”

按钮，如图 5－3 所示。

图 5－3

- **业务信息**

默认进入到“业务信息”页签。先下拉选择“省绿办”字段，再“查询”选择或“新建”企业。如图 5－4、图 5－5 所示。

图 5－4

注意：

（1）产品初次申请在申请人这一栏中设有“查询”“新建”两个按钮。须先选择“省绿办”，再点击“申请人”字段的“查询、新建”按钮；在“申请人”字段中输入企业关键词，点击“查询”按钮查看企业是否存在：如存在，则在下方的企业列表中选择企业，点击“确定”；如没有，则需要“新建”企业信息（注意不要重复录入同一企业，一定要先“查询”）。

图 5-5

（2）产品续展审核在“申请人”一栏中只有“查询”按钮。

（3）“申请人”字段只支持“查询”后选择，要录入必须点击“新建”。各绿办只能查到［企业信息中“省绿办”字段］与［“业务信息”页签中“省绿办”字段］相同的企业。

- **企业信息**

新建企业：点击“申请人”的“新建”按钮，弹出“新建企业”页面。填写完成后点击“保存”。如果“保存”成功，页面将自动关闭。如图 5-6 所示。

图 5-6

注意：

（1）必须正确填写所有红色必填字段，否则无法“保存”。填写不正确的字段，页面中会有红色提示，所有数据在“保存”后才会入库。

（2）“申请人（中文）、营业执照注册号、企业组织机构代码”字段不能与其他企业重复。

（3）若企业“生产地址、联系地址、公告地址”与“注册地址”相同，可以点击“地址同步”按钮同步。

（4）“公告信息”区域的各字段将用作网站“查询栏目”的发布依据。

(5) 目前保存后无法更改企业信息，以后将追加该功能，所以请大家谨慎录入，在“保存”前多检查。

在“新建企业”“保存”后，企业名称会自动添加到申请人一栏，表示已选中该企业。点击“业务信息”页签的“保存”，完成业务信息的录入。如图5-7所示。

图5-7

注意：

(1) 如果没有选中任何企业，点击“保存”时会提示无法保存。

(2)“保存”后数据才会入库。

- **产品信息**

点击进入“产品信息”页签，在产品列表点击“新增”或“编辑”跳转到单个产品的信息填选页面。如图5-8所示。

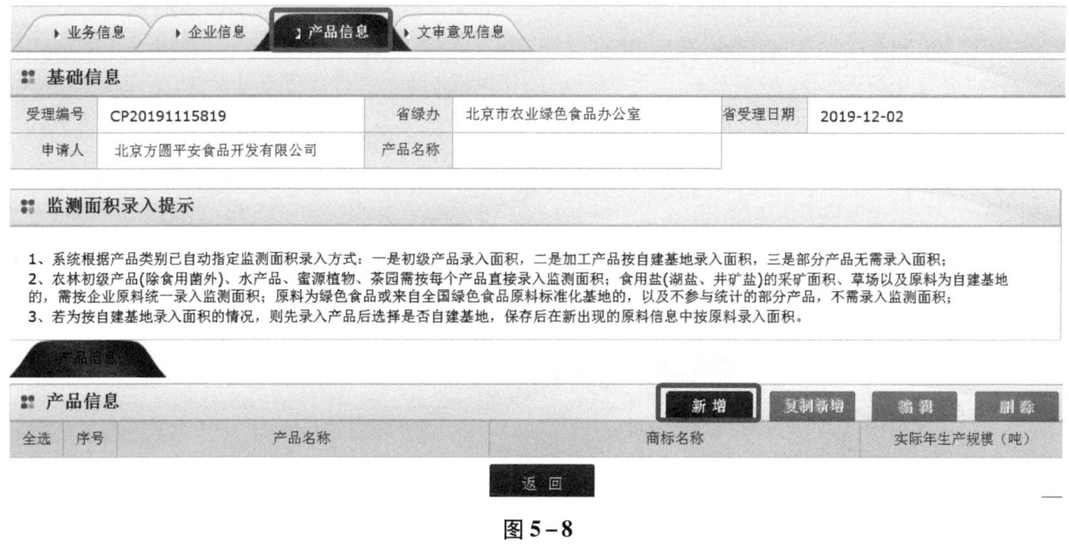

图5-8

该产品的信息填选完成后，点击“保存”。

注意：

(1)“产品名称（中文）+商标名称（中文）”不能与其他产品重复，否则“保存”时会提示错误。

(2) 点击“产品类别”字段将激活下拉窗体，需要选到最末级。所选类别将影响到系统中多个关键字段的判定和后期统计功能的分类汇总，请准确选择。

(3)“产品级别”的下拉内容受“产品类别”的所选项影响。

如需录入原料信息，在“录入原料饲草供应信息列表”区域点击“新增”或“编辑”修改。

如不录入原料信息，则点击“返回”回到产品列表。如图5－9所示。

图5－9

注意：

（1）必须在“产品信息”页签点击“保存”后才能点击“新增”原料信息。

（2）如果所选“产品类别”不允许录入原料，则“新增”按钮不可点击。

（3）原料信息将影响到统计数据真实性，请准确录入。

原料信息维护：

原料信息录入完成后，点击“保存”，回到该产品的信息填选页面。如果该产品还有其他原料，可继续录入。如图5－10所示。

图5－10

注意：

（1）“原料来源”字段会根据所选，影响本页可录字段、按钮的出现。

（2）“原料来源”选择绿色食品后，需要先查询选择“原料供应单位名称”，再查询选择“产品名称”，查询所列出的证书都是当前有效的。

（3）后期“原料来源”还会加入标准化原料基地的选项。

（4）选择“产品名称”后，点击“已销情况”按钮，可以查看所选证书给其他企业作为原料的供给情况。

多个产品添加：

返回产品列表后，在“产品信息”页签中，选中一条产品点击“复制新增”可实现快速复制，再点击“编辑”进行修改。待全部产品录入完成后，即完成产品信息的录入。如图 5－11 所示。

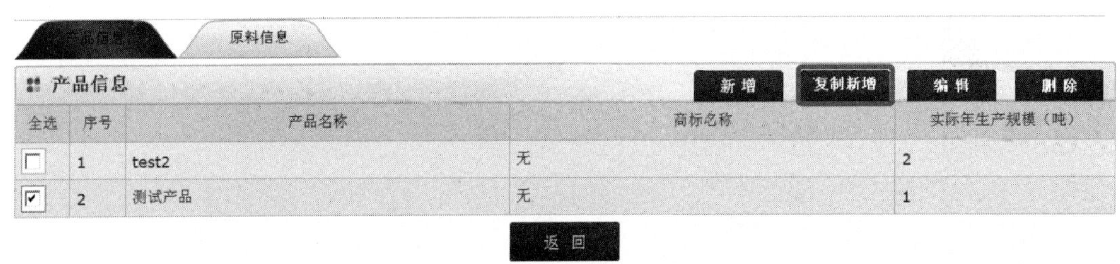

图 5－11

注意：

“复制新增”会复制被选中产品的所有内容，包括原料信息，请注意检查并修改。

- **文审意见信息**

点击进入“文审意见信息”页签，录入完成后“保存”，即完成该页签的录入。

在完成上述所有页签的录入工作后，即完成本环节的录入工作，可将业务“提交”至下一环节。如图 5－12、图 5－13 所示。

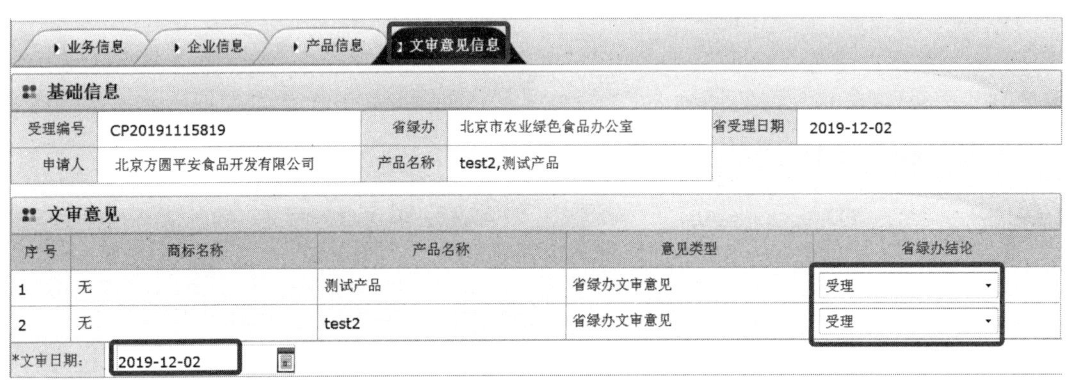

图 5－12

注意：

（1）如果“省绿办结论”全不受理，就可将业务“提交”到结束环节。

（2）“文审人”点击“查询”后，会筛选出该省绿办的检查员。目前只能选择一个“文审人”。

（3）“提交环节”区域系统默认为下一环节，注意先“保存”后“提交”（“保存”执行数据入库，“提交”实现环节跳转）。

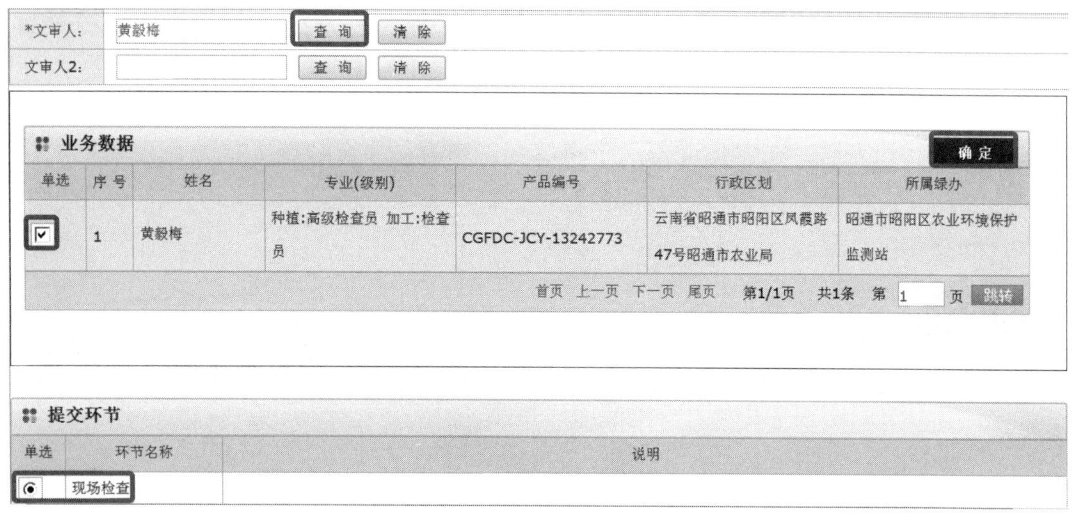

图 5-13

现场检查【初次申请】

访问方式：用户登录系统后，导航到“审核许可—业务办理—产品初次申请”，如图 5-14 所示。

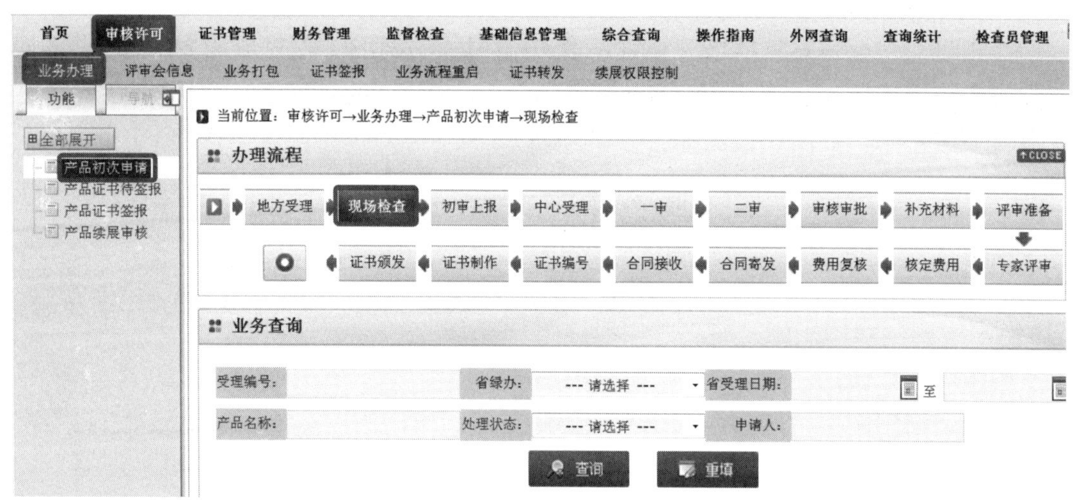

图 5-14

操作步骤：点击“现场检查”环节，选中业务进行“办理”，“现场检查”需录入“现场检查信息、环境监测信息、产品监测信息”页签。如图 5-15 所示。

- **现场检查信息**

现场检查信息需填写计划检查日期、新增检查员、拟注册检查员及意见信息。添加拟注册检查员可用于该人员申请检查员时现场检查经历，填写姓名、身份证号及工作机构即可。如图 5-16、图 5-17 所示。

图 5－15

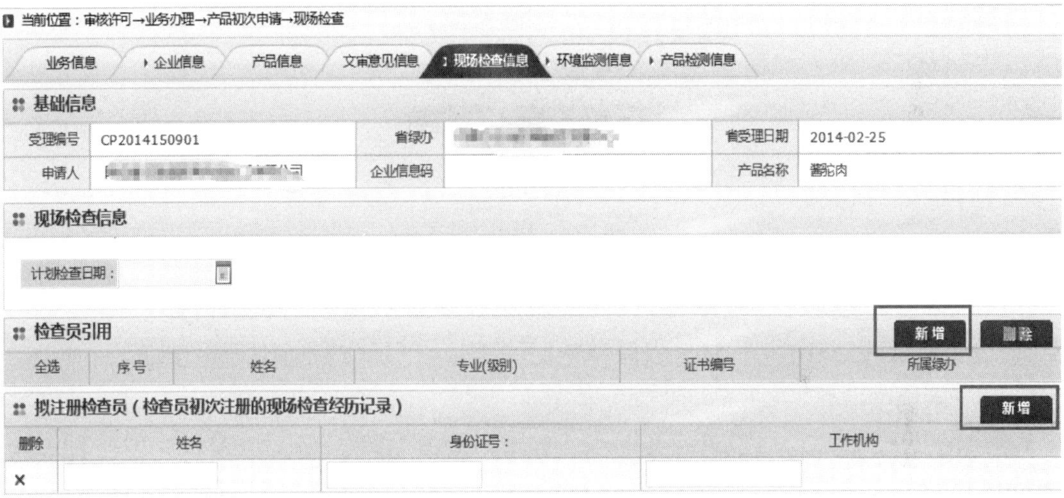

图 5－16

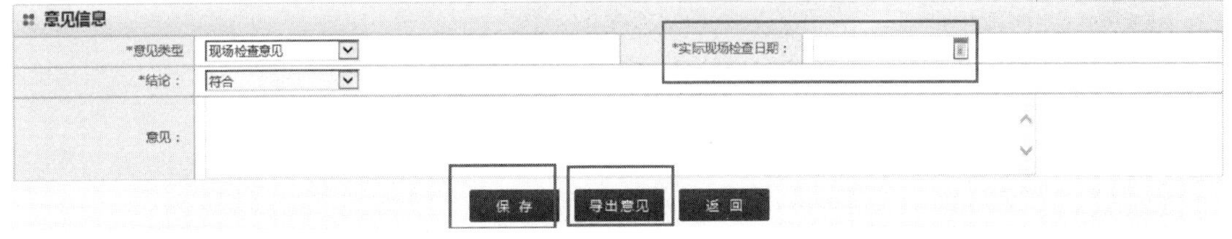

图 5－17

- **环境检测信息**

点击进入“环境监测信息”页签，“引用”监测机构，录入“保存”后，点击“任务导出”，即完成该页签任务。如图 5－18、图 5－19 所示。

图 5－18

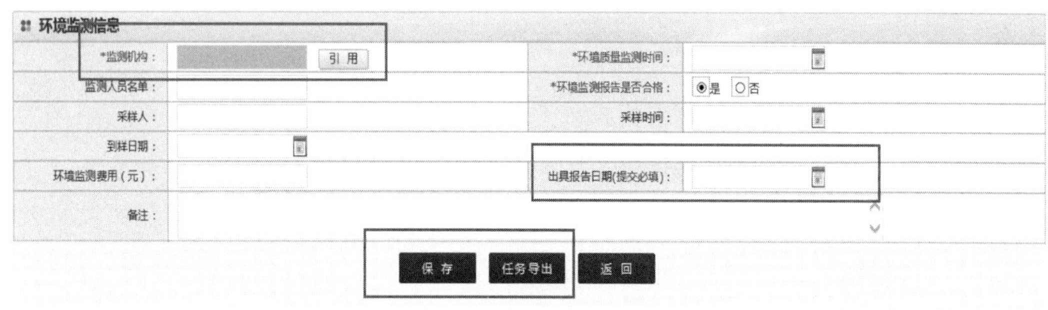

图 5－19

注意：

（1）环境监测项目“监测方式”若选免测，则需要填写“免测原因”。

（2）“出具报告日期”字段“保存”时为选填，“提交”时则为必填。

- **产品检测信息**

点击进入“产品检测信息”页签，“引用”检测机构，录入“保存”后，即完成该页签录入。

在完成上述所有页签的录入工作后，即完成本环节的录入工作，可将业务“提交”至下一环节。如图 5－20、图 5－21 所示。

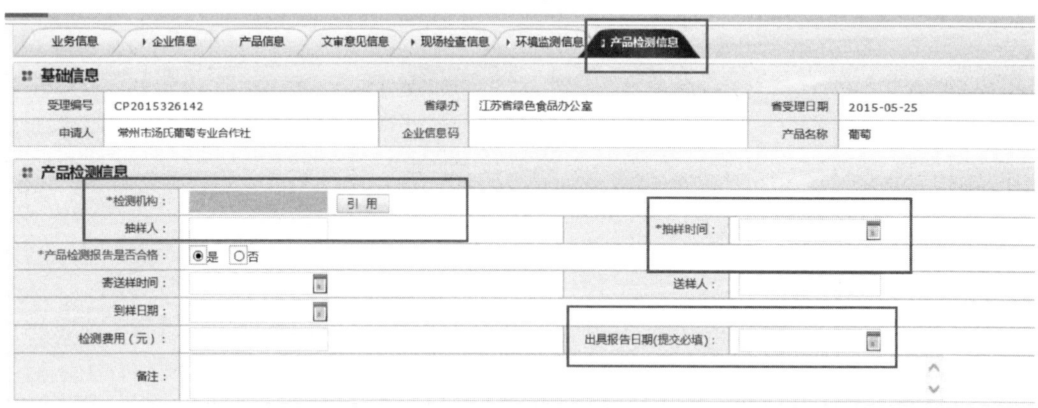

图 5－20

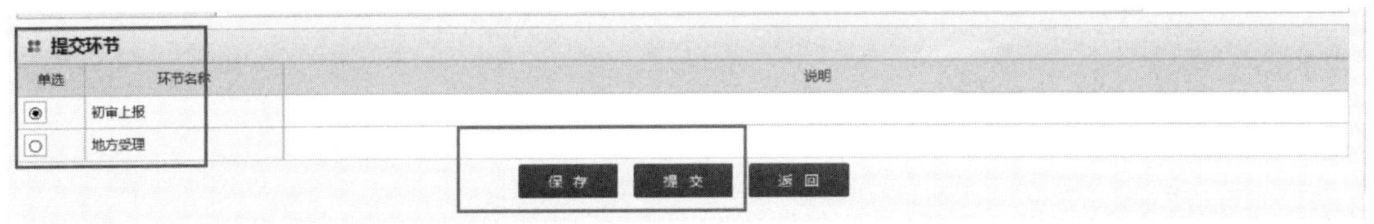

图 5－21

初审上报【初次申请】

访问方式：用户登录系统后，导航到“审核许可—业务办理—产品初次申请”，如图 5－22 所示。

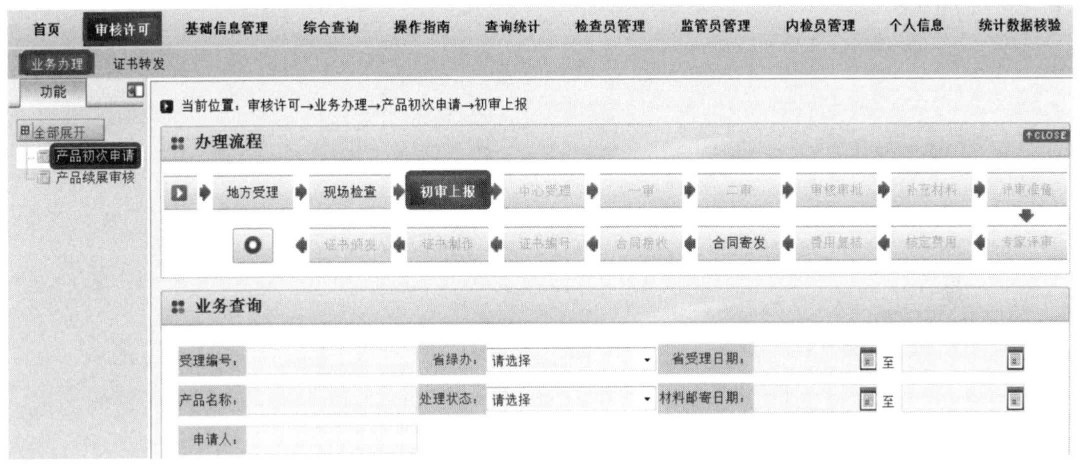

图 5－22

操作步骤：点击进入“初审上报”环节，可多选，选中需要上报中心的业务，点击“提交下一环节：中心受理”，在弹出框填写“报送中心日期”后即可“提交”。至此，绿办前三环节的录入工作全部结束。如图 5－23 所示。

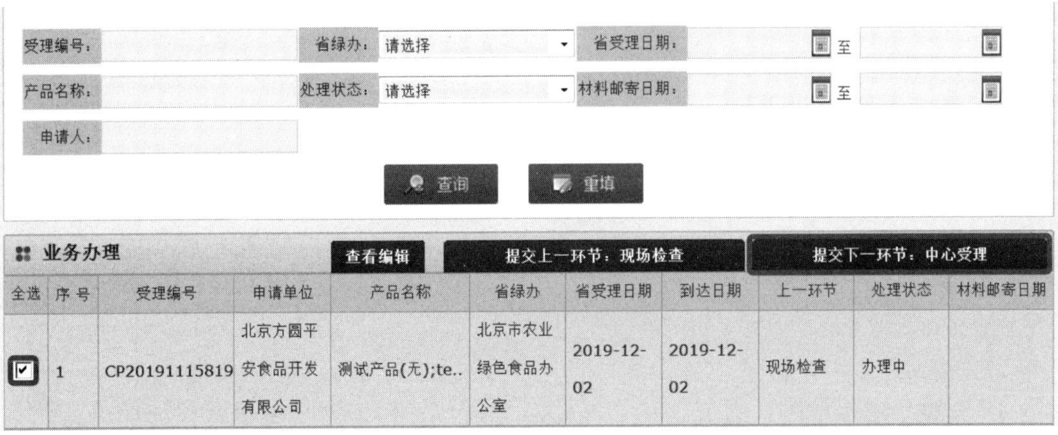

受理编号：　省绿办：请选择　省受理日期：　至
产品名称：　处理状态：请选择　材料邮寄日期：　至
申请人：
查询　重填

业务办理　查看编辑　提交上一环节：现场检查　提交下一环节：中心受理

全选	序号	受理编号	申请单位	产品名称	省绿办	省受理日期	到达日期	上一环节	处理状态	材料邮寄日期
☑	1	CP20191115819	北京方圆平安食品开发有限公司	测试产品(无);te..	北京市农业绿色食品办公室	2019-12-02	2019-12-02	现场检查	办理中	

图 5－23

（二）产品续展审核

地方受理【续展审核】

访问方式：用户登录系统后，导航到“审核许可—业务办理—产品续展审核”，如图 5-24 所示。

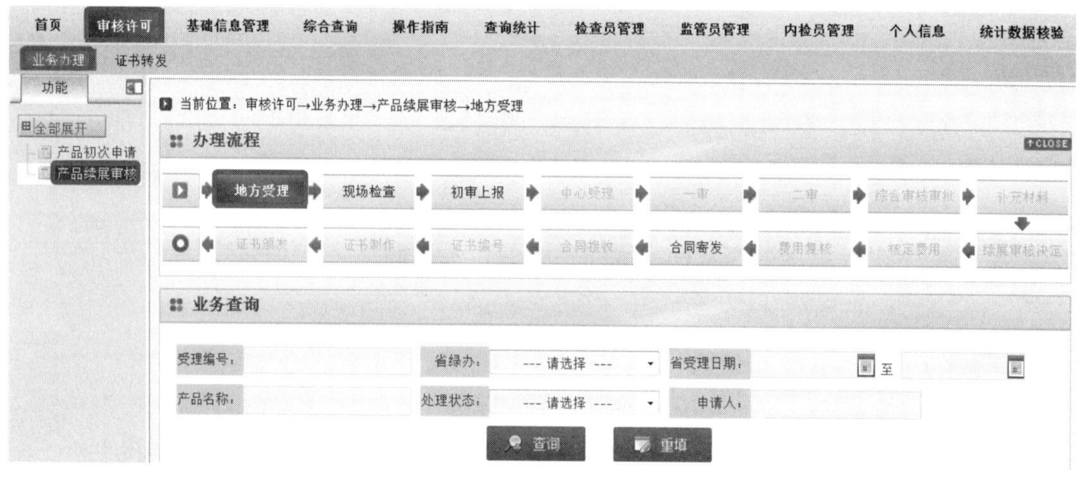

图 5-24

操作步骤：详见产品初次申请，与产品初次申请——地方受理不同的操作如下：

续展企业一定是选择的企业，不可新增，由此可以关联出该企业要续展的产品。如图 5-25 所示。

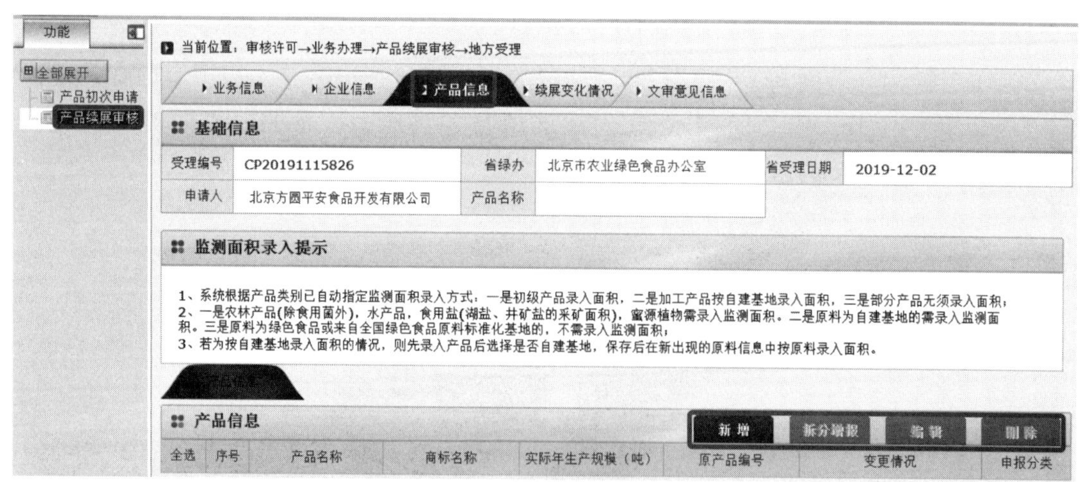

图 5-25

注意：

（1）对于增报产品，需要在“产品信息”区域选择一个刚刚被续展的产品，点击“拆分增报”。效果与“复制新增”按钮一样；“新增”的续展产品不能更改产品名称和商标名称，“拆分增报”的续展产品不受此规则限制。

（2）对于续展业务，页签中会多出一个“续展变化情况”页签，用来记录变更情况供认证处审核，作为续展变更的依据。录入完成后“保存”，即完成该页签的录入。如图5－26所示。

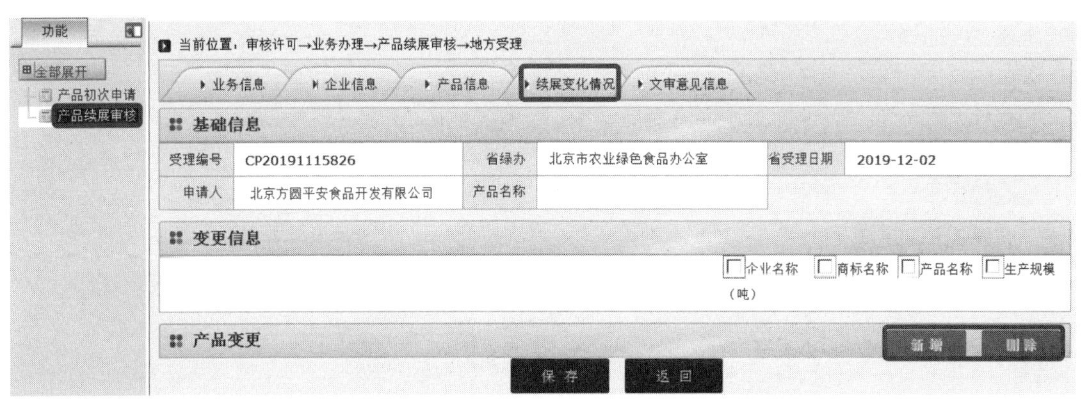

图5－26

（3）此模块只针对续展企业“企业名称、商标名称、产品名称、生产规模”四个字段的变更情况。

（4）当本业务被提交到标志处的“核定费用”环节，变更信息才会生效。

现场检查【续展审核】

访问方式：用户登录系统后，导航到“审核许可—业务办理—产品续展审核”，如图5－27所示。

图5－27

操作步骤：请参照产品初次申请——现场检查。

初审上报【续展审核】

访问方式：用户登录系统后，导航到“审核许可—业务办理—产品续展审核”，如图5－28所示。

操作步骤：请参照产品初次申请——初审上报。

图 5－28

（三）申报申请流程查询

访问方式：用户登录系统后，导航到“综合查询—业务查询”，如图 5－29 所示。

图 5－29

操作步骤：输入企业名称关键字，检索出需要跟踪的企业数据，点击“查看”按钮，如图 5－30 所示。

该查看会查询到所有企业开始申报申请到最终结束审核的流程数据。

图 5-30

（四）补充材料下载

访问方式：登录系统后，首页菜单，即可查看到需补充材料企业的区域，如图 5-31 所示。

补充材料（点击申请单位下载审查意见通知书）

序号	申请单位	产品名称	补充材料信息	通知日期
1	安徽省富邦天成食品有限公司	米粉（线），..	申请书、调查表、预包装等商标使用情况不一..	2019-11-28
2	贵州省贵福菌业发展有限公司	玉屏油茶菇（..	1.未提供食用菌种植及干制食用菌加工记录..	2019-11-28
3	平顶山市湛河区高科果蔬种植专业合作社	桃	产品预包装设计样张绿色设计不规范，商	2019-

颁证材料通知

序号	申请单位	产品名称	通知信息	通知日期
1	南京福联种植专业合作社	福联大米，金..	合同已于2019-12-02..	2019-12-02
2	泰州垄上行生态农业有限公司	麦芯小麦粉，..	合同已于2019-12-02..	2019-12-02
3	扬州荷吉镇生物技术有限公司	冰糖莲藕汁饮..	合同已于2019-12-02..	2019-12-02
4	扬州荷吉镇生物技术有限公司	冰糖莲藕汁饮..	合同已于2019-12-02..	2019-12-02

图 5-31

操作步骤：点击列表企业名称，可下载绿色食品发展中心审查意见通知书，通知书中涵盖详细的补充材料意见信息，如图 5-32 所示。

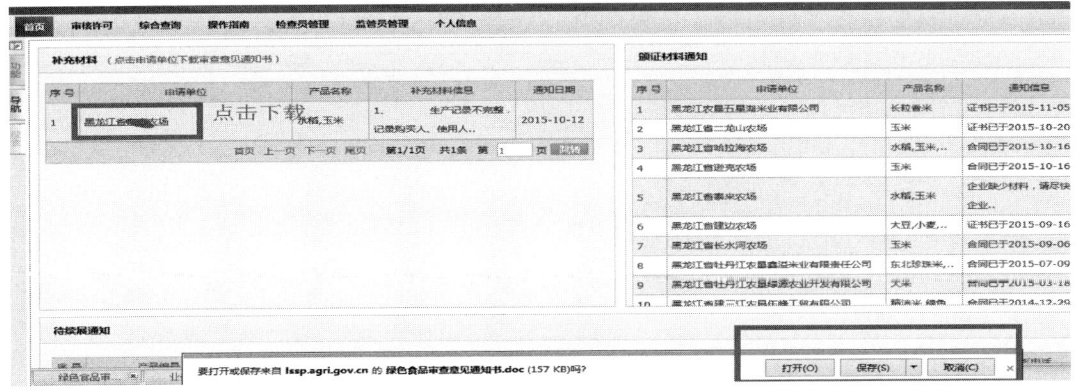

图 5-32

第三节　功能拓展

（1）根据各地现有条件，分类实现企业、绿办和中心通过线上完成材料上报和资质审核。

（2）建立绿色食品标准数据库并实现投入品使用自动审核功能。

（3）架设信息化公共服务平台，建立在线视频教程，向企业提供全程查询功能。

（4）实现全国检查员、监管员和企业内检员线上注册管理。

（5）建立绿色食品总体发展状况实时概览功能。

（6）建立系统消息通知推送功能。

（7）实现电话语音自动服务功能。

（8）建立全系统绿色食品管理机构和工作人员数据库。

第四节　服务咨询

绿色食品审核与管理系统运维人员联系方式：

电话：010－59193708

QQ 号：1785954180

QQ 群号：76586685

参考资料

《绿色食品标志管理办法》

《绿色食品产品抽样技术规范（试行）》

《绿色食品产地环境质量现状调查技术规范（试行）》

《绿色食品检查员注册管理办法（试行）》

《绿色食品续展审核规范》

《绿色食品续展认证程序（试行）》

第六章　有机食品认证管理系统

第一节　综　述

一、项目概况

（一）项目背景

信息化是当今世界发展的大趋势，是推动经济社会变革的重要力量。大力推进信息化，是覆盖我国现代化建设全局的战略举措，是贯彻落实科学发展观、全面建设小康社会、构建社会主义和谐社会和建设创新型国家的迫切需要和必然选择。实现中绿华夏有机食品认证中心有机认证业务信息化对于全面贯彻落实党的十七大、十七届三中全会和2009年中央1号文件精神，充分利用现代信息技术手段，为我国有机认证监督管理提供技术支持，加快完善国家农业领域有机食品认证创新体系具有重要意义。有机农产品认证管理系统的建设以高速互联网为基础，以开发和利用相关农业信息与知识资源为核心，以推进有机认证监督管理活动的信息化为手段，全面促进中绿华夏有机食品认证中心有机认证监管环境、认证监管手段和认证监管方法的信息化，加快中绿华夏有机食品认证中心有机认证监管事业的发展。

有机农产品认证管理系统是金农工程一期农产品和生产资料市场监管系统的重要组成部分。有机食品监管子系统在规划和需求定义阶段，就明确提出了通过系统建设，解决有机食品认证审批过程中，审批环节信息流程的脱节、信息共享的局限、业务分工不明确等问题。系统本着实现认证审批流程节本和高效的原则，将认证流程进行归类和划分，缩短了办理时间，提升了服务质量、效率，降低了办理成本，减轻了业务人员的工作负担。

通过金农一期的建设，有机农产品认证管理系统已基本实现主体业务流程和核心功能，具备上线使用条件，但国家认监委已对2005年6月发布的《有机产品认证实施规则》进行了修订，同时制定了《有机产品认证目录》，并且2012年3月1日起已实施，由于生产、加工和标识、销售标准、认证程序等业务规则的变化，原有系统的业务流程和功能已不能满足实际业务要求，需要进一步的升级、优化和完善，主要体现在以下三个方面。

（1）原有系统的部分业务办理流程与当前最新的实际业务存在一定偏差，需要进一步升级、优化。

（2）随着用户对系统的认识和要求不断提高，为满足当前工作需要，需在现有系统的基础上，对部分功能进行加强和完善，继续提高系统的易用性和扩展能力，减轻业务人员的工作压力。

（3）随着业务的快速发展和变化，对应用系统提出了更多的需求。

（二）建设目标

以充分利用有机产品监管系统现有硬件设备和软件产品为前提，以现有有机产品监管系统主要功能为基础，按照《有机产品认证实施规则》标准重新设计系统业务办理流程，搭建有机产品监管系统升级完善应用平台。

（1）通过有机产品监管系统升级完善应用平台加固系统稳定性，增强用户业务办理便捷性，重新设计提交审核业务流程及数据存储结构，扩展必要管理功能。通过完善业务流程，使系统的业务逻辑与目前实际业务相一致，将系统尽快投入使用，发挥效能。

（2）根据用户提出的功能要求，扩展现有系统功能，进一步提升有机食品认证办理效能和服务水平，减轻业务人员的工作压力。

（3）通过有机产品监管系统升级完善应用平台，将现有系统中的数据全部迁移到新系统中，实现新系统与现有系统的无缝连接。

（4）提升系统易用性和人机交互能力，改善用户界面，满足用户业务办理习惯，增强用户体验。

（三）建设内容

1. 业务流程升级改造

（1）认证流程（初次认证、再认证）

建立档案→受理申请→委派检查员→综合审核→颁证评审→制证→发证。

（2）证书管理（证书变更、证书注销、证书撤销、证书暂停、证书恢复）

受理申请→业务部部长审核→副主任审批→委员会审批→主任审核→文书制作。

2. 功能模块扩展

（1）检查员管理

学员管理、检查员管理（注册、晋升、扩大领域、年检、再注册）、高级检查员管理、见证评价人管理、检查员资质管理、检查员信息管理、证后监管（年度抽检）。

（2）销售证管理

申请销售证（财务审核、发放销售证）。

（3）财务到账管理

银行到账、合同核对、合同查询、财务地址管理、批量开票、票据邮寄。

（4）跟踪管理

认证信息跟踪、企业材料补打、材料收录。

（5）综合查询

业务查询（认证流程记录、企业信息、获证信息、认证进程信息）。

（6）数据共享

中心网站数据接口（企业信息、证书信息、获证企业列表、认证进程信息、认证进程明细、组合条件查询）。

3. 性能及易用性优化

系统界面、易用性、技术架构、存储结构、性能优化。

二、建设历程

（一）里程碑

第一阶段（2012 年 10 月至 2013 年 6 月）：

按照第一版本需求，完成了第一阶段升级完善任务，重点对初次认证和再认证流程的六大环节（受理申请、委派检查员、形式审查、综合审查、制证、发证）进行流程表单的升级以及其他流程辅助功能的扩展开发，如图 6－1 所示。

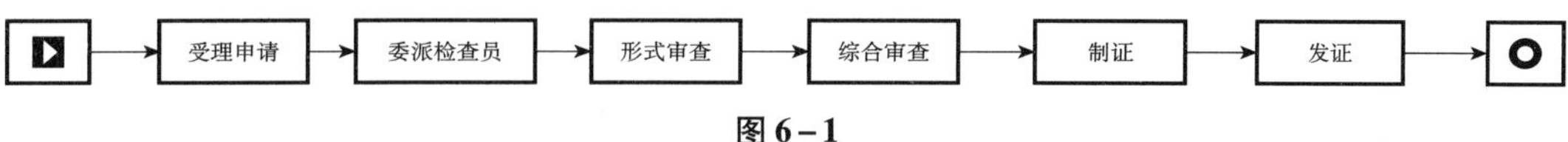

图 6－1

第二阶段（2013 年 7 月至 2014 年 7 月）：

第一阶段升级完成后，虽说认证流程的范围已涵盖现有实际业务，但每个办理环节的深度并不能满足现有业务需要，所以继续进行第二阶段升级完善，对业务流程及辅助功能进行深度开发，重点对初次认证和再认证的每个大环节进行扩展，将部门内部的业务流转过程涵盖进来，同时将认证流程涉及的财务、检查员、证后管理等相关业务相衔接。升级后流程如图 6－2 所示。

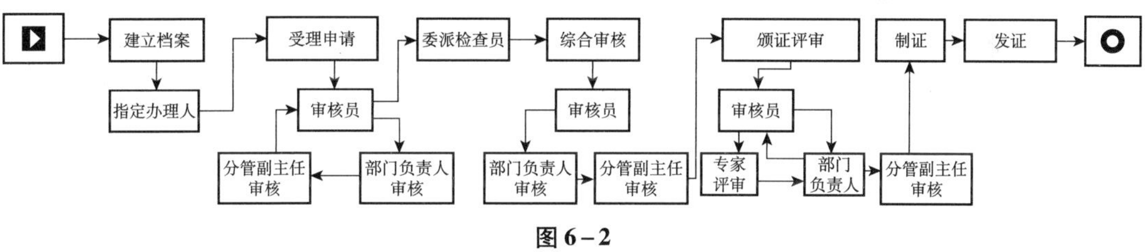

图 6－2

（二）功能版本演化

第一版本（V1.0）所实现的具体功能见表 6－1。

表 6－1　第一版本功能列表

类别	升级模块	升级功能
业务办理流程升级（完善）	业务流程	初次认证/再认证
		下发保持通知书
	证书管理	证书变更
		暂停撤销

续表

类别	升级模块	升级功能
业务办理流程升级（完善）	证书管理	过期失效
		证书恢复
	财务管理	缴费管理
		合同管理
		费用备份
	综合查询	综合业务查询
	基础信息管理	分类管理
		企业管理
		分中心管理
		检查员信息管理
		数据导出
实现阶段	**扩展模块**	**扩展功能**
业务扩展	业务流程	防伪标识订购
		申请销售证
	证书管理	新发证公告
	检查员管理	注册
		晋升高级检查员
		扩大领域
		年检
		再注册
	提醒功能	首页提醒
	财务管理	打印信笺
	综合查询	AAA 产品库查询
		产品查询
		企业查询
		证书查询
		已出证书未缴费
		保持认证监控
	统计报表	有机产品发展整体情况统计
		有机产品分类发展情况统计
		有机产品结构统计
		每年认证有机产品企业数和产品数统计
	界面美化	新版界面设计
		界面改版

第二版本（V1.1）所实现的具体功能见表6－2。

表6－2 第二版本功能列表

	第一阶段	第二阶段
初次认证/再认证		建立档案
		指定处理人
	受理申请	受理申请
		审核员一审
		部门负责人审核
		分管副主任审批
	委派检查员	委派检查员
	形式审查	综合审核
		审核员初审
		部门负责人审核
		分管副主任审批
	综合审查	颁证评审
		审核员预审
		部门负责人预审
		审核员确认
		专家评审
		部门负责人审核
		分管副主任审批
	制证	制证
	发证	发证

流程表单扩展内容见表6－3。

表6－3 流程表单扩展功能表

流程节点	功能点/角色	原有业务功能	升级后业务功能
建立档案	流程环节扩展	无	扩展建立档案环节
	待办列表	列表字段：基地地址和地区区号	修改为现有字段：分中心、基地地址
	企业信息	企业地址单独	企业地址结合部门进行地址组合
	项目信息	申请类别：有机食品、有机化妆品、有机生产材料、有机纺织品	申请类别：修改为有机食品、有机产品
受理申请	流程拆分子环节	无	拆分为三个子流程
	合同评审	申报项目复选框功能可多选	前五个功能互斥

续表

流程节点	功能点／角色	原有业务功能	升级后业务功能
受理申请	合同评审	企业补充材料信息作为系统判断依据	去掉企业补充材料
		基地地址/农户数：一个	基地地址/农户数：四个
		打印文件：《合同评审》《补充材料通知书》等四个	只保留《合同评审》《受理通知》
		不受理业务直接结束流程	对不受理业务也需要进行部长、主任的审批
	部门负责人审核	页面数据展示，基地等	现有修改成基地地址展示为四个等
		部门负责人功能栏样式以及显示数据量的修改	修改为现有的显示方式
	分管负责人	分管负责人驳回意见：无	增加分管负责人审核不通过后意见反馈
委派检查员/再次委派（两个功能模块）	流程拆分子环节	无	拆分出再次委派等三种情况的任务委派
	委派检查员	列表字段：基地地址和地区区号	修改为现有字段：分中心、基地地址
		基地地址：一个	基地地址：四个
		申报项目复选框功能可多选	前五个功能互斥
		手动填入项目涉及范围、检查类型、检查依据等数据	系统自动根据合同评审数据带入
		提交和保存	验证业务数据的准确性，如项目检查人员组长等
	标签页管理	标签页管理	所有委派检查员相关的标签页全部和前后流程统一
综合审核	流程拆分子环节	无	拆分为三个子流程
	待办列表	列表字段：基地地址和地区区号	修改为现有字段：分中心、基地地址
	标签页管理	标签页管理	规范所有标签页
	商品标签页	商品添加	增加验证和对标签名称以及维护数据的导入
		参照标准、认证状态数据手动填入	系统自动根据合同评审数据带入
		基地地址：一个	基地地址：四个
		综合审核意见清单，向企业发送审核意见，没有回收意见	增加、删除、关闭综合审核意见清单，以及改为需要全部项目提交后才能进行统一的提交操作
	部门审核	部长提交	

续表

<table>
<tr><th>流程节点</th><th>功能点/角色</th><th>原有业务功能</th><th>升级后业务功能</th></tr>
<tr><td rowspan="9">颁证评审</td><td>流程拆分子环节</td><td>无</td><td>拆分为四个子流程</td></tr>
<tr><td>待办列表</td><td>列表字段：基地地址和地区区号</td><td>修改为现有字段：分中心、基地地址</td></tr>
<tr><td>标签页管理</td><td>标签页管理</td><td>规范所有标签页</td></tr>
<tr><td rowspan="2">业务人员</td><td rowspan="2">一次提交</td><td>一次提交（所有提交环节交叉进行）</td></tr>
<tr><td>二次提交（所有提交环节交叉进行）</td></tr>
<tr><td rowspan="2">部长</td><td rowspan="2">一次审核、一次提交</td><td>一次审核/多次回退、一次提交/多次回退（所有环节交叉进行）</td></tr>
<tr><td>二次审核/多次回退、二次提交/多次回退（所有环节交叉进行）</td></tr>
<tr><td>专家</td><td>新增</td><td>专家意见审核、关闭（所有环节交叉进行）</td></tr>
<tr><td>主任</td><td>审核、退回、提交</td><td>增加审核验证、退回意见</td></tr>
<tr><td rowspan="5">制证</td><td>待办列表</td><td>列表字段：基地地址和地区区号</td><td>修改为现有字段：分中心、基地地址</td></tr>
<tr><td>标签页管理</td><td>标签页管理</td><td>规范所有标签页</td></tr>
<tr><td rowspan="3">制证</td><td>基地地址：一个</td><td>基地地址：四个</td></tr>
<tr><td>页面数据展示控制</td><td>现有系统自带数据同意不能修改，规范显示字段，验证数据格式（证书号等）</td></tr>
<tr><td>提交保存功能</td><td>对标签页进行页面控制，确保数据的完整性</td></tr>
<tr><td rowspan="4">发证</td><td>待办列表</td><td>列表字段：基地地址和地区区号</td><td>修改为现有字段：分中心、基地地址</td></tr>
<tr><td rowspan="3">标签页管理</td><td>标签页管理</td><td>规范所有标签页</td></tr>
<tr><td>是否缴费验证</td><td>核对缴费状态（对系统自动和手动核对的财务数据进行对比）</td></tr>
<tr><td>提交按钮</td><td>财务核对（自动和手动），缴费状态的判断，进行数据验证</td></tr>
<tr><td>再次受理申请</td><td>再次受理申请</td><td>数据结构处理</td><td>对初次的发证数据进行后台数据转移、处理、展示等</td></tr>
<tr><td>打印材料</td><td>打印</td><td colspan="2">所有打印材料变动频率比较频繁，核对一次工作量相对比较大，包括所有环节节点的所有打印材料</td></tr>
<tr><td>首页数据统计页面</td><td>页面展示</td><td>初始化首页统计名称</td><td>按权限角色分别统计当前任务的笔数和所赋予的节点权限查看权</td></tr>
</table>

（三）系统功能提升过程

1. 业务功能提升

（1）受理申请环节费用及减免费用核算、往年费用比对（证书、认证、管理、审核、材料管理等）。

（2）委派检查员环节多任务、多次委派，见证评价人及实习检查员委派，检查员信息灵活筛选。

（3）综合审核环节认证材料、企业补充材料、检查材料的审核与跟踪，申报产品类型自动匹配，产品信息录入。

（4）颁证评审环节认证材料的复审、专家会审。

2. 支撑平台提升

（1）具有灵活可配置的信息处理机制

可根据已确定的信息需求，对信息进行灵活的采集、加工与管理，并通过程序为管理人员提供所需信息。

（2）具有统一规划的数据库

对企业生产数据、认证过程数据、销售数据、检查员数据、专家数据等基础数据进行统一规划、统一管理、统一调用、统一维护，保证基础数据的唯一性。

（3）具有程序化的业务办理工作流程

各部门都有相应的作业流程及作业规范，统一的、固定内容、周期、格式的报表文件，逐步完善化和代码化数据资料。

（四）试运行过程

系统于2014年7月30日启动上线试运行。试运行期间，通过培训反馈表、QQ、微信等手段，广泛收集各部门用户意见建议，不断修改完善和功能调优。

第二节　操作指南

一、服务对象

（1）中绿华夏有机食品认证中心各业务部门，包括综合部（财务）、认证部、境外和大项目部、颁证部、管理部。

（2）有机食品申报企业1 000家。

（3）各级分中心5 984家。

（4）检查员178位。

二、业务流程

(1) 初次（再次）认证业务流程（图 6 – 3）

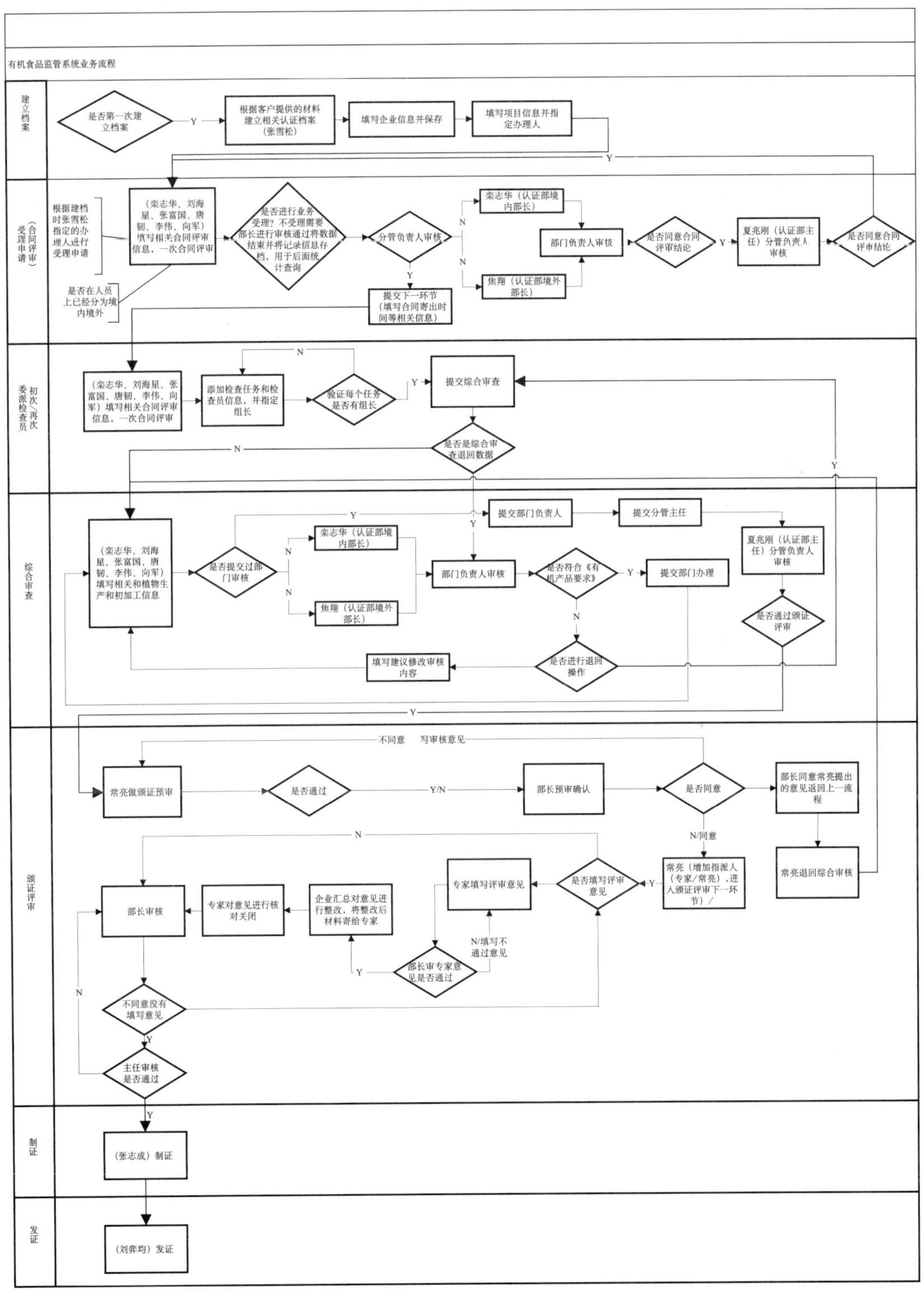

图 6 – 3

（2）颁证评审业务流程（图6-4）

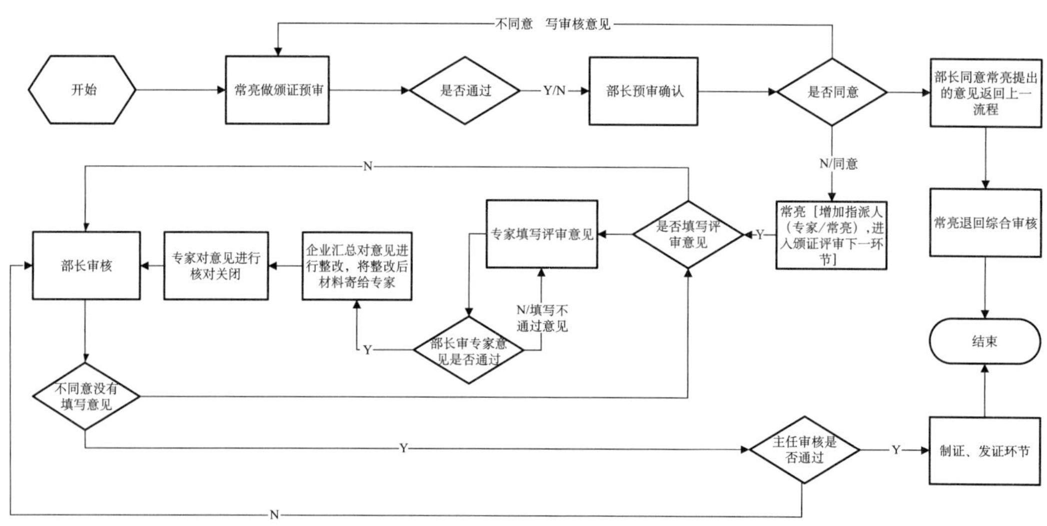

图6-4

（3）证书管理审核业务流程（图6-5）

受理申请→部长审核→副主任审批→委员会审批→主任审核→文书制作

图6-5

（4）检查员资质管理审核业务流程（图6-6）

填写检查员状态变更申请 → 部长审批 → 分管主任审批

图6-6

（5）证书申报业务流程（图6-7）

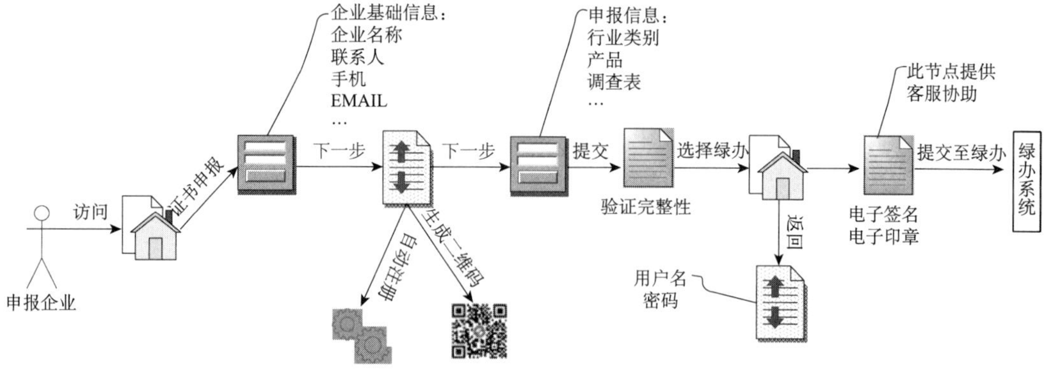

图6-7

（6）绿办受理业务流程（图6－8）

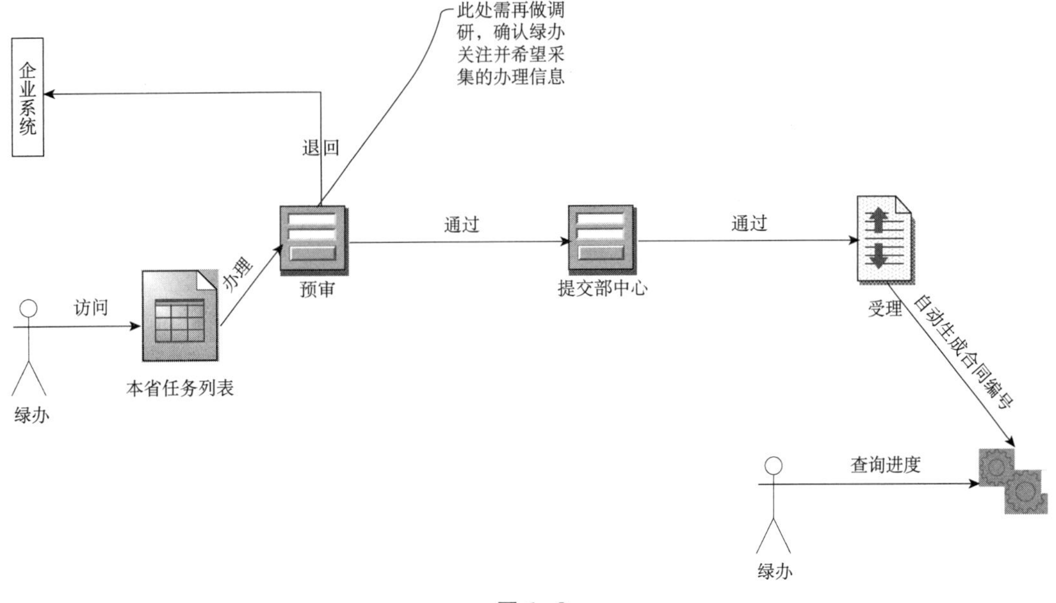

图6－8

三、功能描述

（一）认证申请受理

1. 认证合同评审

认证合同评审是指中心对分中心预审通过后的企业进行是否可以接受有机认证项目的过程。中心在接收到认证企业的相关材料（包括分中心预审的结论）之后，对认证企业进行合同评审。合同评审的范围涉及认证企业的基本情况、认证项目分析情况、建议的现场检查情况、审核结论。根据合同评审的结论，出具受理通知书或不受理通知书。参照中心制定的《CX01－04 有机产品认证合同评审报告 v7.0.doc》。如图6－9所示。

图6－9

2. 认证受理

认证受理是指中心对分中心预审通过后的企业进行受理的过程。中心根据合同评审的结论，出具受理通知书或不受理通知书。受理通知书会跟随认证合同一起推送通知提醒给管辖分中心和认证企业。不受理通知书只会告知认证企业因为相关原因不能接受申请。关于认证合同评审报告、受理/不受理通知书参照中心制定的《CX01－04有机产品认证合同评审报告 v7. 0. doc》《CX01－05 受理通知书 v6. 1. doc》《CX01－06不受理通知书 v6. 0. doc》。如图 6－10 所示。

图 6－10

3. 认证合同

认证合同是指认证合同评审完之后，确定与认证企业签订认证项目合同的行为。系统提供列表数据展示和操作功能供中心对认证合同进行管理。包括建立合同、修改合同、签订合同等功能。合同数据列表上展示合同对象、合同编号、行业范围、企业地址、合同金额等关键要素。合同的详细内容见中心制定的《GL04 有机产品认证合同 v7. 0. doc》。

中心关于认证项目受理的业务流程为：审核员进行合同评审→提交部门负责人审核→分管副主任审核。

（二）费用减免审核

费用减免审核是指认证企业符合相关费用减免规定，提出费用减免申请，中心在接收到申请之后对有机认证企业进行费用减少审核的过程。系统提供功能审核费用减免申请，填写费用减免条件，系统根据配置好的费用减免规则，在认证合同费用上自动减免相关费用。机构现行的费用减免类型如下：

国家级贫困县、发生过重大自然灾害、认证满 5 年、认证满 10 年、认证满 15 年、认证满 20 年及 20 年以上、多项目减免、自用饲料或配料、其他，需要项目负责人处理意见、业务部部长审核意见、主任审核意见及相关日期。减免规则和适合对象参照《有机产品认证费减免规定 . docx》，程序要动态适应减免规则和对象的调整。如图 6－11 所示。

审核员对认证费用减免通过之后，同时发送通知提醒给中心财务人员、分中心管理人员、认证企业。通知的内容包括符合的减免条件、减免费用金额等。具体内容参照中心制定的《有机产品认证费用减免规定 . docx》。

系统提供功能：对已通过认证受理且满足费用减免条件、但未提交费用减免申请

业务查询

企业名称：　合同号：　申报产品：
申请日期：　至　申请人：　所在环节：

业务数据　申请减免

序号	企业名称	合同号	申报产品	申请状态	申请人	申请日期	所在环节	办理	查看	删除
1	射洪县峻原农业有限责任公司	COFCC-BCRZ-J-16-0754	脐橙	未提交	张志成	2016-10-31	结束	不可办理	查看	不可删除
2	南充市凤鸣绿色食品有限责任公司	COFCC-BCRZ-J-19-0926	橙子、甘薯	未提交	张志成	2019-08-30	委派检查员	办理	查看	不可删除
3	治多县治渠乡同卡村生态畜牧业经济合作社	COFCC-BCRZ-J-19-1028	牛、羊	未提交	张志成	2019-09-30	综合审核	办理	查看	不可删除
4	青海省大通种牛场	COFCC-BCRZ-J-19-0543	牛羊肉	未提交	张志成	2019-06-18	综合审核	办理	查看	不可删除
5	江西省友和食品有限责任公司	COFCC-BCRZ-J-19-0456	大米、稻谷	未提交	张志成	2019-05-30	结束	不可办理	查看	不可删除
6	广东广垦热带农业公司有限公司	COFCC-BCRZ-J-16-0600	番石榴、火龙果	审核通过	张志成	2016-08-22	结束	不可办理	查看	不可删除
7	连山壮族瑶族自治县民族食品有限公司	COFCC-BCRZ-J-16-0694	大米	审核通过	张志成	2016-08-22	结束	不可办理	查看	不可删除
8	绵阳元泰生态农业有限责任公司	COFCC-BCRZ-J-16-0791	桃、枇杷、梨	审核通过	张志成	2016-10-09	结束	不可办理	查看	不可删除
9	甘肃省利康营养食品有限责任公司	COFCC-BCRZ-J-16-0868	菊芋粉	审核通过	张志成	2016-11-17	结束	不可办理	查看	不可删除
10	甘肃安多清真绿色食品有限公司	COFCC-BCRZ-J-16-0711	牛肉、羊肉制品	审核通过	张志成	2016-11-15	结束	不可办理	查看	不可删除

第一页　上一页　下一页　最后页　第1页/共27页　共267条　转到第 1 页

图 6－11

的有机认证企业自动推送相关的费用减免通知。通知的内容应该包括认证企业名称、满足的费用减免条件、可减免的费用金额、截止的费用申请减免时间、费用减免规则文件。使得认证企业及时知晓费用减免的规则和时限。

当前中心的费用减免流程：认证企业发起费用减免申请→审核员审核→部门负责人审核→分管副主任审核→财务审核。

（三）检查员委派

检查员委派是指认证企业已经通过中心受理，项目管理员根据认证企业的具体情况做好现场检查计划，对现场检查做出委派检查员的过程。系统提供需要委派检查员的认证项目的清单列表，对可以进行现场检查的检查员列出供审核员选择。如图 6－12 所示。

查询检查员

检查员姓名：　中绿证书号：　检查员资质：实习检查员　分中心：内蒙古
检查员专业：□作物　□野生采集　□食用菌　□畜禽养殖　□水产养殖　□加工　见证评价人员：□是见证评价人　查询

全选	检查员	分中心	作物	食用菌	野生采集	畜禽养殖	蜜蜂养殖	水产养殖	加工	专职	见证检查员	资质	设置职位	任职范围
□	朴庆国	内蒙古										实习检查员	组员	
□	崔志刚	内蒙古										实习检查员	组员	
□	樊三龙	内蒙古										实习检查员	组员	
□	李水霞	内蒙古										实习检查员	组员	
□	李跃	内蒙古										实习检查员	组员	

第一页　上一页　下一页　最后页　转到第 1 页　确定　第1页/共7页　共32条

委派　返回

图 6－12

可以进行现场检查的检查员条件应满足：

➢ 现场检查时间段没有额外的检查任务；

➢ 资质要符合派遣的条件（高级、检查员、见习检查员）；

➢ 行业规范要符合认证企业的认证项目（如要有植物生产行业许可）。

对不满足条件的检查员要有状态和信息提示不能选择，比如当前时间段正在进行现场检查、不满足委派资质条件、行业不符合。以全面的信息供审核员进行选取。委派完任务之前发送相关的提醒给指定的检查人员。提醒检查人员进行任务领取和做好现场检场的准备。

在检查任务被领取之前，审核员可以随时修改委派信息并同时发送通知提醒给相关用户。

当前 COFCC 的检查员委派流程为：

项目管理员→选择检查员→检查员领取检查任务→现场检查

项目管理员→选择检查员→检查员拒绝任务→再次委派给其他检查员→…→现场检查

系统需记录项目管理员的委派痕迹供查询。记录委派时间、委派人、检查员、是否领取任务、拒绝原因、领取时间、拒绝时间。对于委派过程中的争议及处理结果请参照中心制定的关于认证检查员的相关管理办法。

（四）综合审核

综合审核是指认证企业已经完成现场检查，提供了完整的申请材料，检查员已经提供完整的现场检查材料，中心对认证企业的资料综合审核的过程。系统提供资料查询功能和审核操作功能。对认证企业进行综合审核。审核完毕以后按行业出具《有机产品认证综合审核报告》和《综合审核意见通知》。如图 6－13 所示。

4、	提供土壤监测报告。		□关闭
5、	有机产品生产、加工规划出现了凌云县的信息。		□关闭
6、	质量管理手册的问题：1、管理组织机构图中各部门与相关岗位的责任和权限未一一对应；2、可追溯体系规程、文件和记录管理规程、内部检查规程、客户投诉的处理规程编制太简		□关闭
7、	生产操作规程的问题：1、有机茶栽培技术规程中2.1.7标准有误；2、植物产品收获规程及收获后运输、临时保管规程未提供；3、封面版本有误，发布日期调整到和管理手册日期一		□关闭
8、	提供羊粪、榴麸购买单据；提供羊粪沤制记录；提供榴麸未经禁用物质处理证明。提供黄板、太阳能杀虫灯的说明书；		□关闭
9、	提供2019年8月到现在的农事记录。		□关闭
序号	检查员补充材料意见	补充材料关闭情况	
1、	检查计划书中基地地址有误，未写村名。检查日程安排有误，本项目不涉及加工。		□关闭
2、	提供检查记录报告照片word版本。		□关闭
3、	有机开始时间待确认。		□关闭
4、			□关闭
5、			□关闭
6、			□关闭
7、			□关闭
8、			□关闭
9、			□关闭
打印文件：	《有机产品认证综合审核报告》（植物生产和加工）《综合审核意见通知书》（检查员）《综合审核意见通知书》（企业）		
寄发时间	2019-11-26		

提交部门负责人　保存　退回　返回

图 6－13

具体内容参照中心制定以下文档：

《CX01－16 综合审核意见通知书 v6. 1. doc》

《CX01－17 认证流程终止通知书 v6. doc》

《01 有机产品认证综合审核报告——植物生产和加工 v7. 0. docx》

《02 有机产品认证综合审核报告——野生植物采集和加工 v7. 0. docx》

《03 有机产品认证综合审核报告——食用菌栽培和加工 v7. 0. docx》

《04 有机产品认证综合审核报告——畜禽养殖和加工 v7. 0. docx》

《05 有机产品认证综合审核报告——水产养殖和加工 v7. 0. docx》

《07 有机产品认证综合审核报告——有机产品加工 v7. 0. docx》

系统需要对文档中的内容具体表单化，提炼关键信息供展示。审核员完成综合评审之后，系统需自动发送相关信息将综合评审意见通知书和综合审核报告发送给所管辖的分中心和认证企业。列出认证企业需要的相关补充材料。记录审核员综合评审的痕迹。内容为操作人员、操作时间、操作动作。

当前中心的综合评审流程为：审核员收集所有材料进行综合评审→部门负责人进行审核→分管副主任进行审核。

系统需记录综合审核的任意环节的操作过程供用户查看。认证项目生命周期图要记录该环节。

（五）颁证评审

颁证评审是指对认证企业的认证项目在通过了综合评审之后组织专家进行最后终审的过程。系统提供需要颁证评审的认证项目列表，选取认证项目对应的各行业里面权威的专家进行评审。专家的选取来自系统提供的认证专家库里面的成员。如图 6－14 所示。

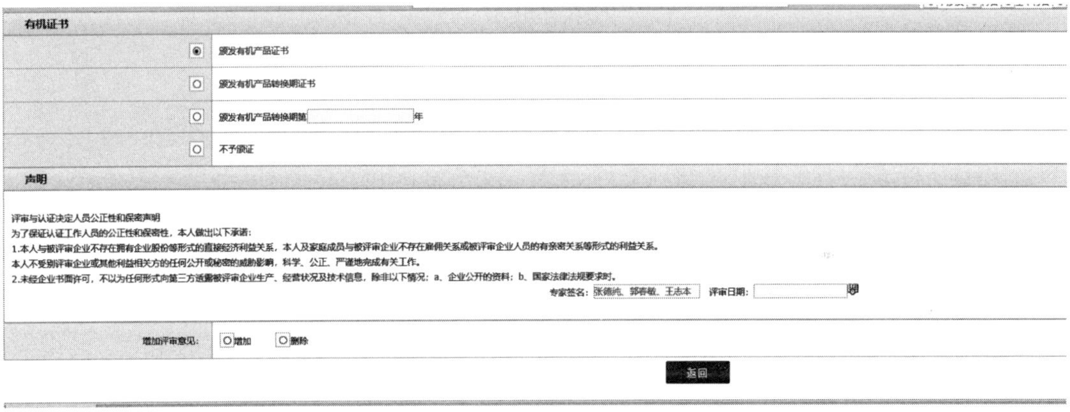

图 6－14

专家对认证项目进行评审之后填报评审结果，出具以下文档：

《CX01－27 颁证评审意见通知书 v6. doc》

《CX01－18 有机产品认证颁证报告 v7. doc》

《CX01－19 颁证决定 v6. doc》

《CX01－26 拒绝颁证通知书 v6. doc》

系统需要以上文档进行在线表单化。在填写好报告之后发送通知给项目管理人员、分中心管理人员、认证企业、证书制作人员。提供完整的数据痕迹记录。

系统需要支持整体拒绝颁证和单一认证拒绝颁证。

整体拒绝是指认证企业申请多个行业，本次认证项目涉及多个认证证书，整体不符合要求，拒绝颁证。拒绝通知书格式需支持。

单一认证拒绝是指认证企业申请的多个行业中，其中一部分不符合要求，拒绝其颁证。拒绝通知书格式需支持。

当前中心的颁证评审的流程为：审核收集所有认证企业项目资料→组织专家进行评审→部门负责人审核→分管副主任审核→进行制证环节。

（六）证书管理

1. 认证证书制作

认证证书制作是指对通过了颁证评审的认证企业项目进行证书制作的过程。认证证书制作要满足以下两个条件：颁证评审已通过、财务款项已确认。如图 6－15 所示。

图 6－15

系统需提供待制作证书的认证项目列表和操作功能。在制证功能上面，系统提供套打格式，打印证书的数据来自认证项目申请通过的产品、企业信息等。提供打印多张证书的功能。关于认证证书的样本参照中心制定的《有机产品认证证书》样本。

制作完成证书后需发送提醒给以下人员：项目管理员、分中心管理员、认证企业、负责该项目的认证检查员、财务人员。

同时需记录完整的数据痕迹。包括操作人、操作时间、操作动作，认证项目生命周期图必须包含此环节。

2. 认证证书颁发

认证证书颁发是指认证证书制作完成之后进行公示、邮寄等一系列的过程。系统提供待颁发的认证证书的数据列表和操作功能。并增加证书邮寄相关信息的填写。邮寄信息包括快递公司、快递单号、下单时间。与快递公司进行接口互通，实时查询快递单业务情况。系统需记录完整的数据痕迹。包括操作人、操作时间、操作动作，认证项目生命周期图必须包括此环节。

3. 项目归档

项目归档是指对已完成或者已确认放弃的项目进行电子归档，项目被归档之后，所有的认证项目数据将被锁定，不允许修改。确认修改需得到档案管理员的同意并解锁才能进行数据修正，对数据进行修改必须提供修改人、修改时间、修改数据项、修改原因等信息。

系统提供认证项目状态【归档】，并提供归档功能，以锁定。同时提供【解锁】，对认证项目进行解除锁定。纳入认证项目生命周期图。

（七）财务管理

1. 财务基础信息

财务基础信息是指中心的财务相关的基本信息录入和管理。包括管理人员、开户账号信息、在线支付接口信息（微信对公支付号、支付宝对公账号）。财务人员负责维护此类信息并公开该信息给分中心、认证企业、销售证申请企业、标志订购企业、检查员、有机展会等跟中心有财务业务往来的所有客户。

系统需记录财务基础信息变更的所有数据项。包括操作人、操作时间、更新前和更新后的内容。

2. 在线财务确认

在线财务确认是指对来自认证项目合同费用、销售证费用、检查员培训费用、标志订购等上传的合同附件进行确认。系统按费用类别、按区域、按时间提供数据列表和功能供财务人员进行财务确认。系统必须完整地记录财务确认过程处理的数据痕迹并加入到认证项目生命周期图中。任何一项财务费用的确认，系统必须提供相关的通知提醒功能发送给对应的往来业务的用户。

3. 发票管理

发票管理是指对认证企业提出的发票申请进行审核、开具、邮寄、查询等一系列功能的统称。具体为：

➢ 审核：系统提供功能展示认证企业提出的发票申请。财务人员对发票申请做出审核，同时将审核结果发送给发票申请用户。若拒绝则需要填写原因。

➢ 开具：系统提供功能对符合申请的发票进行开具，填写开具原因、开具金额、开具时间等发票信息。详细内容见中心的财务发票管理规定。

➢ 邮寄：填写发票邮寄信息，快递公司、快递单号等信息。与快递公司进行接口互通，实时查询快递单业务情况。

系统对发票的审核、开具、邮寄等信息进行数据痕迹保存。

提供查询模块进行发票查询，按时间段 、审核状态、发票开具状态、发票邮寄状态、开票对象、开票金额等各个条件进行发票数据的查询和统计。

4. 财务费用查询

系统提供查询模块，提供按年度、月度、时间段、费用类别、费用状态、企业、分中心等条件查询各种费用情况。要求展示口径统一、数据完整无误、展示完整。

当前 COFCC 跟业务相关的费用类型如下。

➢ 认证企业项目合同费用；

➢ 认证证书制作费用；

➢ 销售证证书费用；

- 检查员培训费用；
- 检查员年检、扩项、转出、升高级费用；
- 有机展参展费用；
- 有机标志订购费用；
- 费用减免类。

（八）销售证管理

如图6－16所示。

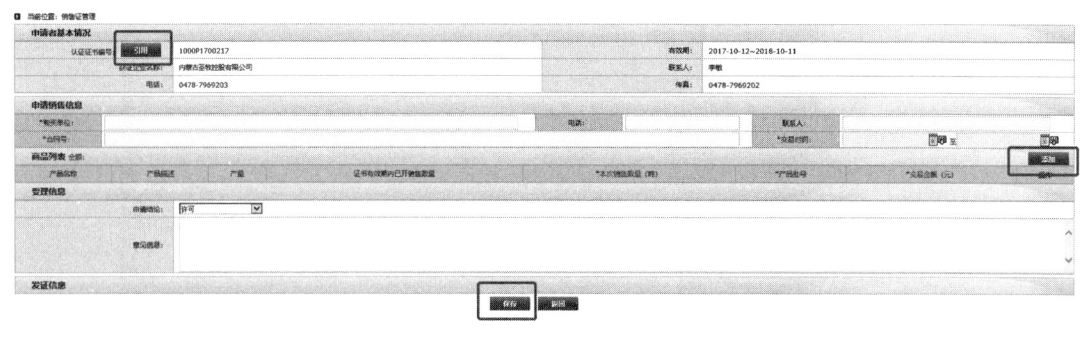

图6－16

1. 销售证审核

销售证审核是指中心对认证企业提出的销售证申请进行审核。系统提供功能供审核员进行材料审核操作。同时将审核结果发送提醒给分中心、申请企业。

2. 销售证制作

系统提供功能对已通过审核的销售证证书进行打印。采用套打模式，销售证证书模板参照中心的《有机认证产品销售证》。系统记录销售证制作的数据痕迹。

3. 销售证邮寄

系统提供功能对已制作好的销售证进行邮寄数据填写。填写邮寄信息，快递公司、快递单号等信息。与快递公司进行接口互通，实时查询快递单业务情况。

4. 销售证查询统计

系统提供功能：按时间段、销售证状态、认证证书、费用金额、企业名称等各种条件进行销售证数据查询。

当前中心销售证的处理流程为：认证企业申请销售证→中心审核员进行审核→企业缴纳费用→财务人员确认→制作销售证证书→颁证部部长审核→分管副主任审批→主任签发→邮寄证书→填写发放登记表→扫描和存档

（九）证后管理

如图6－17所示。

1. 证书变更

系统提供功能：接收来自认证企业的证书变更申请，对基本信息进行审核之后，

图 6-17

决定是否受理该认证证书变更申请。填写《CX01-28 证书变更受理通知书 v7.0.doc》，并发送相关的通知提醒给分中心和企业。系统需记录完整的数据痕迹。加入有机认证项目生命周期图中。

2. 证书变更审核

系统提供功能：对受理的认证证书进行审核并给出审批结果，同时通知企业。

证书变更的范围：批准、拒绝、保持、扩大、缩小、变更、暂停、恢复、注销

当前机构的流程：

➢ 企业提出变更要求→中心初审→中心受理/不受理→进行审核→部门负责人审核→分管副主任审核→主任审核

➢ 中心提出的证书监管→进行审核→部门负责人审核→分管副主任审核→主任审核

（十）检查员管理

如图 6-18 所示。

检查员信息

全选	序号	名称	中绿证书号	国家证书编号	分中心	作物	野生采集	食用菌	畜禽养殖	蜜蜂养殖	水产养殖	加工	专业	学历	有效期	是否专职
☑	1	李平	COFCC-JCY-15562	2015-P1OP-1205664	江西	√	×	×	×	×	√	√	动物营养与饲料科学	硕士	2018-05-20	否
☐	2	王军	COFCC-JCY-04110	2016-P1OP-4029491	内蒙古	√	√	×	√	×	×	×	农学	本科	2019-12-17	是
☐	3	曾海山	COFCC-JCY-07409	2016-P1OP-4056920	四川	√	√	×	×	×	√	√	食品卫生	本科	2019-12-17	是
☐	4	闫志农	COFCC-JCY-07408	2016-P1OP-4092180	四川	√	√	×	√	×	×	√	食品科学	硕士	2019-12-17	是
☐	5	李德红	COFCC-JCY-04091	2016-P1OP-4031691	辽宁	√	√	×	√	×	√	√	食品工程	硕士	2019-12-17	是
☐	6	多杰	COFCC-JCY-16612	2016-P1OP-1221541	青海	×	×	×	√	×	×	√	生物科学	本科	2019-12-22	是
☐	7	李晨	COFCC-JCY-16610	2016-P1OP-1221460	宁夏	√	√	×	×	×	×	√	农学	本科	2019-12-22	是
☐	8	郭鹏	COFCC-JCY-16609	2016-P1OP-1216674	宁夏	√	√	×	×	×	×	√	农学	本科	2019-12-22	是
☐	9	龙俊敏	COFCC-JCY-11490	2016-P1OP-3067098	江西	√	√	×	×	×	×	√	生物工程	本科	2020-01-17	是
☐	10	田洁	COFCC-JCY-11487	2016-P1OP-3065485	江西	×	×	×	×	×	×	√	畜牧	本科	2020-01-17	是

第一页 上一页 下一页 最后页 第1页/共21页 共210条 转到第 1 页

图 6-18

1. 检查员信息管理

（1）检查员资质，（增加“培训教师、见证评价人员”）只能跟高级组合。

（2）检查员专业分类改为：作物、食用菌、野生采集、畜禽、蜜蜂、水产、加工。

（3）民族、固定电话、传真、电子邮件、地址、邮编、备注（非必填）。

（4）增加字段、有效期限（日期/时间）、半年前（首页）给出到期提醒。

（5）增加字段、公告文件、文本框。

2. 检查员注册

（1）文件要求（勾选）。

（2）面试结果：注册公告号（需保留历史）、国家证书号（改为国家注册号）、批准日期、检查员专业范围。

（3）专业能力评价表（按钮），点击弹出新页面。显示内容（相关专业、非相关专业）根据“检查员专业范围”条件判断。补充信息：培训证书号、专业工作经历、实习检查经历、见证评价。

3. 晋升高级检查员

参考注册功能。

差异：不需要面试。

4. 扩大领域

参考注册功能。

差异：面试结果，注册公告号可再增加，无批准日期。

5. 年检

参考注册功能。

6. 再注册

参考注册功能。

（十一）检查员评价体系

检查员评价体系是指综合各方面对认证检查员在认证检查过程中的一系列评价方法。

1. 评价项目管理

对评价项进行维护和管理，评价项会体现在认证企业对认证检查员的评价表中。具体内容参照《CX11-09 有机产品认证检查员现场检查评价表 v6.0.doc》。该表的信息是动态可配置的，系统需提供配置功能进行灵活增加或者删减项。

系统提供分中心或中心对认证检查员在认证项目的评价项管理和维护。原理跟认证企业评价认证检查员一致。评价项具体内容参照中心制定的管理规章制度。

2. 认证项目检查员评价

根据系统管理的评价项对认证检查员在认证项目中的表现进行评价，评分规则参照中心制定的管理规章制度。系统自动统计总分。

3. 见证检查员评价

见证检查员评价是指见证检查员（具备丰富技能、丰富经验的检查员）对实习检查员在认证项目检查过程的表现做出的评价。一般一个检查项组内有一个见证检查员和一个实习检查员。系统提供功能供见证检查员对认证项目过程中的见习检查员进行评价，评价内容和规则需要在评价项目管理中制定。具体见中心的见证检查员评价管理办法。

检查员的评分应该综合认证企业在现场检查过程中对认证检查员表现的整体评价，中心项目管理员对认证检查员在认证项目中的总体评价（例如：专业程度、响应速度、材料准备准确性和及时性等多个维度）。形成该认证检查员在本次认证项目中的总评。作为年度考核认证检查员的数据依据。

第三节　功能拓展

有机食品认证业务工作链条的本质是信息链条，一期项目的建设，主要就是为解决信息不通畅、不对称、不及时、不完备、效率低的问题。一期系统的建设实现了证书申报、证书打印、检查员管理、财务管理、销售证管理、通知管理、综合查询、统计分析、日志管理等核心功能，内容涵盖受理、审核、发证、证后管理等多项业务工作。

扩展项目将针对申报企业、省级以下各级绿办和有机农产品定点检测机构进行规划设计，重点实现企业在线申报，地级、县级绿办功能延伸，证后监管及与外界平台的数据交互，拓展检测机构、专家及检查员业务的在线办理，扩展信息载体多元化应用模式，如手机短信自动推送平台、电子邮件推送等，实现整体业务数据的电子化、自动化处理，支撑中心乃至全国各级绿办之间的信息交互和协同办公，从而提高中心内部信息化管理水平，拓宽面向下级单位的信息沟通渠道，加强各级工作机构的履职能力、监管手段和服务水平。

主要拓展目标如下：

在进一步完善有机农产品认证管理系统 V1.0 的基础上，重点建设“五个平台”（企业在线申报平台、分中心在线审核平台、检查员在线工作平台、大数据决策分析平台、移动 App 综合应用平台），升级改造 V1.0，进一步提高有机认证效率，规范工作流程，增强企业服务能力，提升内部管理水平，推动农业系统有机认证工作的“高效、规范、服务、管控”科学发展。

第四节　服务咨询

电话：010－59193730

技术服务 QQ：734955311

第七章　农产品地理标志管理系统

第一节　综　述

一、项目概况

（一）建设背景

金农工程一期项目是依托国家电子政务外网和现有资源，大力促进农业信息资源的整合、共享和开发利用，加快推动农业决策、监管和服务的信息化，进一步增强政府对农业生产指导、资源配备、市场监管和社会服务的能力，为扎实推进新农村建设奠定基础。金农工程一期（农业部本级）项目应用系统主要包括三大应用系统和一个门户网站，其中三大应用系统为农业监测预警系统、农产品与生产资料市场监管信息系统、农村市场与科技信息服务系统，一个门户网站为国家农业综合门户网站。各应用系统之间采用松耦合的方式连接，依托国家农业数据中心、农业科技数据分中心和国家粮食流通数据中心，通过应用支撑平台分别建设、统一整合。

农产品地理标志是我国提出的特色农产品标志，其主要特点是必须具有悠久历史和地域性特色，因此并不关注其数量和规模，而是注重其精品化发展。农产品地理标志管理子系统是农产品和生产资料市场监管系统的其中之一，随着金农工程一期的建成而投入使用，服务于中国绿色食品发展中心地标处，实现了农产品地理标志登记保护业务的在线办理与审核。

（二）建设目标

（1）逐步实现产品登记流程、标志使用人、检测机构、工作机构、核查员、评审专家等信息的电子化全过程管理，大大提高办公效率，提升政府对企业的服务质量。

（2）实现流程节点可追踪，办理情况可查询，各级用户在系统中都能实时了解业务办理的进度和结果。

（3）通过更加深入且贴合实际的需求调研，使业务处理流程更加符合实际业务要求。

二、建设历程

（一）里程碑

2014 年 2 月由中软国际项目组团队承担建设农产品地理标志管理系统，历时 8 个月，项目于2014年10月正式交付投入使用。

2017年5月根据农产品地理标志实际业务需要启动升级项目，于2017年11月升级项目完成验收投入使用。

（二）功能版本演化

2014年2月启动农产品地理标志管理系统的建设，直到2017年11月完成升级项目验收，标志着农产品地理标志管理系统进入1.0时代。

2017年5月国务院发布了《政务信息系统整合共享实施方案》，农业农村部开始对农业内部信息系统进行整合，绿色食品发展中心停止当前信息系统建设，全力配合整合工作，标志着农产品地理标志管理系统跳过整体规划的2.0时代，直接进入系统整合的3.0时代。

（三）系统功能提升过程

2014年，建立农产品地理标志登记保护申请模型、标志使用人备案模型、核查员认证模型，实现省级、部级的农产品在线上报与审核和数据查询服务。构建了全国农产品地理标志登记保护信息库、标志使用人备案库、核查员信息库以及全国资源普查信息库等，规范了数据完整性、准确性和有效性。

2017年，对照新的登记申请书，修改了登记保护申请模块（受理录入、材料初审、现场核查、形式审查、专家评审及确认、公示、公告）六个环节的信息录入、审核功能，以及全国农产品地理标志分布地图。将现有1 800个质量技术范围文件以附件形式与产品信息进行了绑定更新。新增产品声明信息、产品品质对比等功能。

第二节　操作指南

一、服务对象

中国绿色食品发展中心、省级工作机构。

二、业务流程

登记申请流程如图7－1所示。

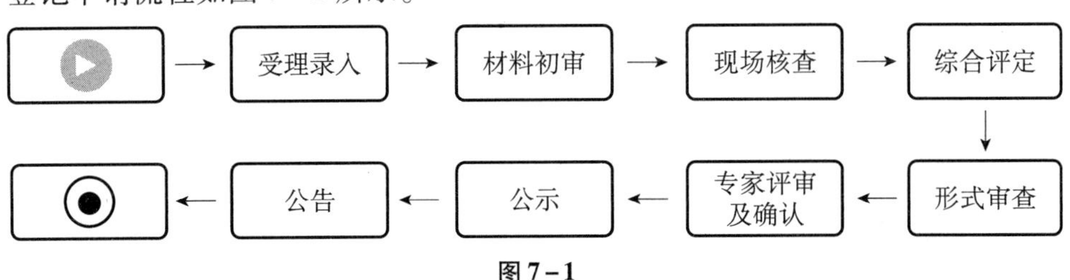

图7－1

三、功能描述

（一）登记申请

登记申请子模块主要完成地理标志登记的审批业务，地理标志登记的审批流程包括8个环节，分别是：受理录入、材料初审、现场核查、综合评定、形式审查、专家评审及确认、公示和公告。前4个环节由省级工作机构人员完成，后4个环节由部级工作人员完成。

点击【登记申请】⇒【未提交】进入"登记申请"页面，如图7－2所示。

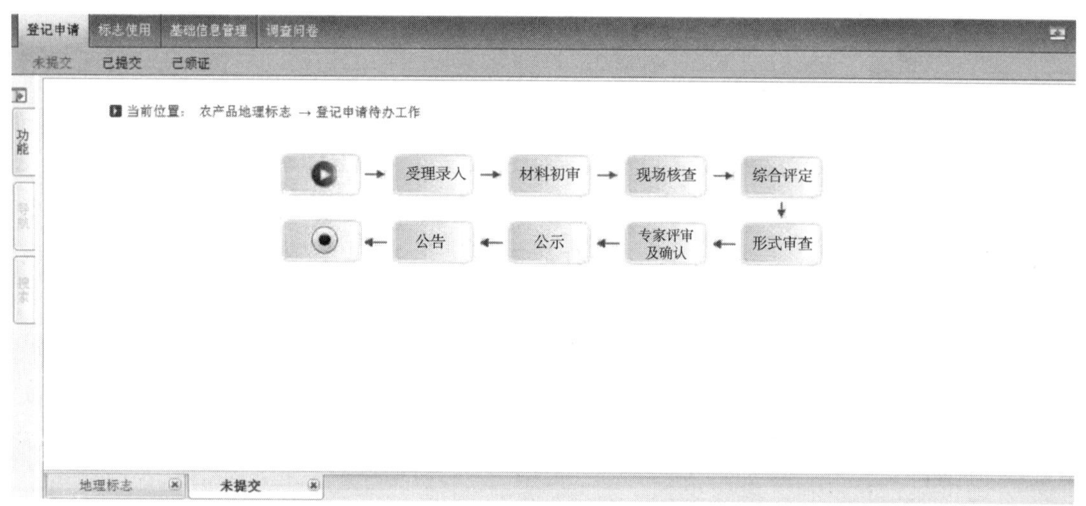

图7－2

省级工作机构能操作的环节包括：受理录入、材料初审、现场核查、综合评定。省级用户登录时，只有该4个环节可以操作，其他环节不能进行操作。

【受理录入】环节

"受理录入"是地理标志登记的第一个业务环节，在接收到申请人认证申请材料（纸质）时，将以此环节作为流程的入口环节。

"受理录入"环节主要完成对地理标志登记业务的企业和产品信息进行录入、检查和修改，填写受理审查意见，并提交下一个环节。只有省级用户才能进行操作。

点击【登记申请】⇒【未提交】将进入地理标志登记"流程图区"页面（注意：操作员可点击的环节图片与其办理环节的权限有关）。点击流程图中的"受理录入"图标，会在"流程图区"下方出现代办业务工作区。代办业务工作区由两个区域组成："查询区"和"业务信息区"。如图7－3所示。

"查询区"：由"申请人名称""地理标志名称""保存时间""所属行业""子业务状态"查询输入项，以及『查询』和『新增』按钮组成，用于用户按条件查询业务

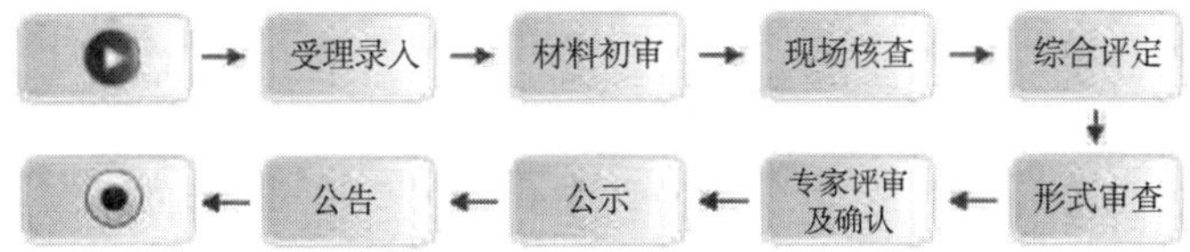

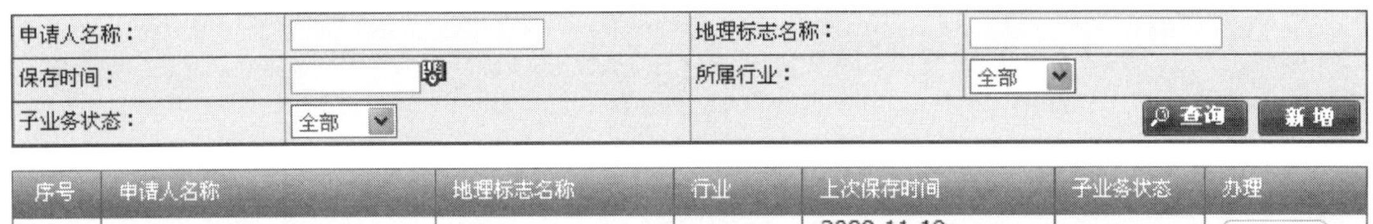

图 7－3

记录。系统根据用户输入的条件进行查询，并将结果显示在“受理申请业务列表区”中。

“所属行业”输入项可以使用下拉菜单选择业务所属行业，包括：全部、种植业、畜牧业、渔业。

“子业务状态”输入项的下拉菜单包括：全部、办理中、未办理、退回选择。

根据选中的子业务状态或所属行业，对业务进行筛选和查询。

在查询区还有一个『新增』按钮，点击该按钮，可新建一个地理标志登记申请业务记录。

“业务信息区”：用于显示待办理的受理申请业务记录。

说明：当用户点击“受理申请业务列表区”某个业务的“办理”按钮时，如果该业务已被其他用户提交或不存在时，会出现提示信息，如图 7－4 所示。

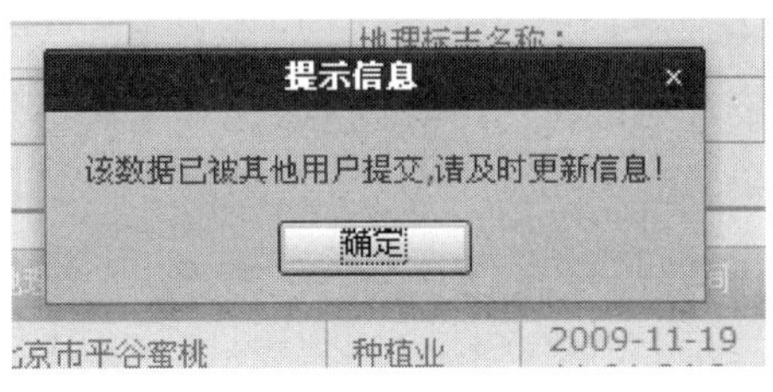

图 7－4

受理录入操作步骤如下。

第一步：进入编辑页面

进入编辑页面分两种情况：一种是新增一笔新业务，一种是对已录入保存的业务进行办理。

①如需新增业务，直接点击『新增』按钮，进入受理录入编辑页面，如图 7－5 所示。

当前位置：农产品地理标志 → 登记申请待办工作 → 受理录入

申请信息 | 声明信息 | 审批意见

申请人信息			
★申请产品名称			
★申请人名称		法人性质	请选择..
★法定代表人		★ 联系人	
★ 联系电话		★ 手机	
传真		★E-Mail	
★地址	请选择.. 请选择.. 请选择..		
地区信息			
地域范围	村级 乡镇级 县区级 地市级 省级		
★所属行业	请选择..	产品类别	请选择..
养殖规模	(万头、万只、万羽、公顷)		
实际生产规模	(公顷)	★年产量	(吨)
商标查重结果			
该名称是否注册普通商标	否 是,注册人:	该名称是否注册集体商标或证明商标	否 是,注册人:
查询渠道	国家商标局网站 其他:	查询日期	
划定的地域保护范围			
内在品质:		外在品质:	

所需申请材料名称	是否有文件	文件操作
质量控制技术规范(参考模板下载)	✖	浏览... 上 传

保 存 返 回

图 7-5

此页面由三个标签页组成：【申请信息】【声明信息】【审批意见】。因为是新办，各标签页显示为空。

②如需对已登记的业务进行办理，点击“业务信息区”的办理按钮，进入受理录入办理页面，如图 7-6 所示。

受理录入的编辑页面包括【申请信息】【声明信息】【审批意见】标签页。因为是对已登记业务进行办理，各标签页显示不为空。显示的是上回受理时录入的相关信息。

第二步：输入申请信息

申请信息标签页由“申请产品”“申请人”等输入项、质量控制技术规范附件上传项和『保存』『返回』按钮组成。其中红色标识的输入项为必填项。

输入项有对输入内容的限制，如输入不符合规则会出现提示该输入项的正确格式。按要求填完各项输入项后，如放弃受理点击『返回』按钮，如需保存点击『保存』按钮，然后可以进行附件的上传。如图 7-7 所示。

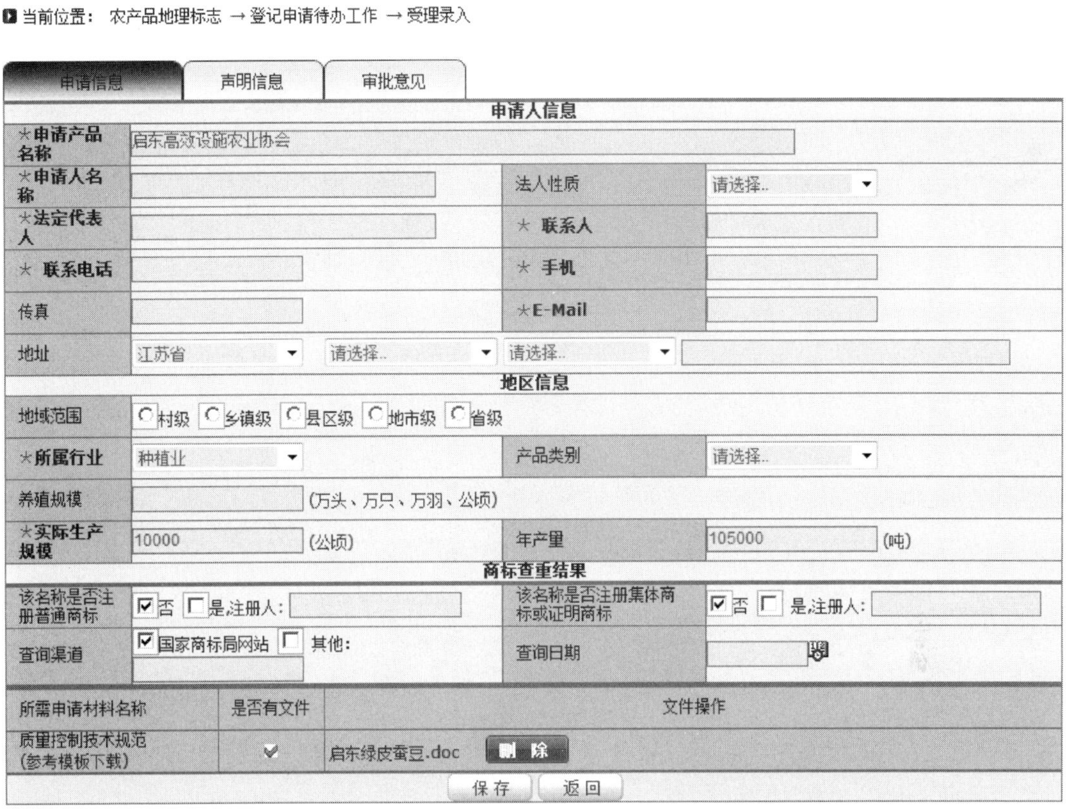

当前位置：农产品地理标志 →登记申请待办工作 →受理录入

申请信息 | 声明信息 | 审批意见

申请人信息			
★申请产品名称	启东高效设施农业协会		
★申请人名称		法人性质	请选择..
★法定代表人		★ 联系人	
★ 联系电话		★ 手机	
传真		★E-Mail	
地址	江苏省 / 请选择.. / 请选择..		
地区信息			
地域范围	村级 乡镇级 县区级 地市级 省级		
★所属行业	种植业	产品类别	请选择..
养殖规模	(万头、万只、万羽、公顷)		
★实际生产规模	10000 (公顷)	年产量	105000 (吨)
商标查重结果			
该名称是否注册普通商标	☑否 ☐是,注册人:	该名称是否注册集体商标或证明商标	☑否 ☐是,注册人:
查询渠道	☑国家商标局网站 ☐其他:	查询日期	

所需申请材料名称	是否有文件	文件操作
质量控制技术规范（参考模板下载）	✓	启东绿皮蚕豆.doc 删除

保存 返回

图 7－6

所需申请材料名称	是否有文件	文件操作
质量控制技术规范（参考模板下载）	✓	启东绿皮蚕豆.doc 删除

保存 返回

图 7－7

必填项未输入而保存该页签时，系统会提示必填项，如图 7－8 所示。

文本长度、电话、手机号码等输入规则的校验提示如图 7－9 所示。

第三步：输入声明信息

声明信息标签页由“联合声明”“拟授权标志使用人名录”“申请人承诺”等输入项和『保存』『返回』按钮组成。

按要求输入各数据项，点击『保存』按钮保存本标签页信息；或点击『返回』按钮返回。如图 7－10 所示。

第四步：输入审批意见

点击“审批意见”页签进入审批环节，审批意见标签页由“各级意见结果”“审批意见”和『保存』『提交』『返回』按钮组成。

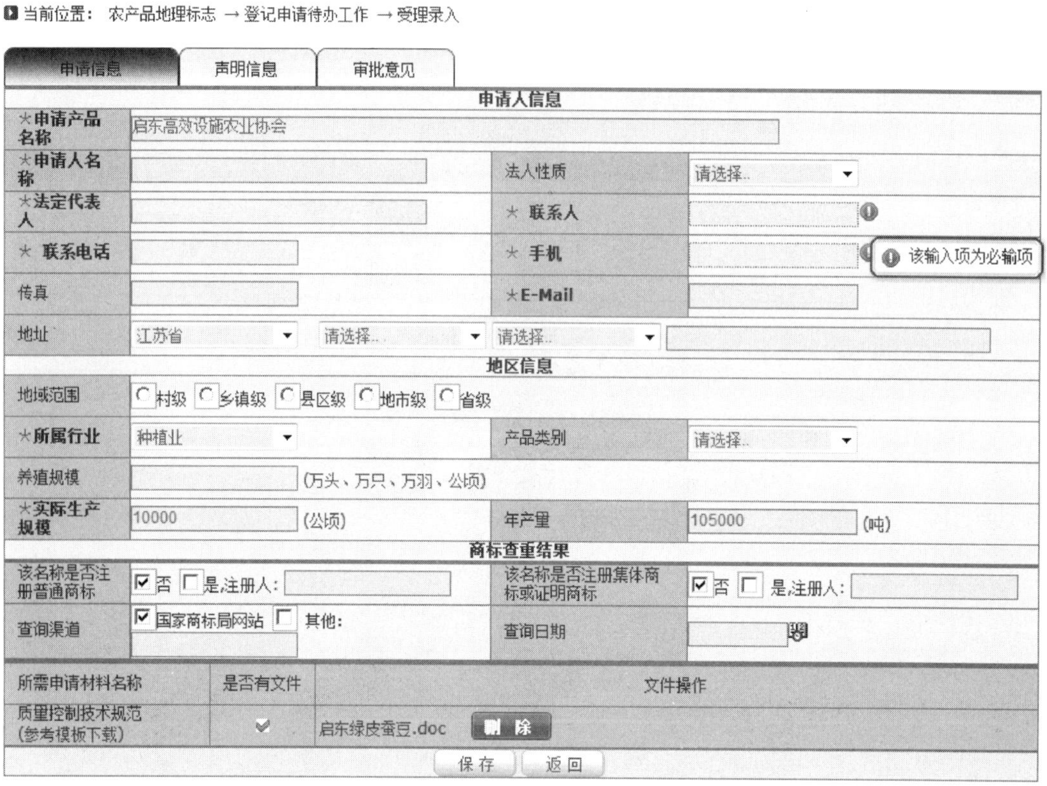

当前位置： 农产品地理标志 → 登记申请待办工作 → 受理录入

申请信息 | 声明信息 | 审批意见

申请人信息			
★申请产品名称	启东高效设施农业协会		
★申请人名称		法人性质	请选择..
★法定代表人		★ 联系人	
★ 联系电话		★ 手机	该输入项为必输项
传真		★E-Mail	
地址	江苏省 请选择.. 请选择..		
地区信息			
地域范围	村级 乡镇级 县区级 地市级 省级		
★所属行业	种植业	产品类别	请选择..
养殖规模	(万头、万只、万羽、公顷)		
★实际生产规模	10000 (公顷)	年产量	105000 (吨)
商标查重结果			
该名称是否注册普通商标	☑否 ☐是,注册人:	该名称是否注册集体商标或证明商标	☑否 ☐ 是,注册人:
查询渠道	☑国家商标局网站 ☐ 其他:	查询日期	

所需申请材料名称	是否有文件	文件操作
质量控制技术规范(参考模板下载)	✔	启东绿皮蚕豆.doc 删 除

保 存 返 回

图 7－8

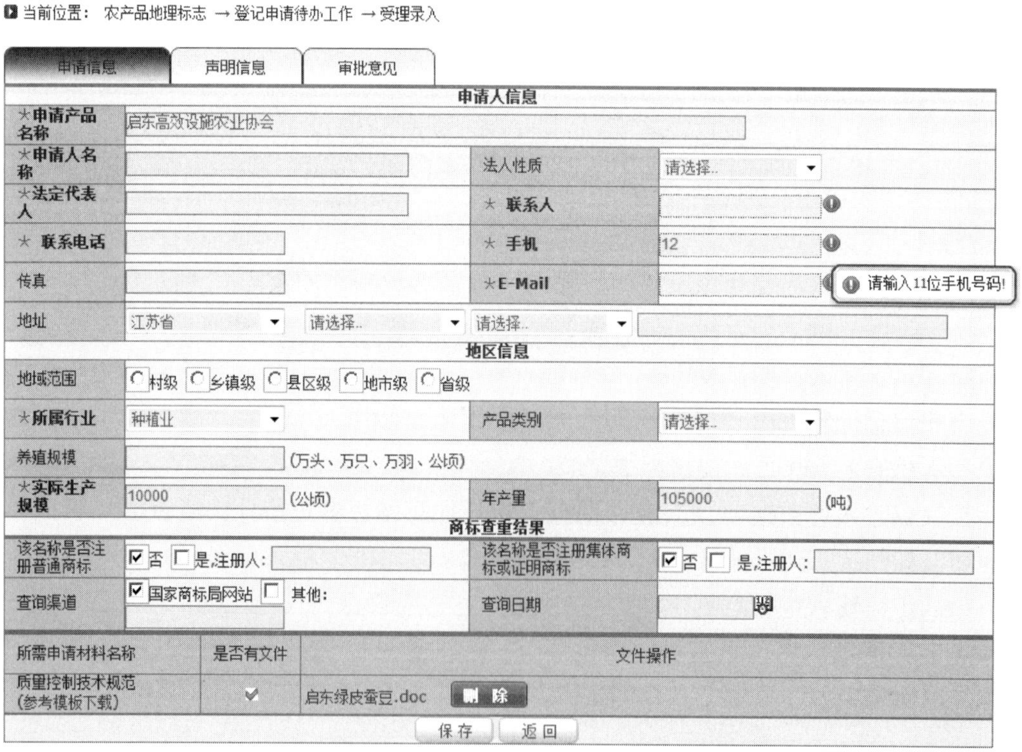

当前位置： 农产品地理标志 → 登记申请待办工作 → 受理录入

申请信息 | 声明信息 | 审批意见

申请人信息			
★申请产品名称	启东高效设施农业协会		
★申请人名称		法人性质	请选择..
★法定代表人		★ 联系人	
★ 联系电话		★ 手机	12
传真		★E-Mail	请输入11位手机号码!
地址	江苏省 请选择.. 请选择..		
地区信息			
地域范围	村级 乡镇级 县区级 地市级 省级		
★所属行业	种植业	产品类别	请选择..
养殖规模	(万头、万只、万羽、公顷)		
★实际生产规模	10000 (公顷)	年产量	105000 (吨)
商标查重结果			
该名称是否注册普通商标	☑否 ☐是,注册人:	该名称是否注册集体商标或证明商标	☑否 ☐ 是,注册人:
查询渠道	☑国家商标局网站 ☐ 其他:	查询日期	

所需申请材料名称	是否有文件	文件操作
质量控制技术规范(参考模板下载)	✔	启东绿皮蚕豆.doc 删 除

保 存 返 回

图 7－9

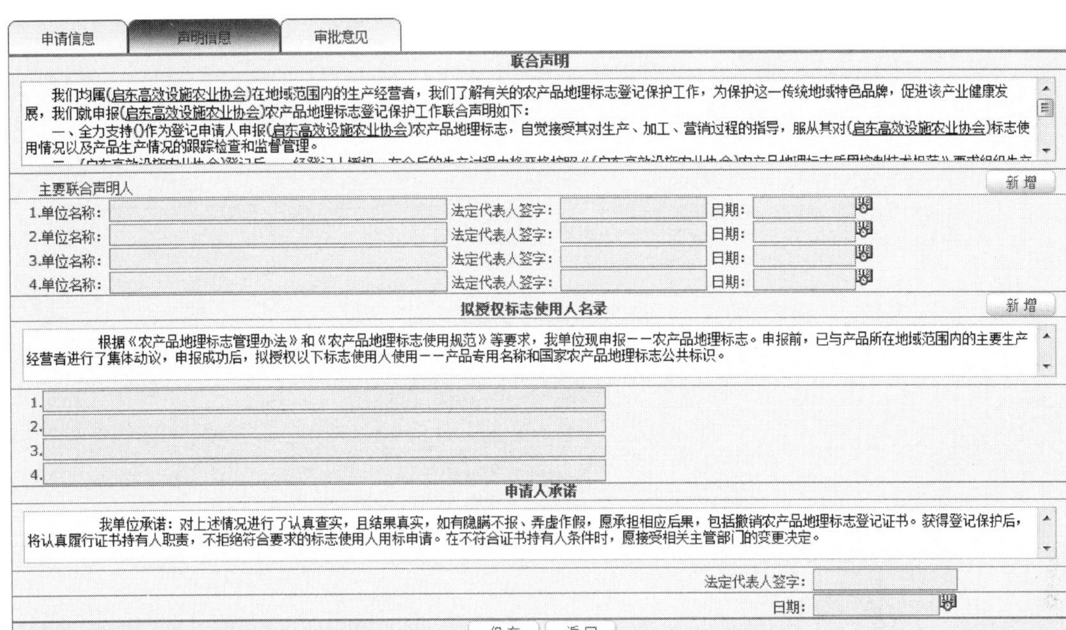

图 7－10

输入各级审批意见和结果，点击『保存』按钮保存本标签页信息；或点击『返回』按钮返回到受理录入页面进行其他业务处理；或点击『提交』按钮保存各页信息且将本业务删除（不通过时）或者传送到下一环节——材料初审环节（通过时）。

当县级意见结果或地市级意见结果为未通过时，受理录入的省级意见结果的受理选项则不可选。如图 7－11 所示。

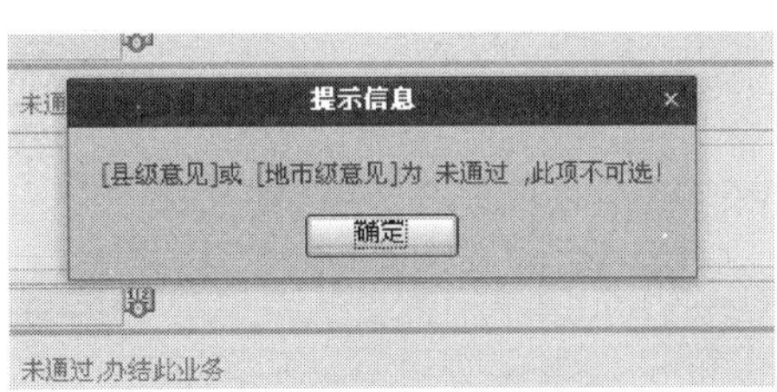

图 7－11

受理录入不通过时，则直接办结该业务，该业务随即结束流程，在登记申请办结工作的功能中能看见该业务的信息，如图 7－12 所示。

受理录入通过时，则直接提交该业务到下一环节，由下一环节的工作人员继续办理该业务。受理成功提示如图 7－13 所示。

【材料初审】环节

“材料初审”环节是登记申请的第二环节，对地理标志登记申请的材料进行初审，只有省级用户才能进行操作。

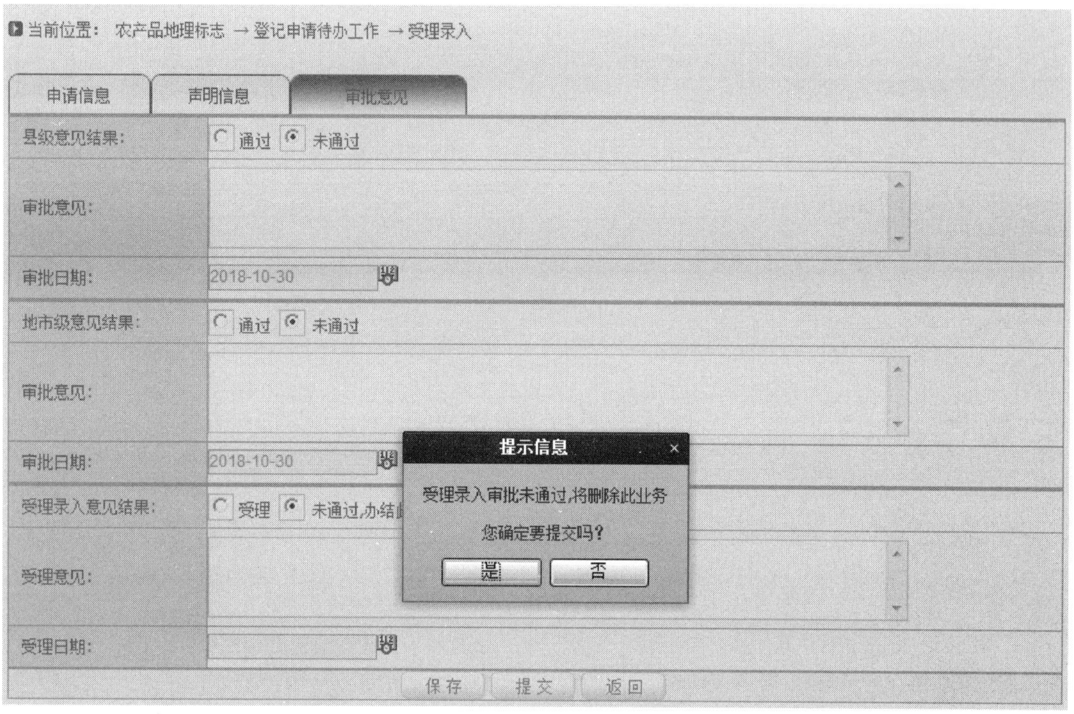

图 7－12

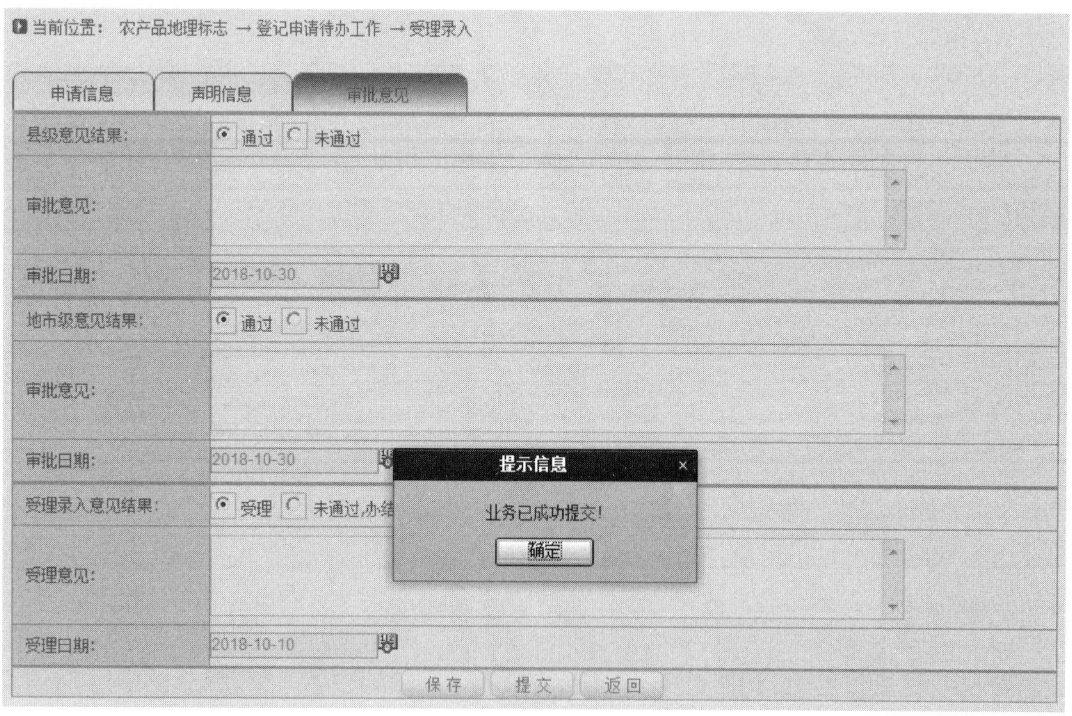

图 7－13

点击流程图的“材料初审”图标进入材料初审页面，在“信息列表区”将自动显示“材料初审”环节下的待办业务列表。如图 7－14 所示。

当前位置：农产品地理标志 →登记申请待办工作 →材料初审

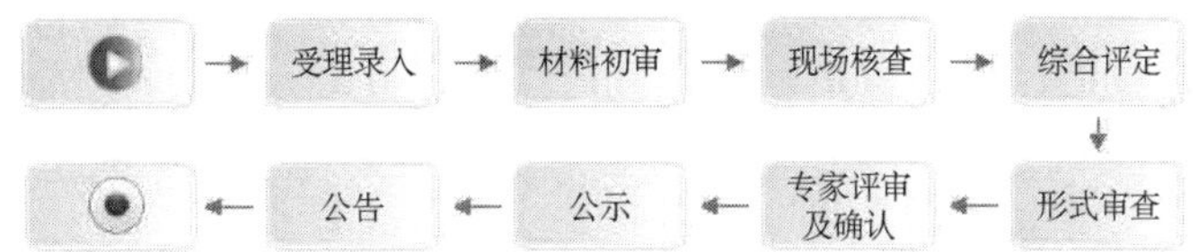

申请人全称：		申请人类型：	请选择..
产品名称：		所属行业：	请选择..
子业务状态：	全部		查询

全选	序号	申请产品名称	申请人全称	申请人类型	行业	子业务状态	办理
☐	1	启东高效设施农业协会	测试	其他	种植业	未处理	办 理

第一页 上一页 下一页 最后页 转到第 1 页 确定 第1页/共1页 共1条

图 7－14

该页面由三个区域组成："查询区""功能按钮区""业务信息区"。

"查询区"用于用户按条件查询业务，"业务信息区"用于显示待办理的受理申请业务记录，"功能按钮区"用于进行业务的批量处理。

如需单个办理，点击对应业务后的『办理』按钮进入办理页面，该页面由"申请信息""声明信息""历史审查意见""审批意见"四个标签页组成。

"申请信息"和"声明信息"标签页可以对该项业务信息进行查看。

"历史审查意见"页签显示该项业务的各个审批环节的意见及办理人信息。如图 7－15 所示。

当前位置：农产品地理标志 →登记申请待办工作 →材料初审

申请信息 | 声明信息 | 历史审查意见 | 审批意见

审批环节	审批意见记录	办理人	办理结果	办理日期
县级		江苏省农产品质量安全中心	通过	2018-10-30
地市级		江苏省农产品质量安全中心	通过	2018-10-30
受理录入		江苏省农产品质量安全中心	通过	2018-10-10

返 回

图 7－15

审批意见标签页由"材料初审意见结果""审批意见""审批日期"和『保存』『提交』『返回』按钮组成。如图 7－16 所示。

输入审批意见和结果，点击『保存』按钮保存本标签页信息；或点『返回』按钮返回到材料初审页面进行其他业务处理。

点击『提交』时，若选择"通过，提交现场核查"，表示该项业务通过材料初审环节，将被传送至下一环节。若选择"未通过，退回上一环节，填写意见"，表示该项业务未通过材料初审，将被退回至受理录入环节，还可以再由受理录入环节提交给

当前位置： 农产品地理标志 → 登记申请待办工作 → 材料初审

申请信息 | 声明信息 | 历史审查意见 | 审批意见

材料初审意见结果：	○ 通过,提交现场核查 ○ 未通过,退回上一环节,填写意见 ○ 未通过,办结此业务,填写意见
审批意见：	
初审人员：	添加
审批日期：	2018-10-30

保 存　提 交　返 回

图 7－16

材料初审环节。若选择“未通过，办结此业务，填写意见”，表示该项业务未通过材料初审，将直接办结此业务。

【现场核查】环节

该环节是登记申请的第三环节，执行业务的现场核查操作，只有省级用户才能进行操作。

点击流程图的“现场核查”图标进入现场核查页面，在“信息列表区”将自动显示“现场核查”环节下的待办业务列表。如图 7－17 所示。

当前位置： 地理标志 → 登记申请待办工作 → 现场核查

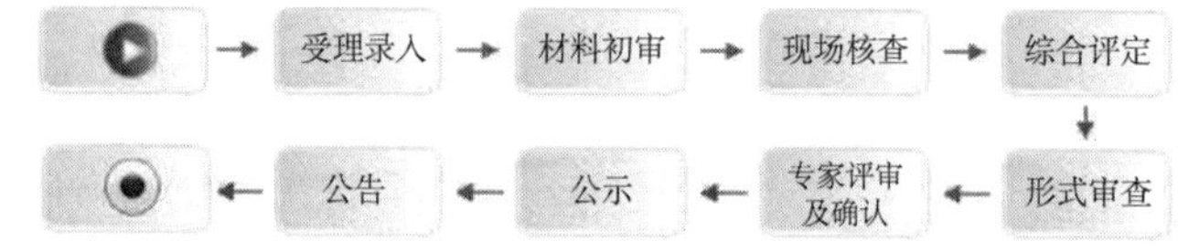

地理标志名称：		申请人名称：	
申请起始时间：		申请截止时间：	
所属行业：	全部	子业务状态：	全部 　查询

批量处理

全选	序号	剩余天数	申请人名称	地理标志名称	行业	申请时间	子业务状态	办理
☐	1	44天	aa	aa	种植业	2009-11-18	未处理	办 理
☐	2	38天	bb	bb	种植业	2009-11-12	未处理	办 理
☐	3	30天	北京大兴西瓜种植基地	大兴西瓜	种植业	2009-11-04	未处理	办 理
☐	4	44天	dd	dd	种植业	2009-11-18	未处理	办 理
☐	5	45天	cc	cc	种植业	2009-11-19	未处理	办 理
☐	6	44天	北京市平谷蜜桃	北京市平谷蜜桃	种植业	2009-11-18	未处理	办 理

第一页 上一页 下一页 最后页 **转到第** 1 **页** 确定 **第1页/共1页** **共6条**

图 7－17

该页面由两个区域组成：“查询区”和“业务信息区”。

“查询区”用于用户按条件查询业务，“业务信息区”用于显示该环节待办业务的信息并提供办理。

点击对应业务后的『办理』按钮进入办理页面，办理页面由“申请信息”“声明信息”“历史审查意见”“核查人员列表”“审批意见”五个标签页组成。

“申请信息”和“声明信息”标签页可以查看该项业务的信息。“历史审查意见”可以查看该业务在各个环节的审批意见。

点击“核查人员列表”页签进入如图 7 – 18 所示页面。

当前位置：农产品地理标志 → 登记申请待办工作 → 现场核查

申请信息　声明信息　历史审查意见　核查人员列表　审批意见

组长	姓名	性别	工作单位	手机	E-mail	传真	专业	操作
	曹爱兵	男	江苏省农产品质量安全中心					删除
								添加

保 存　返 回

添加参加人员

*姓名		性别	请选择...	职务/职称	
手机		E-mail		传真	
专业		工作单位			添加

组长	姓名	性别	职务/职称	手机	E-mail	传真	专业	工作单位	操作

图 7 – 18

在“核查人员列表”标签页中可以进行核查员的删除和添加操作，点击“添加”进入如图 7 – 19 所示页面。

选择核查人员

工作单位：		省份：	江苏省
姓名：		证书编号：	查询

核查员列表

选择	姓名	性别	工作单位	手机	E-mail	传真	专业
□	王明涛	男	江苏省农产品质量安全中心				
□	曹爱兵	男	江苏省农产品质量安全中心				
□	龚培培	女	江苏省渔业技术推广中心				
□	李亚成	男	江苏省洪泽湖渔业管理委员会办公室				
□	索维国	男	江苏省高宝邵伯湖渔业管理委员会办公室				
□	王召根	男	镇江市农业委员会				
□	范正辉	男	泰州市农业委员会				
□	王　忠	男	建湖县水产局				

第一页　上一页　下一页　最后页　转到第 1 页　确定　第1页/共1页　共8条

取 消　确认名单

图 7 – 19

该页面由“查询区”和“信息列表区”组成。

“查询区”用于按条件查询核查员，选择输入项为：工作单位、姓名、证书编号。核查员的基本数据由本系统的基本信息维护功能模块进行维护，在此环节只能显示和选择核查员。“信息列表区”以列表的形式显示满足条件的核查员信息。

选择参加该项业务的核查员时，点击核查员姓名前的选择复选框，可以同时选择多名核查员，点击『确认名单』，返回到核查人员列表标签页，则添加所选的核查员。

点击『保存』保存添加记录，『返回』返回至现场核查页面。

点击“审批意见”进入审批页面，如图 7－20 所示。

当前位置： 农产品地理标志 → 登记申请待办工作 → 现场核查

申请信息 | 声明信息 | 历史审查意见 | 核查人员列表 | 审批意见

现场核查意见结果:	○ 通过,提交综合评定 ○ 未通过,退回上一环节,填写意见 ○ 未通过,办结此业务,填写意见
审批意见:	
审批日期:	2018-10-30

保存 提交 返回

图 7－20

审批意见标签页由“现场核查意见结果”“审批意见”“审批日期”和『保存』『提交』『返回』按钮组成。

输入审批意见和结果，点击『保存』按钮保存本标签页信息；或点击『返回』按钮返回到材料初审页面进行其他业务处理。

点击『提交』按钮时，若选择“通过，提交综合评审”，业务将被传送至下一环节。若选择“未通过，退回上一环节，填写意见”，则业务将被退回至材料初审环节。若选择“未通过，办结此业务，填写意见”，则该业务未通过审查，将被删除。

【综合评定】环节

该环节是登记申请的第四环节，用于对业务进行综合评定，只有省级用户能进行操作。

点击流程图的“综合评定”图标进入材料初审页面，在“信息列表区”将自动显示“综合评定”环节下的待办业务列表。如图 7－21 所示。

该页面由两个区域组成：“查询区”和“业务信息区”。

“查询区”用于用户按条件查询业务，“业务信息区”用于显示待办业务的基本信息并提供办理。

点击对应业务后的『办理』按钮进入办理页面，办理页面由“申请信息”“声明信息”“历史审查意见”“核查人员列表”“审批意见”5 个标签页组成。

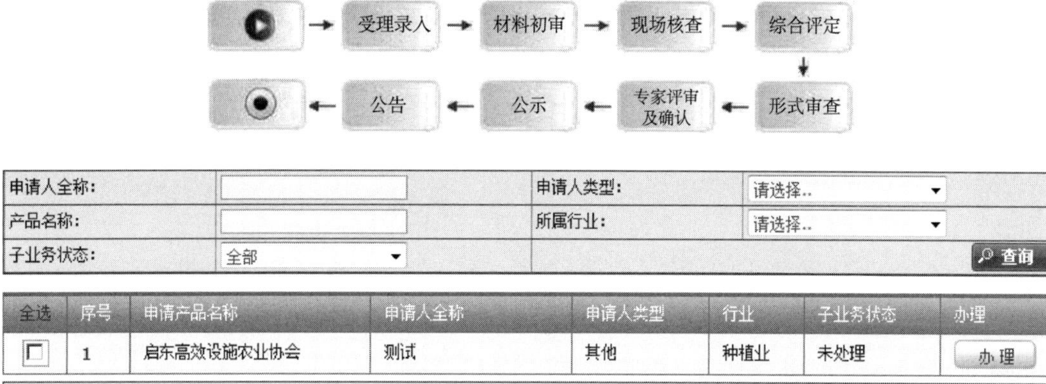

图 7－21

“申请信息”和“声明信息”标签页可以审查该项业务的基本信息。“历史审查意见”可以查看该业务在各个环节的审批结果。“核查人员列表”可以查看对该业务进行核查的核查人员。

点击审批意见进入审批页面，如图 7－22 所示。

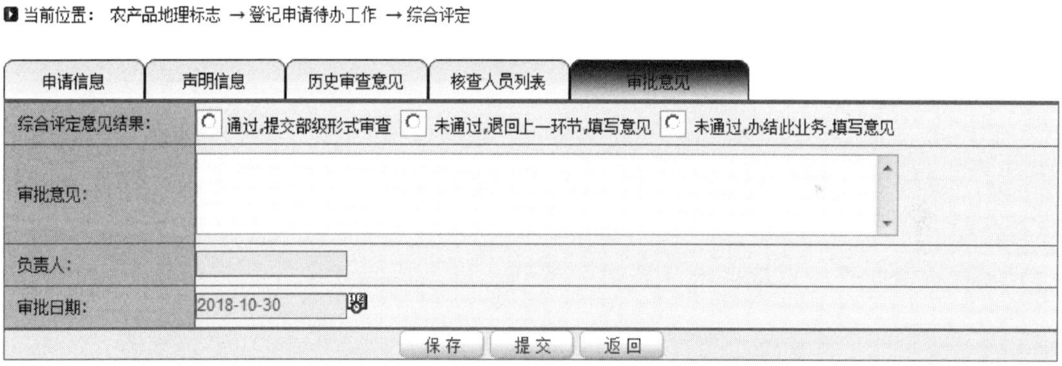

当前位置：农产品地理标志 →登记申请待办工作 →综合评定

申请信息　声明信息　历史审查意见　核查人员列表　审批意见

综合评定意见结果：○ 通过,提交部级形式审查　○ 未通过,退回上一环节,填写意见　○ 未通过,办结此业务,填写意见

审批意见：

负责人：

审批日期：2018-10-30

保存　提交　返回

图 7－22

审批意见标签页由“现场核查意见结果”“审批意见”“审批日期”和『保存』『提交』『返回』按钮组成。

输入审批意见和结果，点击『保存』按钮保存本标签页信息；或点击『返回』按钮返回到材料初审页面进行其他业务处理。

点击『提交』按钮时，若选择“通过，提交部级形式审查”，业务将被传送至部级工作机构。若选择“未通过，退回上一环节，填写意见”，则业务将被退回至现场核查环节。若选择“未通过，办结此业务，填写意见”，则该业务未通过审查，将被删除。

（二）标志使用

使用申请子模块主要完成对已登记成功地理标志的标志使用人信息进行备案。只有省级用户有权限进行操作，省级用户登录系统后，点击【标志使用】⇒【标志使用人管理】可以开始使用备案业务。如图 7－23 所示。

当前位置：基础信息管理 → 标志使用人管理

标志使用人全称：　产品全称：　证书编号：

备案状态：请选择..　查询

新增　导出

全选	序号	标志使用人全称	产品全称	法人代表	法人代表电话	联系人	联系人电话	备案状态
□	1	丹阳市现代生态水产养殖场	镇江江蟹	匡国宏		匡国宏		备案
□	2	镇江市丹徒区江洋合作社（新顺养殖）	镇江江蟹	王鹏元		王鹏元		备案
□	3	扬中市金伟生态种养专业合作社	镇江江蟹	王金龙				备案
□	4	扬中市南洋家庭农场	镇江江蟹	陈万红		陈万红		备案
□	5	江苏江心源生态水产有限公司	镇江江蟹	刘思民		刘思民		备案
□	6	华大（镇江）水产科技有限公司	镇江江蟹	徐军民		马兴宇		备案
□	7	镇江市扬子江螃蟹养殖专业合作社	镇江江蟹	许峰		许峰		备案
□	8	近湖镇登华水产点	建湖青虾	唐登华				备案
□	9	盐城冠华水产有限公司	建湖青虾	姜海华				备案
□	10	夏德年	建湖青虾	夏德年				备案

第一页　上一页　下一页　最后页　转到第 1 页　确定　第1页/共2页　共16条

图 7－23

该页面由三个区域组成：“查询区”“功能按钮区”“业务信息区”。

“查询区”用于用户按条件查询业务，“功能按钮区”用于业务处理，“业务信息区”用于显示业务的信息。

标志使用人备案操作步骤如下。

第一步：进入编辑页面

进入编辑页面分两种情况：一种是新增一笔新业务，一种是对已录入保存的业务进行办理。

如需新增业务，直接点击『新增』按钮，进入标志使用人管理编辑页面，如图 7－24 所示。

如需编辑业务，勾选需要编辑的信息，点击『编辑』按钮，进入标志使用人管理编辑页面，但需注意已经备案的信息不允许修改，如图 7－25 所示。

第二步：输入标志使用人信息

标志使用人信息由“登记产品”“证书持有人”等输入项、纸质协议电子稿附件上传项和『新增』『返回』按钮组成。其中红色标识的输入项为必填项。

输入项有对输入内容的限制，如输入不符合规则会出现提示该输入项的正确格式。按要求填完各项输入项后，如放弃录入点击『返回』按钮，如需保存点击『新增』按钮。

“登记产品名称”与“证书持有人”是和登记申请业务关联的，录入“登记产品名称”关键字会自动查询已登记发证的农产品地理标志产品信息，点选产品后，“登记产品名称”与“证书持有人”两项信息自动填入，如图 7－26 所示。

当前位置：基础信息管理 → 标志使用人管理

★登记产品名称		★证书持有人	
★标志使用人全称		★标志使用人编号	
★法人代表		法人代表电话	
联系人		联系电话	
★手机		传真	
E-Mail		邮编	
地址			
实际生产规模	(公顷)		
养殖规模	(万头、万只、万羽、公顷)	★年产量	(吨)
年销售额	(万元)	年出口额	(万美元)
生产地域保护范围			
★协议签订日期		标志使用量	
使用方式	□印刷 □加贴	认证情况	□有机 □绿色 □无公害
★协议起始时间		★协议结束时间	

所需申请材料名称	是否有文件	文件操作
纸质协议电子稿	✖	浏览… 上传

新增　返回

图 7－24

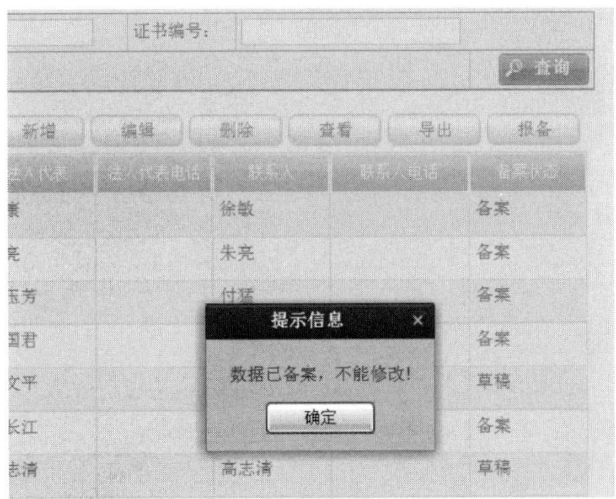

图 7－25

（三）登记产品信息查询

点击【基础信息管理】⇒【登记产品信息查询】，进入登记产品信息查询页面，如图 7－27 所示。

该页面由“查询区”“功能按钮区”“业务列表区”组成。

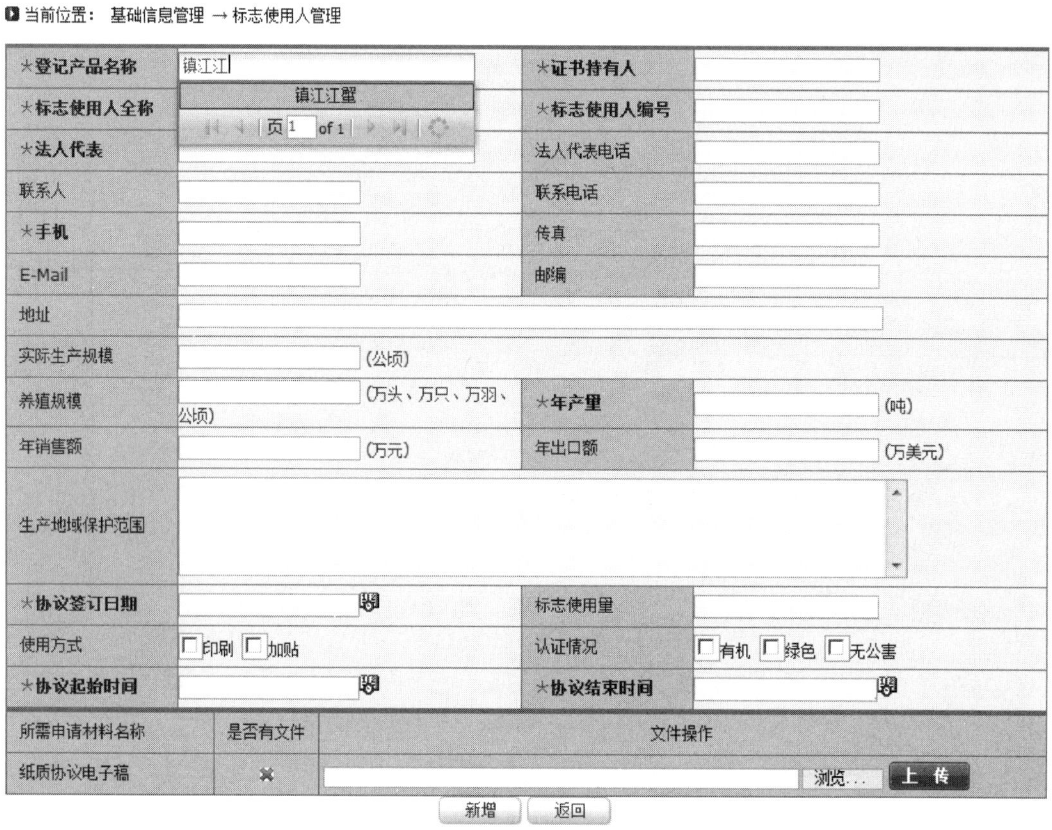

当前位置： 基础信息管理 → 标志使用人管理

★登记产品名称	镇江江	★证书持有人	
★标志使用人全称	镇江江蟹	★标志使用人编号	
★法人代表	页 1 of 1	法人代表电话	
联系人		联系电话	
★手机		传真	
E-Mail		邮编	
地址			
实际生产规模	(公顷)		
养殖规模	(万头、万只、万羽、公顷)	★年产量	(吨)
年销售额	(万元)	年出口额	(万美元)
生产地域保护范围			
★协议签订日期		标志使用量	
使用方式	□印刷 □加贴	认证情况	□有机 □绿色 □无公害
★协议起始时间		★协议结束时间	

所需申请材料名称	是否有文件	文件操作
纸质协议电子稿	✖	浏览... 上传

新增 返回

图 7－26

当前位置： 基础信息管理 → 登记产品信息查询

登记产品名称：		所在省：	江苏省	所在市：	请选择..
所在县：	请选择..	所属行业：	请选择..	产品类别：	请选择..
持有人全称：		持有人类型：	请选择..	颁证日期范围：	到 查询

导出 查看

全选	序号	登记产品名称	所在省	所在市	所在县	所属行业	产品种类	持有人全称	持有人类型	颁证日期
□	1	林苗圃早酥梨	江苏省			种植业	果品类	宿迁市宿豫区顺河街道林苗圃优质农产品协会		
□	2	射阳大米	江苏省			种植业	粮食类	射阳县大米协会		
□	3	启东绿皮蚕豆	江苏省			种植业	蔬菜类	启东市高效设施农业协会		
□	4	灌云豆丹	江苏省			畜牧业	其它畜牧产品类	灌云县杨集镇豆丹养殖协会		
□	5	沙塘韭黄	江苏省			种植业	蔬菜类	铜山县农业技术推广中心		
□	6	沛县狗肉	江苏省			畜牧业	肉类产品类	沛县肉制品加工协会		
□	7	泗洪大米	江苏省			种植业	粮食类	泗洪县稻米协会		
□	8	阳羡雪芽	江苏省			种植业	茶叶类	宜兴市茶业协会		
□	9	焦溪二花脸猪	江苏省			畜牧业	肉类产品类	常州市焦溪二花脸猪专业合作社		
□	10	八集小花生	江苏省			种植业	油料类	泗阳县八集乡农业经济技术服务中心		

第一页 上一页 下一页 最后页 转到第 1 页 确定 第1页/共6页 共57条

图 7－27

“查询区”用于按条件查询业务，当无输入条件时查询，“业务列表区”将显示出所有的业务。

当未选择条目时，“功能按钮区”的查看按钮为灰色无效状态。

双击业务条目或者选择一项业务点击查看按钮可以查看该条记录的详细信息。

导出按钮用于导出符合该查询条件的登记产品 Excel 表。

（四）培训核查员管理

点击【基础信息管理】⇒【培训核查员管理】，进入培训核查员管理页面，如图 7－28 所示。

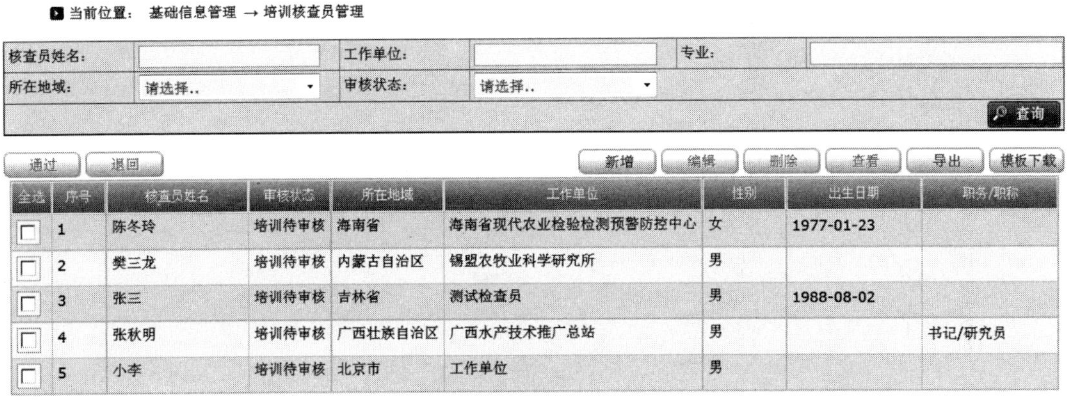

当前位置： 基础信息管理 → 培训核查员管理

核查员姓名：　工作单位：　专业：
所在地域：请选择..　审核状态：请选择..
查询

通过　退回　新增　编辑　删除　查看　导出　模板下载

全选	序号	核查员姓名	审核状态	所在地域	工作单位	性别	出生日期	职务/职称
□	1	陈冬玲	培训待审核	海南省	海南省现代农业检验检测预警防控中心	女	1977-01-23	
□	2	樊三龙	培训待审核	内蒙古自治区	锡盟农牧业科学研究所	男		
□	3	张三	培训待审核	吉林省	测试检查员	男	1988-08-02	
□	4	张秋明	培训待审核	广西壮族自治区	广西水产技术推广总站	男		书记/研究员
□	5	小李	培训待审核	北京市	工作单位	男		

图 7－28

该页面由“查询区”“功能按钮区”“业务列表区”组成。

“查询区”用于按条件查询业务，当无输入条件时查询，“业务列表区”将显示出所有的业务。

当未选择条目时，“功能按钮区”的查看按钮为灰色无效状态。

双击业务条目或者选择一项业务点击查看按钮可以查看该条记录的详细信息。

提交培训按钮用于提交导入的培训学员信息。

提交注册按钮用于提交合格的培训核查员信息。

导入按钮用于导入培训学员信息 Excel 表。

新增按钮用于新增培训学员信息。

编辑按钮用于编辑培训学员信息。

删除按钮用于删除培训学员信息。

导出按钮用于导出符合该查询条件的培训核查员 Excel 表。

模版下载按钮用于下载培训核查员 Excel 导入模版。

（五）注册核查员管理

点击【基础信息管理】⇒【注册核查员管理】，进入注册核查员管理页面，如图 7－29 所示。

该页面由“查询区”“功能按钮区”“业务列表区”组成。

“查询区”用于按条件查询业务，当无输入条件时查询，“业务列表区”将显示出所有的业务。

当未选择条目时，“功能按钮区”的查看按钮为灰色无效状态。

双击业务条目或者选择一项业务点击查看按钮可以查看该条记录的详细信息。

当前位置：基础信息管理 → 注册核查员管理

核查员姓名：		工作单位：		专业：	
所在地域：	江苏省	审核状态：	请选择..	注册有效期：	到

查询

查看

全选	序号	注册类型	核查员姓名	所在地域	工作单位	性别	出生日期	职务/职称
	1	注册通过	王明寿	江苏省	江苏省农产品质量安全中心	男		
	2	注册通过	曹爱兵	江苏省	江苏省农产品质量安全中心	男		
	3	注册通过	龚榴娟	江苏省	江苏省渔业技术推广中心	女		
	4	注册通过	王　忠	江苏省	建湖县水产局	男		
	5	注册通过	索维国	江苏省	江苏省高宝邵伯湖渔业管理委员会办公室	男		
	6	注册通过	王召根	江苏省	镇江市农业委员会	男		
	7	注册通过	范正辉	江苏省	泰州市农业委员会	男		
	8	注册通过	李亚威	江苏省	江苏省洪泽湖渔业管理委员会办公室	男		

第一页 上一页 下一页 最后页 转到第 1 页 确定 第1页/共1页 共8条

图 7－29

第三节　功能拓展

（1）建立一套结合基于 GIS 的专题图可视化展现系统。

（2）建立多元化的宣传展示及消费者查询渠道。

（3）建立全系统农产品地理标志管理机构和工作人员数据库。

第四节　服务咨询

农产品地理标志系统运维人员联系方式：

电话：010－59193709

QQ 号：290890486

第八章　全国名特优新农产品名录收集登录信息系统

第一节　综　述

一、建设背景

为发挥我国农业资源丰富和地域特色农产品众多的优势，发掘、保护、培育和开发一批名特优新农产品，推进农产品品种改良、品质改进和品牌创建，促进农业增效和农民增收，满足广大消费者对优质安全农产品的消费需求，2013 年下半年，农业部种植业管理司印发了《关于征集全国名特优新农产品目录的函》（农农（经作）〔2013〕125 号），目录的征集、审核、发布等工作由原农业部优质农产品开发服务中心具体承担。每两年征集、发布一次。

2018 年，根据中编办和农业农村部赋予的职责任务，农业农村部农产品质量安全中心（简称国家中心，下同）在原农业部优质农产品开发服务中心开展的全国名特优新农产品目录收集发布的基础上，继续探索开展全国名特优新农产品名录收集与管理工作。

全国名特优新农产品名录收集登录信息系统是全国名特优新农产品名录收集登录工作平台，实现县级、地市级、省级、部级协同申请、确认，最终确认纳入全国名特优新农产品名录的辅助信息管理工作。

二、建设历程

✧ V1. 0 版本（发布日期：2013 年）

（1）实现县级申报，省级审核。

（2）部级审定管理。

（3）名录产品查询。

✧ V2. 0 版本（发布日期：2018 年）

（1）系统部署在农业农村部信息中心服务器。

（2）调整申报流程，实现县级申报，地市级、省级确认，调整每两年申请为每年随时申请，省级按月上报，部级按季度发布名录。

(3) 增加导出前后水印等控制性功能，确保申报系统信息与上报纸质材料一致。

(4) 增加营养品质评价鉴定报告上传功能。

(5) 增加县级、地市级、省级、部级年度确认审核流程。

(6) 增加名录产品注销流程。

(7) 用户逐级分配、短信通知功能。

(8) 短信通知功能。

(9) 增加评价鉴定机构名录管理功能。

(10) 增加专家委员会成员管理功能。

第二节　操作指南

一、服务对象

全国名特优新农产品名录收集登录信息系统服务对象为县级、地市级、省级、部级工作机构。

(1) 县级工作机构：经县级人民政府确认的县级名特优新农产品产业主管部门作为名录登录申请主体。

(2) 地市级工作机构：地市级农业农村部门农产品质量安全（优质农产品开发服务）工作机构。

(3) 省级农业农村部门农产品质量安全（优质农产品开发服务）工作机构。

(4) 部级：农业农村部农产品质量安全中心。

二、业务流程

(一) 区县工作流程

1. 系统登录（图8-1）

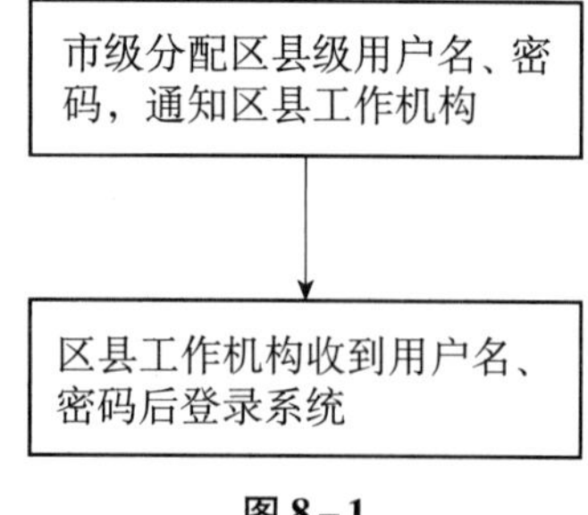

图8-1

2. 产品申报（图 8－2）

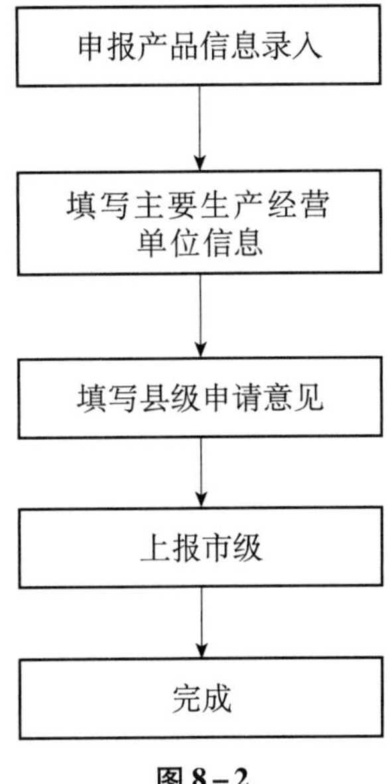

图 8－2

3. 委托评价鉴定机构检测（图 8－3）

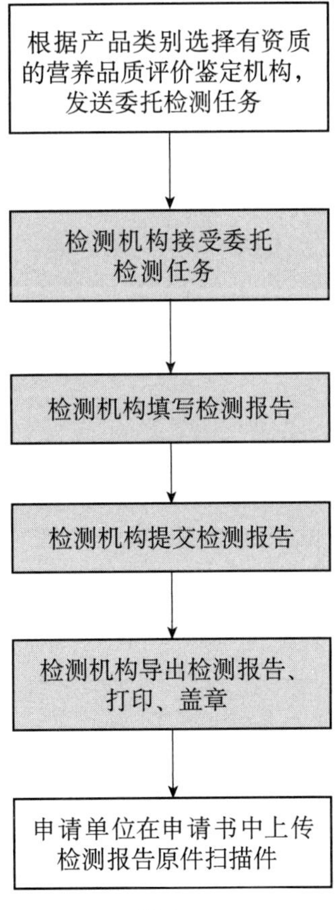

图 8－3

4. 年度确认（图 8－4）

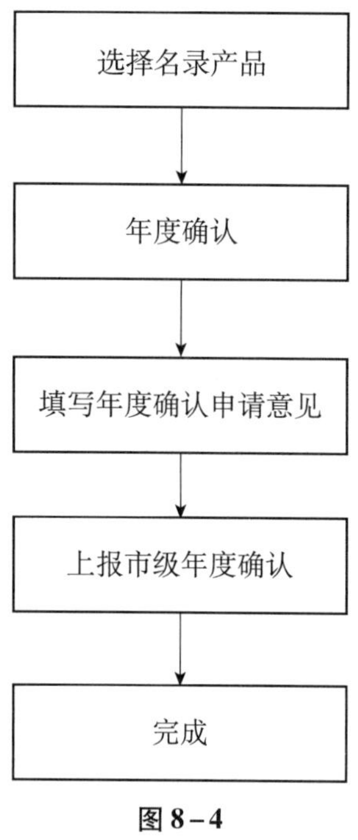

图 8－4

5. 产品注销（图 8－5）

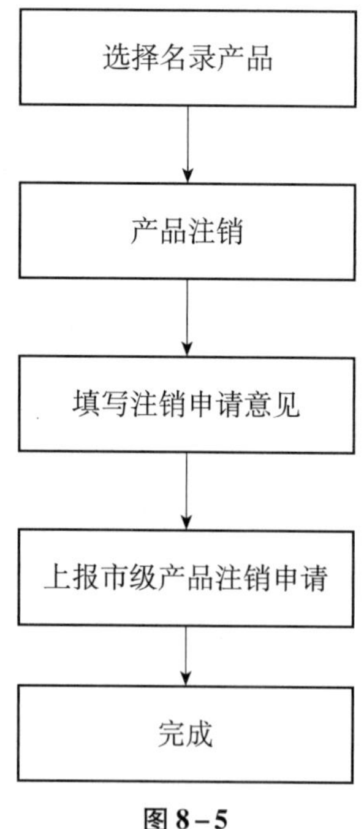

图 8－5

（二）市级工作流程

1. 系统登录（图 8－6）

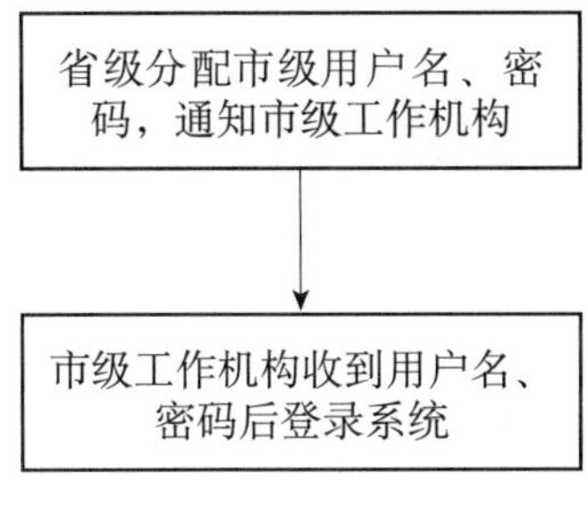

图 8－6

2. 产品申报（图 8－7）

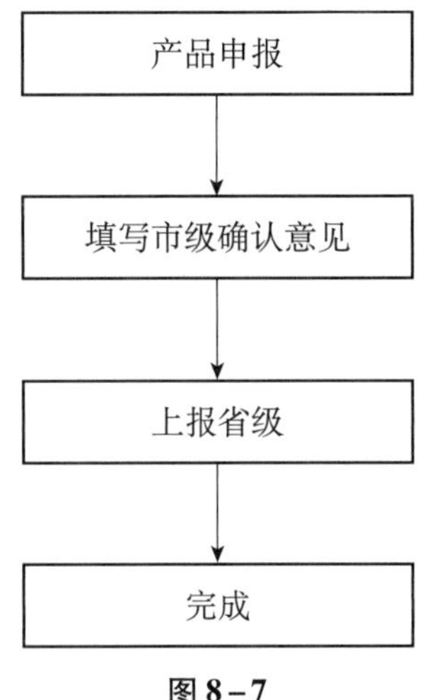

图 8－7

3. 年度确认（图 8－8）

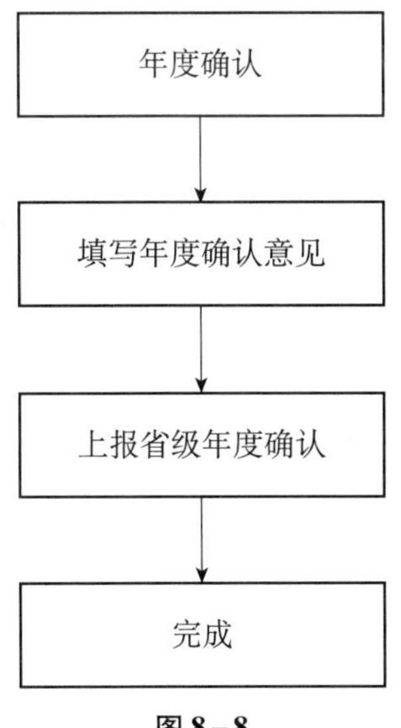

图 8－8

4. 产品注销（图 8－9）

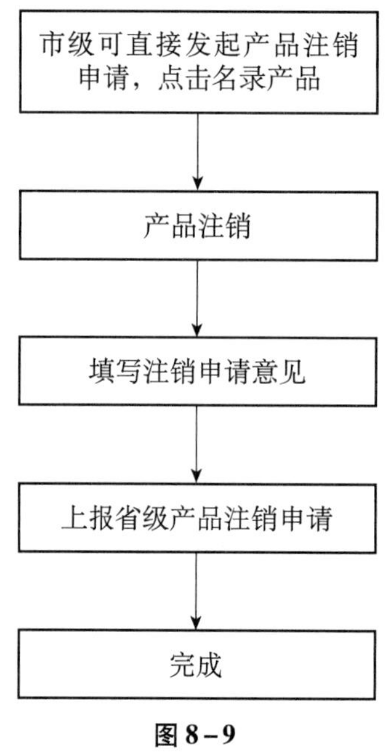

图 8－9

（三）省级工作流程

1. 系统登录（图 8－10）

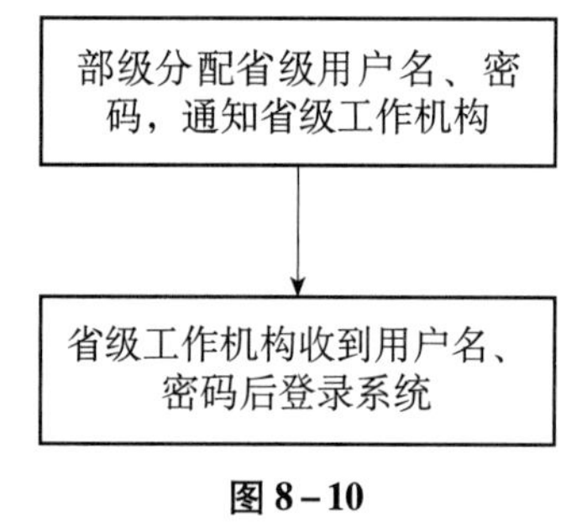

图 8－10

2. 产品申报（图 8－11）

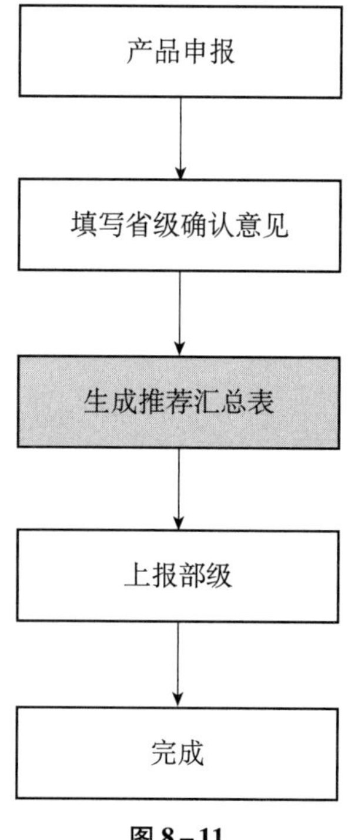

图 8－11

3. 年度确认（图 8－12）

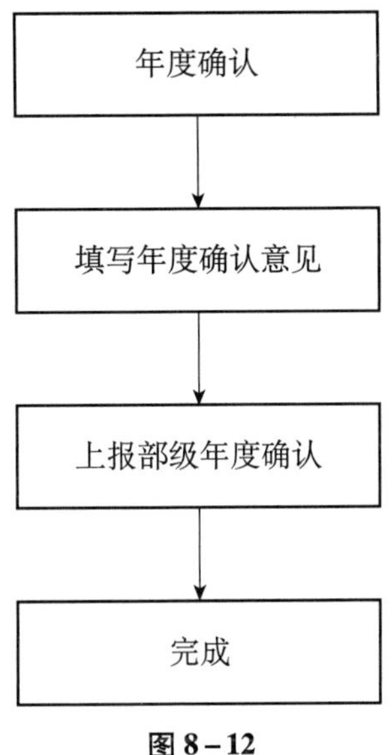

图 8－12

4. 产品注销（图 8－13）

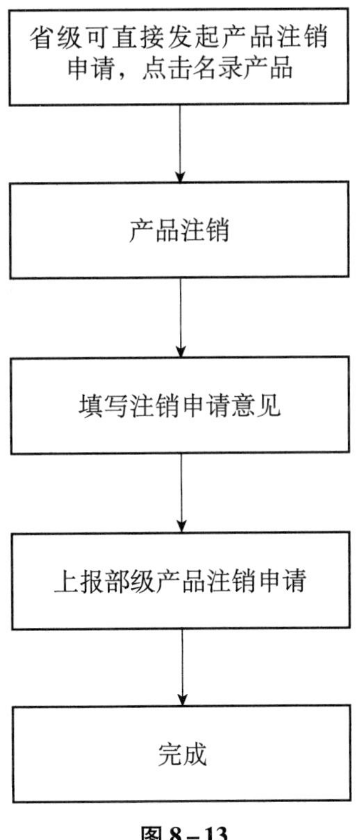

图 8－13

(四) 评价鉴定机构工作流程

品质检测流程见图 8－14。

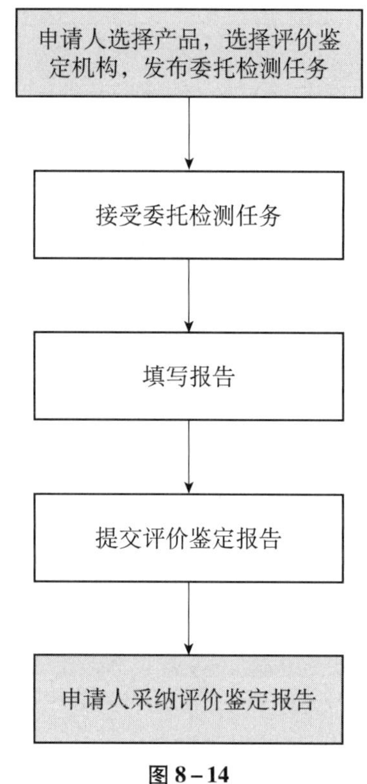

图 8－14

三、功能描述

为确保系统各项功能正常使用，推荐各级工作机构使用 360 浏览器极速模式。

(一) 区县级操作说明

1. 系统登录

方式一：打开“农业农村部农产品质量安全中心”网站，点击右侧“全国名特优新农产品名录”链接进入，如图 8－15、图 8－16 所示。

方式二：在浏览器中直接输入网址：http://aqsc. org. cn/mtyx。

注意：区县级用户账户、密码由市级工作机构统一分配，没有账户或忘记账户、密码，请与市级工作机构联系重置，或与技术支持（QQ、工作电话）联系。

用户登录下方有“关于继续探索开展全国名特优新农产品名录收集登录工作的通知”“省、市级用户手册”“县（区）级用户手册”链接，各级用户可以点击进入浏览。

2. 通知通告

点击左侧“系统菜单”下的【通知公告】可查看通知公告信息，点击标题链接可

体系建设　**政策法规**　更多›

- 湖南省绿色食品办公室关于积极开展全国... 09.05
- 内蒙古自治区名特优新农产品全程质量控... 08.22
- 土默特右旗召开农产品全程质量控制技术... 08.22
- 上海市2019年农业质量体系与品牌建设专... 08.09
- 内蒙古自治区名特优新农产品全程质量控... 07.25
- 山东省农业农村厅关于积极开展全国农产... 07.05

质量标准　**检验检测**　更多›

- 上海市兽药饲料检测所制定的三项国家标... 09.05
- 青藏高原牦牛标准体系建设研讨会召开 09.04
- 江西建成农产品标准化及可追溯平台 08.29
- 中华人民共和国农业农村部公告 第196号 08.16
- 中华人民共和国农业农村部公告 第197号 08.16
- 关于征集《剑麻钢丝绳芯》（征求意见稿... 08.13

质量追溯　**投入品管理**　更多›

- 厦门市加快提升农产品质量安全水平 ... 09.04
- 湖北全面运行国家农产品质量安全追溯信... 09.02
- 江西建成农产品标准化及可追溯平台 08.29
- 武功积极推进农产品质量安全追溯 08.28
- 海南省农业农村厅质量处组织召开海南农... 08.27
- 录入农产品质量安全监管平台的主体超700... 08.27

督导检查　**信用体系**　更多›

- 湖北全方位监管农产品质量安全 确保节会... 09.04
- 汶上县探索食品安全监管新模式 抓源... 08.30
- 加强例行监测抽检 确保农产品质量安全 08.29
- 农产品质量安全：常州正在建设全链条监... 08.28
- 山东省农业农村厅关于2019年农药监督抽... 08.21
- 山西省农业农村厅办公室关于加强饲料兽... 08.20

科普天地　**国际食品法典**　更多›

- 挑选大米的技巧 09.04
- 农业农村部将开展非洲猪瘟疫苗研发和快... 09.03
- 科学防范畜禽产品病原微生物污染 09.02
- 科学把握冷冻肉保质期 08.27
- 话说羊肉独特风味 08.27
- 何为排酸肉？ 08.21

名特优新　**党群工作**　更多›

- 中卫市新添两个全国名特优新农产品 09.05
- 衢州两农产品入选全国名特优新农产品名录 09.03
- 德庆2农业品牌入选全国名特优新农产品名录 09.02
- 全国名特优新农产品名录（动态查询） 08.30
- 三门青蟹入选全国名特优新农产品名录 08.29
- 温岭市2个产品入选全国名特优新农产品名录 08.27

省级工作机构名录
风险评估实验室（站）
农产品质量安全专家组名录
国家农产品质量安全县(市、区)
农资打假监管系统
全程质量控制体系（GAP、HACCP、GMP）
全国名特优新农产品名录
三品一标
全国无公害农产品防伪标识服务系统
动物福利

图 8 – 15

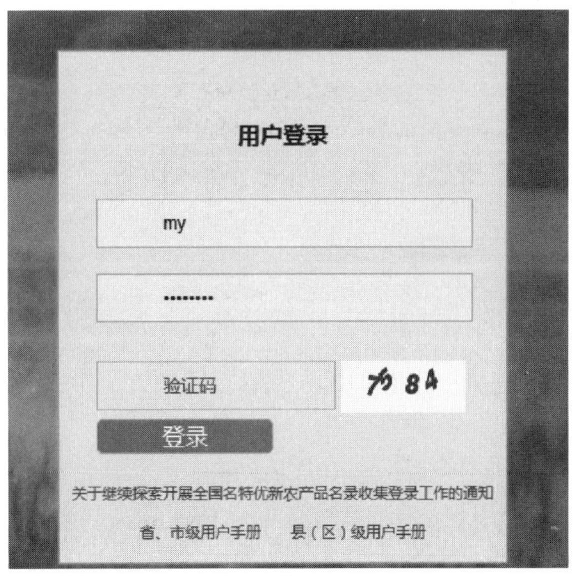

图 8 – 16

以浏览详细信息。如图 8 – 17 所示。

3. 产品申报

点击【产品申报】→【申报管理】→【添加申请表】，进入申报信息填写页面→填写完成后点击【保存】，提示保存申请产品信息成功后，点击确定自动返回到本页。如图 8 – 18、图 8 – 19 所示。

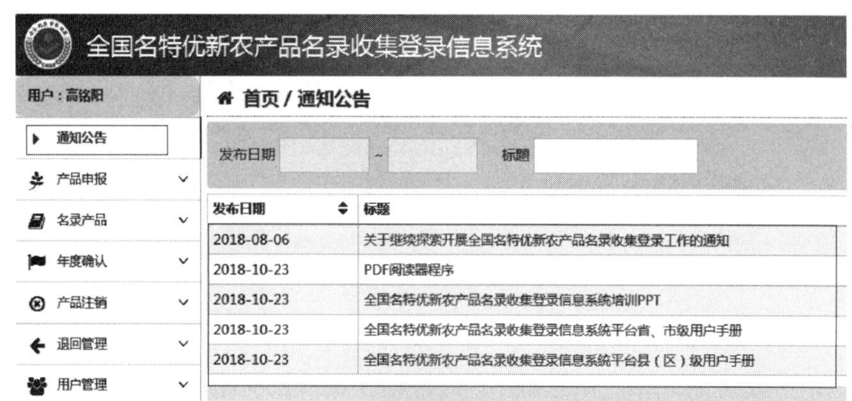

图 8－17

图 8－18　　图 8－19

（1）产品申报

产品录入，点击“添加申请表”→可以看到四个列表（申请产品信息、申请单位信息、主要生产经营单位情况、推荐审核意见）依次填写“信息”→点击“保存”→保存成功。

①填写申请产品信息，如图 8－20 所示。

产品类别说明：

产品类别由国家中心统一审核、管理，对应申报中没有的产品类别，请向技术支持或国家中心申请，由国家中心审核后添加。

②填写申请单位信息，如图 8－21 所示。

全国名特优新农产品名录申请表-添加

一、申请产品信息　二、申请单位信息　三、主要生产经营单位情况　四、申请意见

产品名称　（不得添加企业名称、合作社名称、企业商标名

行业类别　种植业

收获（出栏、捕捞等）时间　（如11月、全年等）

主要产地（填至村一级）　（如果所含村名超过30个，只描述至乡镇一级）

生产规模　（只能填数字）　公顷

产品外在特征：（建议参照营养品质鉴定报告填写）　建议参照营养品质鉴定报告填写

图 8－20

全国名特优新农产品名录申请表-添加

一、申请产品信息　二、申请单位信息　三、主要生产经营单位情况　四、申请意见

申请单位全称

法人代表（负责人）

联系电话

传真

通讯地址

图 8－21

③填写主要生产经营单位情况，如图 8－22 所示，生产经营单位可以添加多个。

填写完成一个生产经营单位信息后，如需继续添加生产经营单位，请点击左侧保存并继续添加按钮，如图 8－23 所示。如需删除已添加生产经营单位，点击生产经营单位列表后操作栏的【删除】按钮。

④填写推荐审核意见，如图 8－24 所示，审核意见可根据本地区实际情况，修改填写。

全国名特优新农产品名录申请表-添加

一、申请产品信息　二、申请单位信息　三、主要生产经营单位情况　四、申请意见

序号	生产经营单位名称	操作

保存并继续+添加

生产单位全称
法人代表（负责人）
注册商标
生产规模（公顷，万头、万只、万羽等）
联系人
联系电话
传真
通讯地址

图 8－22

全国名特优新农产品名录申请表-修改

一、申请产品信息　二、申请单位信息　三、主要生产经营单位情况　四、申请意见

序号	生产经营单位名称	操作
1	芙蓉长友生态种植专业合作社	删除

保存并继续+添加

生产单位全称
法人代表（负责人）
注册商标
生产规模（公顷，万头、万只、万羽等）
联系人
联系电话
传真
通讯地址

图 8－23

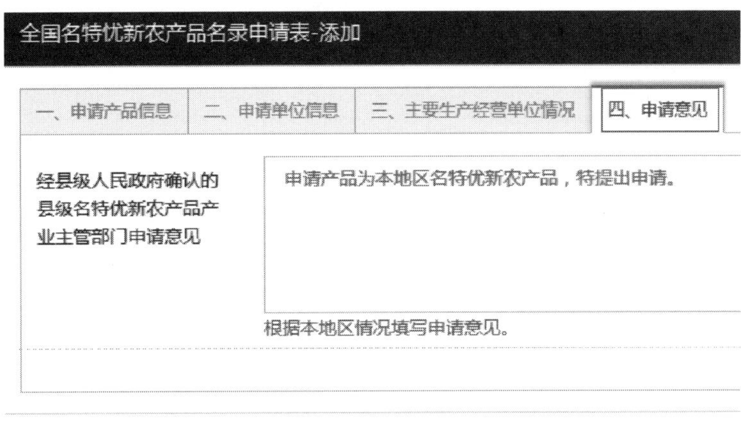

图 8－24

（2）委托营养品质评价鉴定机构检测

①委托检测。申报单位按照产品类别选择有相关检测资质的营养品质评价鉴定机构进行检测，在申报产品列表中操作栏点击【委托机构】按钮，如图 8－25 所示，在弹出的评价鉴定机构列表中选择评价鉴定机构，可按机构名称、机构地址、可鉴定产品进行模糊检索，输入后列表自动按查询条件过滤显示，点击【委托】，选择的鉴定机构即加入右侧列表，点击【确定】（图 8－26）。

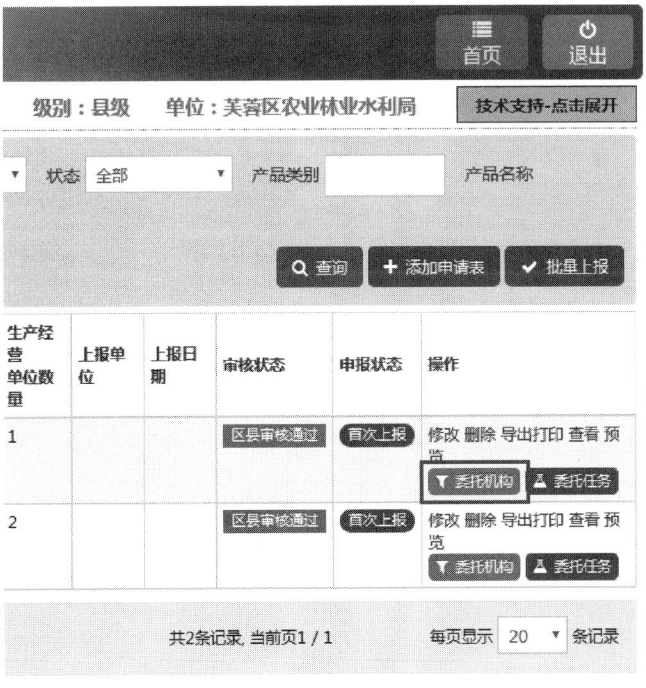

首页　退出

级别：县级　单位：芙蓉区农业林业水利局　技术支持-点击展开

状态 全部　产品类别　产品名称

查询　添加申请表　批量上报

生产经营单位数量	上报单位	上报日期	审核状态	申报状态	操作
1			区县审核通过	首次上报	修改 删除 导出打印 查看 预览 委托机构 委托任务
2			区县审核通过	首次上报	修改 删除 导出打印 查看 预览 委托机构 委托任务

共2条记录，当前页1 / 1　每页显示 20 条记录

图 8－25

委托评价鉴定机构（机构数量：78）

机构名称：　　机构地址：　　可鉴定产品：

机构编号	机构名称	可评价鉴定的产品	
CAQS-PJ-0001	浙江省农业科学院农产品质量标准研究所	1、种植业类：粮食作物及其加工产品（如稻米、豆类、小杂粮等）、蔬菜及其加工品（各类新鲜、速冻、干制蔬菜）、水果、食用菌及其制品、茶叶、坚果类（山核桃、香榧、板栗等）、食用花卉（菊花等）、中草药（铁皮石...	委托
CAQS-PJ-0002	江苏省农业科学院农产品质量安全与营养研究所	1、粮油类：谷类、麦类、豆类、杂粮类、油料类、薯类、米面等粮油加工品等。2、瓜果类：各种水果、干果、瓜类产品；蔬菜类：各种蔬菜（根茎、叶菜、花菜、果菜、芽菜）及其初加工品等。3、食用菌菇类：各种食用真...	委托
CAQS-PJ-0003	吉林省农业科学院农业质量标准与检测技术研究所	1、蔬菜：结球白菜、普通白菜（小白菜）、乌塌菜、紫菜薹、菜薹（心）、薹菜、结球甘蓝、赤球甘蓝、抱子甘蓝、皱叶甘蓝、羽衣甘蓝、花椰菜、青花菜、球茎甘蓝、芥蓝、大蒜、洋葱、韭菜、葱、青蒜、蒜薹、韭葱、菠菜...	委托

图 8－26

②采纳检测报告。评价鉴定机构检测完成后，提交检测报告，申报单位在申报产品列表中操作栏点击【委托任务】，在委托任务列表中选择委托检测任务，点击【采纳】（图 8－27）。

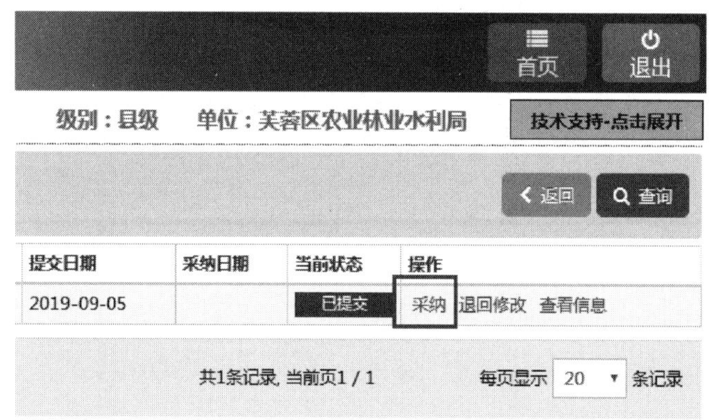

图 8－27

③修改、删除、预览。已完成填报的产品，可以在申报列表操作栏目选择修改、删除、预览、导出打印等操作（图 8－28）。

未上报产品，也可以导出打印，为了确保系统信息与上报纸质材料一致，未上报产品导出打印的文件，包含了水印【未上报，上报后导出打印无水印】的提示信息（图 8－29）。

导出打印文件为 PDF 格式文件，请下载安装 PDF 文件阅读程序。

④上报［申请表］到市级主管部门。申报产品所有信息填写完整并确认准确无误后，选择要上报产品，点击申报列表右上角【批量上报】按钮，上报申报产品到市级工作机构，点击上报后，系统会自动检查申报信息是否完整，如不完整，请按提示进行修改。如图 8－30、图 8－31 所示。

图 8－28

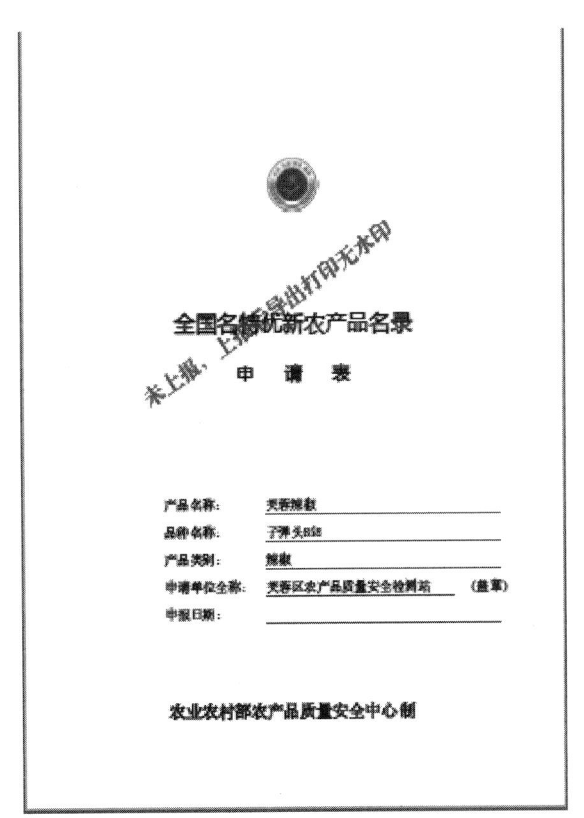

全国名特优新农产品名录

申　请　表

产品名称：芙蓉辣椒

品种名称：子弹头[illegible]

产品类别：辣椒

申请单位全称：芙蓉区农产品质量安全检测站　（盖章）

申报日期：

农业农村部农产品质量安全中心制

图 8－29

（注：上报到市级主管部门后区县级用户将不能再进行修改。）

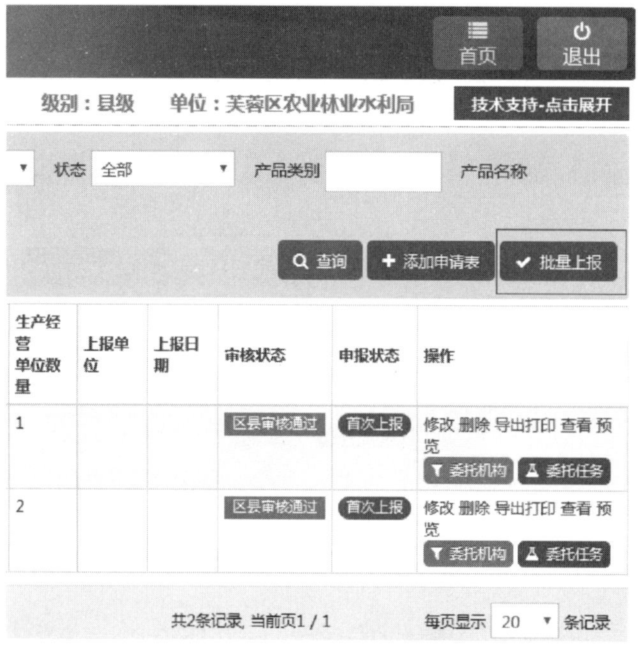

首页
退出
级别：县级　单位：芙蓉区农业林业水利局
技术支持-点击展开
状态　全部　产品类别　产品名称
查询
添加申请表
批量上报
生产经营单位数量
上报单位
上报日期
审核状态
申报状态
操作
1
区县审核通过
首次上报
修改 删除 导出打印 查看 预览
委托机构
委托任务
2
区县审核通过
首次上报
修改 删除 导出打印 查看 预览
委托机构
委托任务
共2条记录, 当前页1 / 1
每页显示 20 条记录

图 8－30

芙蓉苹果：三、主要生产经营单位情况：芙蓉区天天果品有限责任公司通讯地址不能为空
关闭

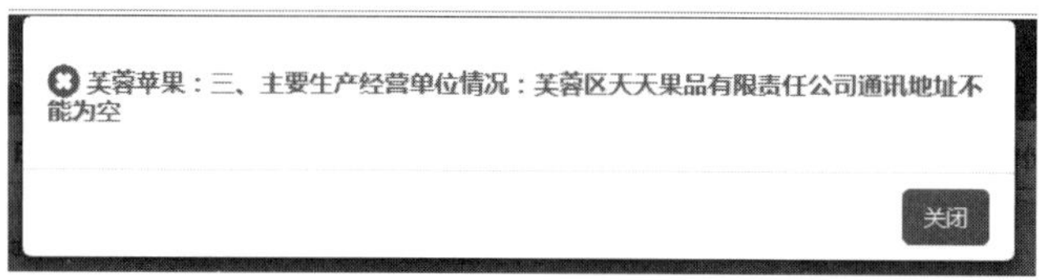

图 8－31

⑤导出打印。上报完成后，导出打印。导出打印 PDF 文件包含“本材料纸质文本与申报系统信息一致”水印，上级工作机构以包含此水印纸质材料为正式申报文件。如图 8－32、图 8－33 所示。

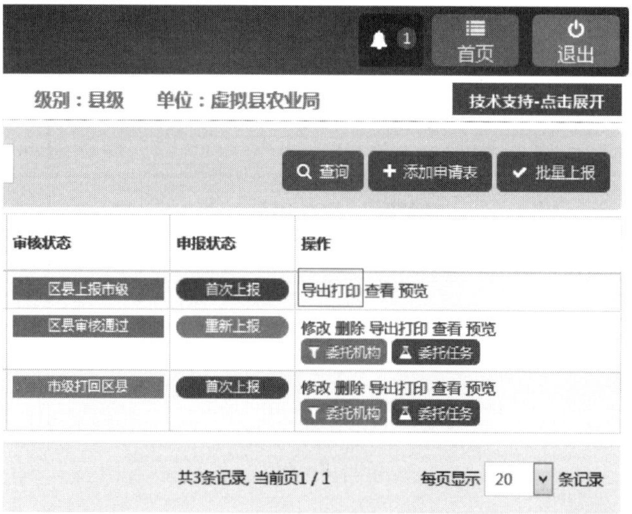

1
首页
退出
级别：县级　单位：虚拟县农业局
技术支持-点击展开
查询
添加申请表
批量上报
审核状态
申报状态
操作
区县上报市级
首次上报
导出打印 查看 预览
区县审核通过
重新上报
修改 删除 导出打印 查看 预览
委托机构
委托任务
市级打回区县
首次上报
修改 删除 导出打印 查看 预览
委托机构
委托任务
共3条记录, 当前页1 / 1
每页显示 20 条记录

图 8－32

全国名特优新农产品名录

申　请　表

产品名称：　赵辰测试

品种名称：　赵辰品种

产品类别：　薰衣草

申请单位全称：　辰123中心　（盖章）

申报日期：　2019年06月28日

农业农村部农产品质量安全中心 制

本 材 料 纸 质 文 本 与 申 报 系 统 信 息 一 致

图 8－33

把导出的资料打印成纸质材料加盖公章和签字后，一并邮寄到上级。

4. 名录产品

名录产品为已通过国家中心审核，纳入全国名特优新农产品名录的产品，如图 8－34 所示。对于名录产品，可以进行年度确认、注销等操作。同时，在有效期到期前 3 个月开始提醒，进行年度确认。

名录产品列表中点击年度确认后，该产品状态“是否已申请年度确认”为是，同时，该产品在年度确认中待确认产品列表中也显示出来，可在年度确认中跟踪年度确认审核状态。

图 8-34

5. 年度确认

（1）待确认产品

待确认产品中为正在申请年度确认的产品，年度确认流程和产品申报流程一样，通过市级、省级、部级逐级审核。如图 8-35 所示。

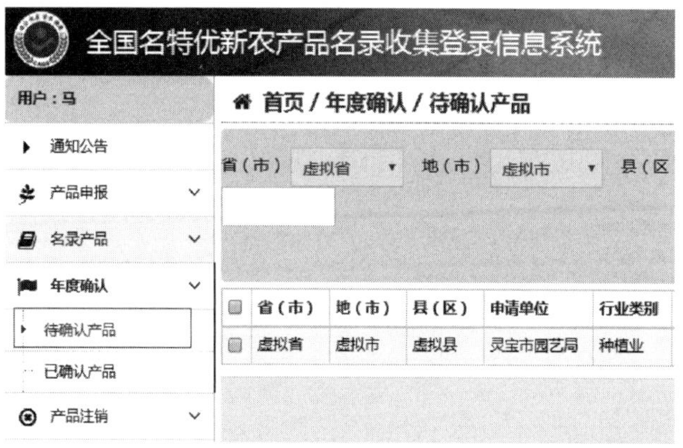

图 8-35

点击产品信息修改进入推荐审核意见，填写申请意见，然后点击通过申请，再点击保存完成。如图 8-36、图 8-37 所示。

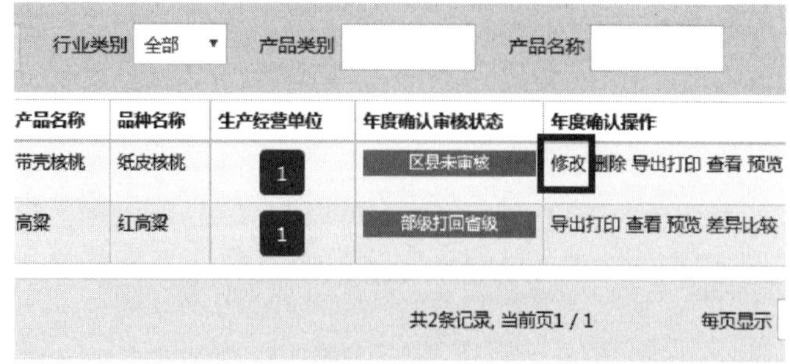

图 8-36

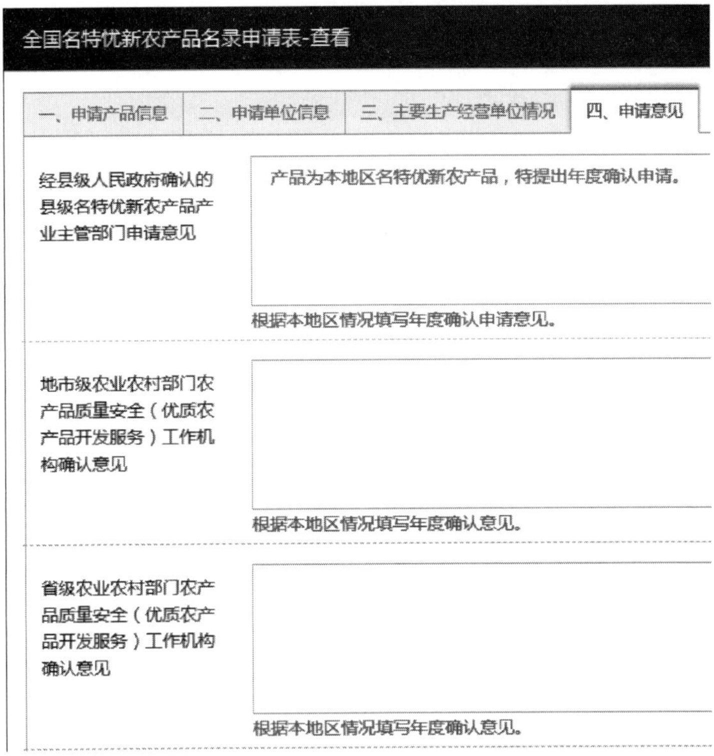

全国名特优新农产品名录申请表-查看
一、申请产品信息
二、申请单位信息
三、主要生产经营单位情况
四、申请意见
经县级人民政府确认的县级名特优新农产品产业主管部门申请意见
产品为本地区名特优新农产品，特提出年度确认申请。
根据本地区情况填写年度确认申请意见。
地市级农业农村部门农产品质量安全（优质农产品开发服务）工作机构确认意见
根据本地区情况填写年度确认意见。
省级农业农村部门农产品质量安全（优质农产品开发服务）工作机构确认意见
根据本地区情况填写年度确认意见。

图 8－37

根据实际情况，对产品申报信息、生产经营单位信息等进行修改，确认无误后，选择年度确认产品，点击【批量上报】，点击确认，上报成功，点击确认完成。如图 8－38 所示。

首页
退出
级别：县级 单位：虚拟县农业局
技术支持-点击展开
状态 全部
产品类别
产品名称
查询
批量上报
生产经营单位数量
年度确认审核状态
操作
10
市级上报省级
导出打印 查看 预览 差异比较 比较鉴定报告
共1条记录, 当前页1 / 1
每页显示 20 条记录

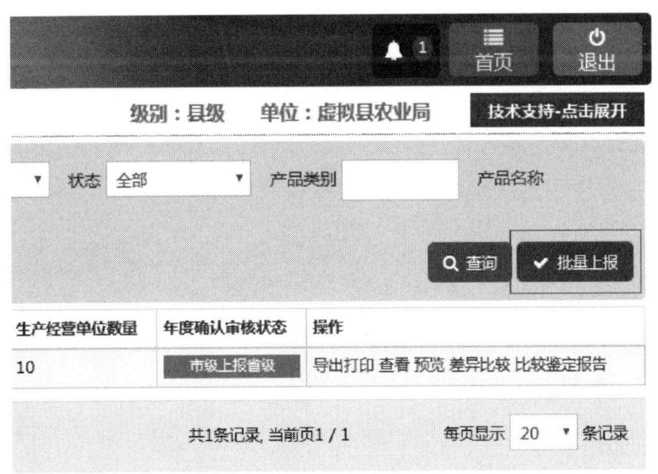

图 8－38

（2）已确认产品

已确认产品中为已通过年度确认的产品，点击【历次确认】可以查看年度确认历

史记录，可以浏览本次申报和上年度之间的差异比较，比较鉴定报告（图 8－39）。

图 8－39

（3）导出年度确认证书

选择已通过年度确认产品，点击【导出年度确认证书】，系统自动生成年度确认证书，申报单位自行彩色打印即可（图 8－40、图 8－41）。

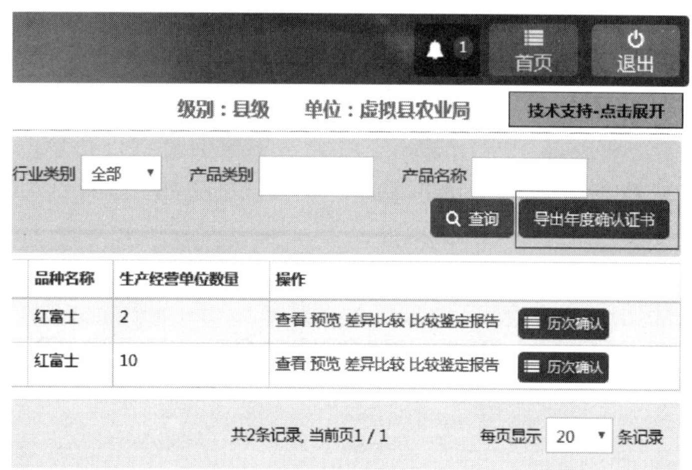

图 8－40

6. 产品注销

（1）待注销产品

在名录产品中，选择注销产品后，产品进入注销申请状态，待注销产品为正在申请注销的产品列表（图 8－42）。

产品注销流程为区县申请，市、省、部逐级审核。

（2）已注销产品

已注销产品为已通过国家中心审核、正式注销的产品列表。

安全 优质 营养 健康
CAQS
年度确认证书
证书编号为CAQS-MTYX-20180004的产品已经
2019-2020年度确认，有效期至2020年11月28日。
主要生产经营单位：
1.长沙县北山镇梅庄家庭农场
产地正宗
品质地道

图 8－41

全国名特优新农产品名录收集登录信息系统
用户：马
首页 / 产品注销 / 待注销产品
通知公告
产品申报
名录产品
年度确认
产品注销
待注销产品
已注销产品
退回管理
用户管理
统计汇总
修改密码
省（市）
虚拟省
地（市）
虚拟市
省（市）
地（市）
县（区）
申请单位
虚拟省
虚拟市
虚拟县
灵宝市园艺局

图 8－42

7. 退回管理

（1）退回产品

部级审核中发现申报产品信息需要补充时，可以直接打回县级修改，退回产品为打回修改的产品列表（图 8－43），可查看退回原因或重新申报。

图 8－43

（2）退回记录

退回记录为所有退回产品列表（图 8－44）。

图 8－44

8. 用户管理

（1）农业部门用户

点击用户管理—农业部门用户，可看到县级用户的信息。如图 8–45 所示。

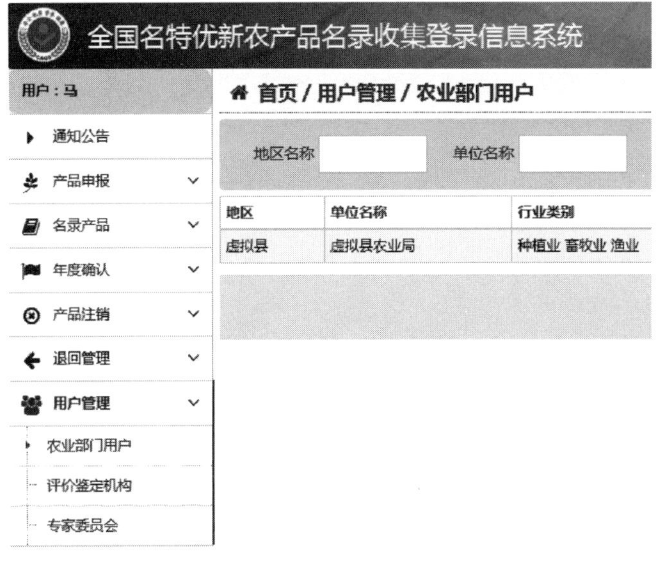

图 8–45

点击编辑按钮可进行用户修改。如图 8–46 所示。登录账户、行业类别为上级分配用户账户时指定，如需修改，请联系市级工作机构。

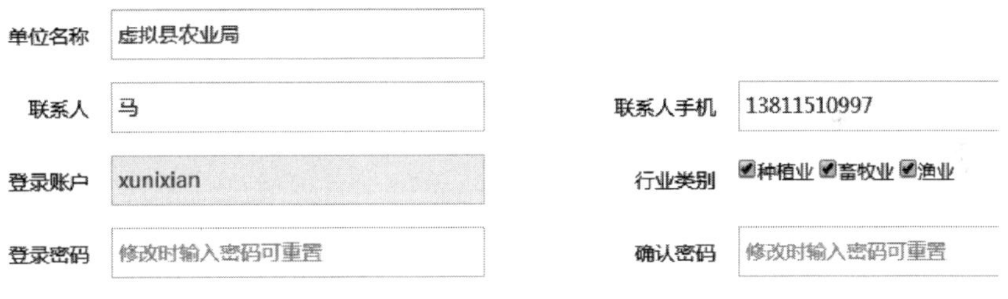

图 8–46

（2）评价鉴定机构

评价鉴定机构为经过农业农村部农产品质量安全中心审核的评价鉴定机构，申报单位可选择相关评价鉴定机构进行申报产品营养品质检测，点击操作栏可以浏览详细信息。如图 8–47、图 8–48 所示。

（3）专家委员会

浏览经过部级审核的专家名单（图 8–49）。

9. 统计汇总

点击统计汇总可看到产品量统计、工作量统计、生产规模统计。

图 8－47

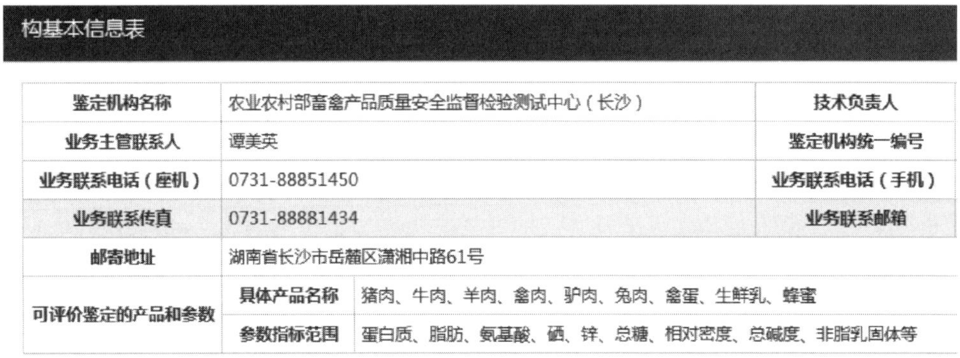

构基本信息表

鉴定机构名称	农业农村部畜禽产品质量安全监督检验测试中心（长沙）		技术负责人
业务主管联系人	谭美英		鉴定机构统一编号
业务联系电话（座机）	0731-88851450		业务联系电话（手机）
业务联系传真	0731-88881434		业务联系邮箱
邮寄地址	湖南省长沙市岳麓区潇湘中路61号		
可评价鉴定的产品和参数	具体产品名称	猪肉、牛肉、羊肉、禽肉、驴肉、兔肉、禽蛋、生鲜乳、蜂蜜	
	参数指标范围	蛋白质、脂肪、氨基酸、硒、锌、总糖、相对密度、总碱度、非脂乳固体等	

图 8－48

10. 修改密码

为了保证信息安全，按照农业农村部信息中心要求，所有用户密码不能使用简单密码，因此，修改密码时（图 8－50），要求必须新密码不能和账号一样，不能和原密码一样，不能包含空格，必须包含大写字母、小写字母、数字、特殊符号这 4 类字符，长度为 8～16 位，特殊符号必须在这 16 个字符中选择！@ ＃$％^ *()_－|，.;:。

修改密码后，请务必牢记、妥善保存密码，如确实忘记密码，请联系上级工作机构重置密码或联系技术支持工程师重置。

全国名特优新农产品名录收集登录信息系统

用户：马

首页 / 用户管理 / 专家委员会

通知公告
产品申报
名录产品
年度确认
产品注销
退回管理
用户管理
农业部门用户
评价鉴定机构
专家委员会
统计汇总
修改密码

证书编号　专家姓名

证书编号	专家姓名	单位名称
CAQS-MTYX-0001	罗云波	中国农业大学食品科学与营养工程学院
CAQS-MTYX-0002	刘贤金	江苏省农业科学院
CAQS-MTYX-0003	赵志辉	上海市农业科学院
CAQS-MTYX-0004	王加启	中国农业科学院蜜蜂研究所
CAQS-MTYX-0005	焦必宁	中国农业科学院柑桔研究所
CAQS-MTYX-0006	王敏	中国农科院质量标准研究中心
CAQS-MTYX-0007	罗林广	江西省农业科学院
CAQS-MTYX-0008	王强	浙江省农业科学院质标所
CAQS-MTYX-0009	韩刚	中国水产科学研究院质量标准中心
CAQS-MTYX-0010	刘新	中国农业科学院茶叶研究所
CAQS-MTYX-0011	罗金辉	中国热带农业科学院分析测试中心
CAQS-MTYX-0012	张树秋	山东省农业科学院质标所
CAQS-MTYX-0013	周昌艳	上海市农业科学质标所
CAQS-MTYX-0014	范蓓	中国农科院农产品加工研究所

图 8-49

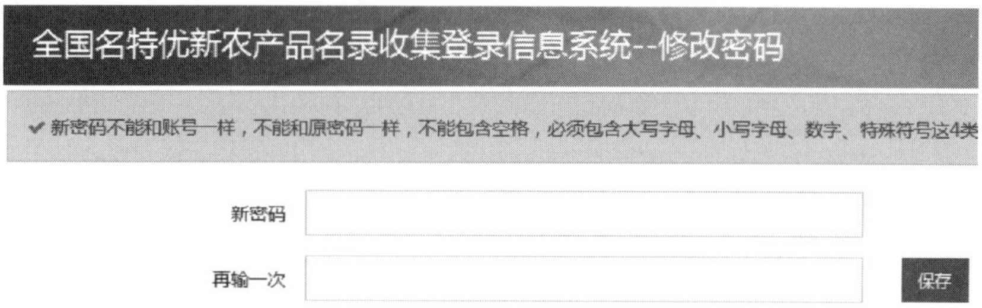

全国名特优新农产品名录收集登录信息系统--修改密码

✔ 新密码不能和账号一样，不能和原密码一样，不能包含空格，必须包含大写字母、小写字母、数字、特殊符号这4类

新密码

再输一次　　保存

图 8-50

（二）市级操作说明

1. 系统登录

方式一：打开“农业农村部农产品质量安全中心”网站，点击右侧“全国名特优新农产品名录”链接进入，如图 8-15、图 8-16 所示。

方式二：在浏览器中直接输入网址：http：//aqsc. org. cn/mtyx。

注意：市级用户账户、密码由省级工作机构统一分配，没有账户或忘记账户、密码，请与省级工作机构联系重置，或与技术支持（QQ、电话）联系。

2. 通知公告

点击左侧“系统菜单”下的【通知公告】可查看通知公告信息，点击标题链接可以浏览详细信息。如图 8-51 所示。

3. 产品申报

（1）申报产品列表

点击产品申报下申报管理，可看到县级申报上来的产品信息。如图 8-52 所示。

全国名特优新农产品名录收集登录信息系统

用户：高铭阳

首页 / 通知公告

通知公告　产品申报　名录产品　年度确认　产品注销　退回管理　用户管理　统计汇总

发布日期　～　标题

发布日期	标题
2018-08-06	关于继续探索开展全国名特优新农产品名录收集登录工作的通知
2018-10-23	PDF阅读器程序
2018-10-23	全国名特优新农产品名录收集登录信息系统培训PPT
2018-10-23	全国名特优新农产品名录收集登录信息系统平台省、市级用户手册
2018-10-23	全国名特优新农产品名录收集登录信息系统平台县（区）级用户手册

图 8－51

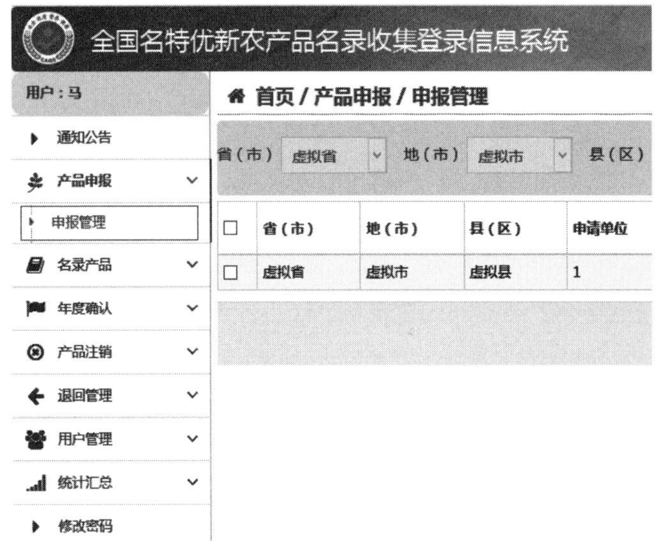

图 8－52

（2）推荐审核意见

在申报产品列表中，选择审核产品，在操作栏，选择【审核】，如图 8－53 所示。

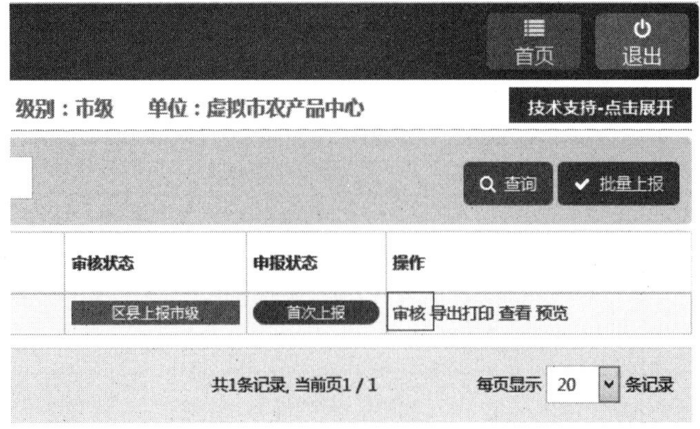

图 8－53

点击审核，弹出审核推荐意见，填写审核意见，选择确认同意，保存推荐审核意见。如图 8－54 所示。

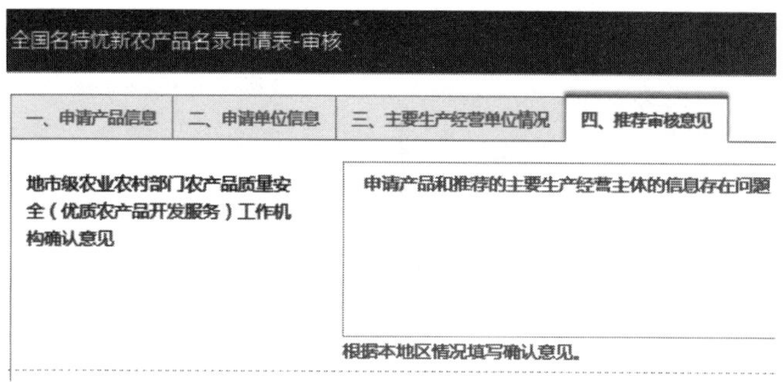

图 8－54

选择审核结果，确认同意或不同意，保存。如图 8－55 所示。

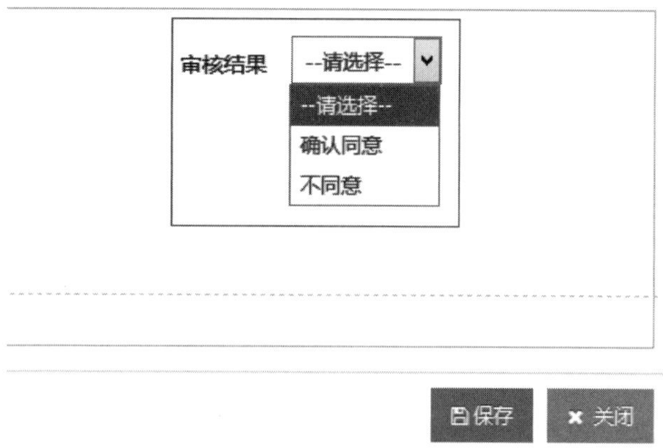

审核结果 --请选择--
--请选择--
确认同意
不同意
保存 关闭

图 8－55

根据审核结果，可以选择【保存并上报】或【保存并退回】。如图 8－56 所示。对于批量审核、上报的，可以选择【保存】，逐个填写完推荐审核意见后，批量上报，见第（4）步，批量上报。

图 8－56

（3）批量上报

对于批量审核产品，可以在填写每个申报产品推荐审核意见时，保存，然后统一批量上报。选择要上报的产品，点击右上角【批量上报】按钮。如图 8－57 所示。

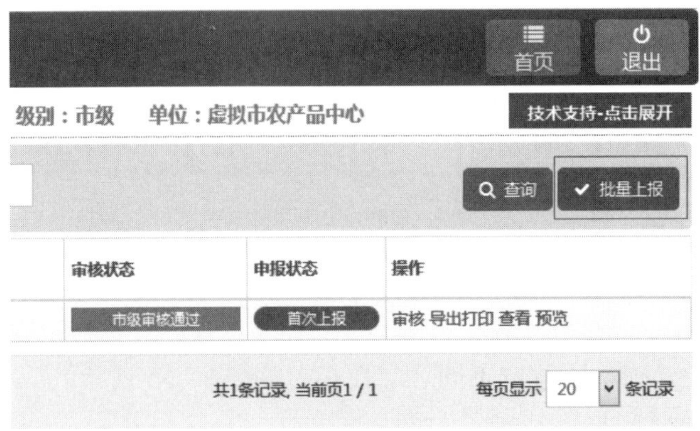

图 8－57

（4）退回修改

对于审核不通过的产品，可以在填写推荐审核意见时，选择审核结果为不同意，直接点击【保存并退回】，或者保存后，在申报产品列表中，点击【退回修改】，将申请书退回到县级，县级可以继续修改申请表。如图 8－58 所示。

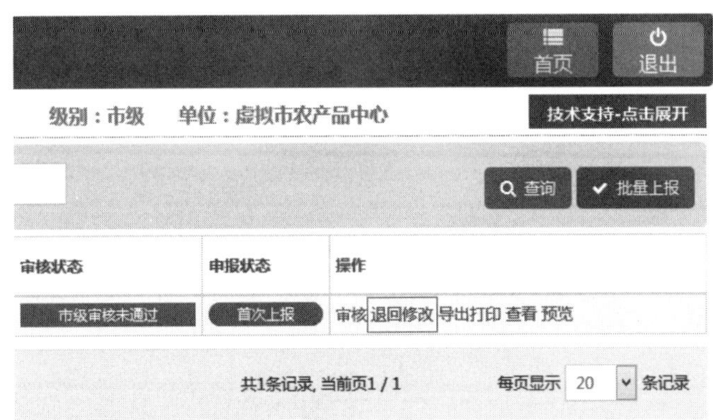

图 8－58

4. 名录产品

名录产品为本地区已纳入全国名特优新农产品名录的产品。如图 8－59 所示，可以查看产品申报信息，或进行产品注销操作。

5. 年度确认

（1）待确认产品

待确认产品为区县上报的年度确认产品，年度确认流程和产品申报流程相同，需要填写推荐审核意见后上报。如图 8－60 所示。

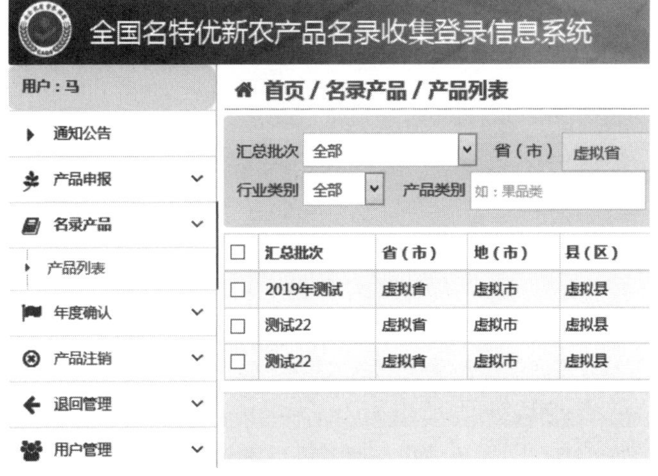

图 8－59

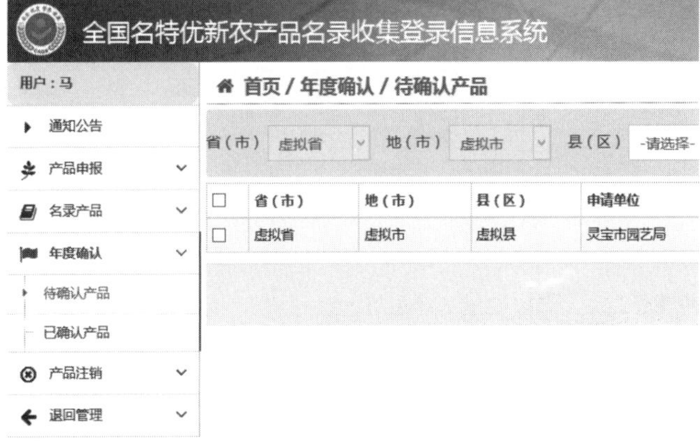

图 8－60

①填写推荐审核意见，选择审核结果，如图 8－61 所示。

图 8－61

②差异比较。列出上年度申报信息与本年度申报信息不同项目，便于审核比较。如图 8－62 所示。

数据差异项	上个确认周期数据	本次确认周期数据
生产历史	97年	98年

图 8－62

③比较鉴定报告。列出上年度营养品质评价鉴定报告与本年度营养品质评价鉴定报告中有差异的检测项目，便于审核比较。如图 8－63 所示。

数据差异项	上个确认周期数据	本次确认周期数据

图 8－63

（2）已确认产品

列出已通过国家中心年度确认审核的产品。可以浏览差异比较、比较鉴定报告，点击【历次确认】可以浏览年度确认历史记录。如图 8－64 所示。

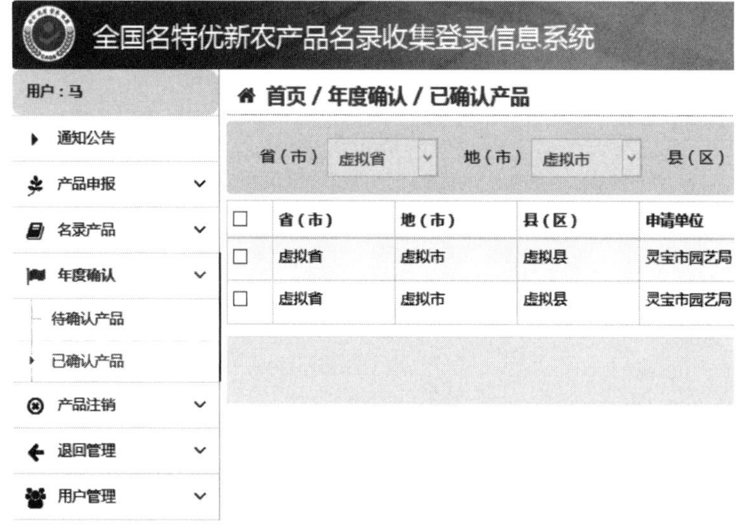

图 8－64

6. 产品注销

（1）待注销产品

县级申请注销的产品列表，市级填写审核意见。

（2）历史记录

显示本地区已完成注销审核的产品。

7. 退回管理

（1）退回产品

部级审核中发现申报产品信息需要补充时，可以直接打回县级修改，退回产品为打回修改的产品列表，可查看退回原因或重新申报（图 8－65）。

（2）退回记录

退回记录为所有退回产品列表（图 8－66）。

8. 用户管理

（1）农业部门用户

1）市级用户管理

市级用户由省级工作机构分配，每个市可以有多个用户。每个市级用户可修改登录市级用户信息。如 8－67 所示。

图 8－65

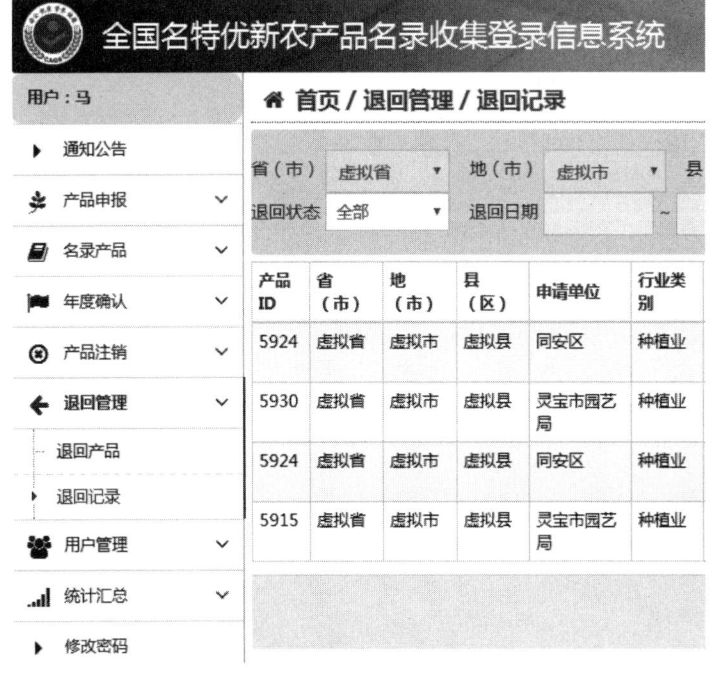

图 8－66

市级登录账户（图 8－68）、行业类别为省级工作机构分配，不能由本级修改，如需修改，请联系上级工作机构。

图 8－67

图 8－68

2）县级用户管理

市级用户可以对县级用户进行增加、修改、删除操作。如图 8－69 所示。

图 8－69

选择县级名称，填写信息、账号密码、行业类别。如图 8-70 所示。保存用户信息时，自动向联系人手机发送账户、密码短信通知。

请注意：行业类别分为种植业、畜牧业、渔业，可为县级用户授权单个行业类别或多个行业类别的产品申报，系统会根据上级为本级授权的行业类别，本级只能授权自己管理的行业类别。

地区 芙蓉区
单位名称
联系人
联系人手机
登录账户
行业类别 □种植业 □畜牧业 □渔业
登录密码 修改时输入密码可重置
确认密码 修改时输入密码可重置
是否只读用户 否
只读用户：只有查看权限，没有增、删、改的权限。

图 8-70

（2）评价鉴定机构

评价鉴定机构为经过农业农村部农产品质量安全中心审核的评价鉴定机构，申报单位可选择相关评价鉴定机构进行申报产品营养品质检测，点击操作栏可以浏览详细信息。如图 8-71、图 8-72 所示。

全国名特优新农产品名录收集登录信息系统

用户：马
通知公告
产品申报
名录产品
年度确认
产品注销
退回管理
用户管理
农业部门用户
评价鉴定机构
专家委员会
短信发送
统计汇总
修改密码

首页 / 用户管理 / 评价鉴定机构

鉴定机构统一编号 机构名称 地址

机构编号	机构名称	技术负责人	业务联系人
	农业农村部畜禽产品质量安全监督检验测试中心（长沙）	肖安东	谭美英
	农业部农产品质量监督检验测试中心（北京）	许文涛	戴蕴青
	山东诺正检测有限公司	刘瑞珍	李江
CAQS-PJ-0001	浙江省农业科学院农产品质量标准研究所	王伟	朱加虹
CAQS-PJ-0002	江苏省农业科学院农产品质量安全与营养研究所	史建荣	孙立荣
CAQS-PJ-0003	吉林省农业科学院农业质量标准与检测技术研究所	魏春雁	仇建飞
CAQS-PJ-0004	吉林农业大学农业质量标准与检测技术研究中心	李月茹	赵丹
CAQS-PJ-0005	湖南省食品测试分析中心	李高阳	尚雪波
CAQS-PJ-0006	山东省农业科学院农业质量标准与检测技术研究所	陈子雷	董崭

图 8-71

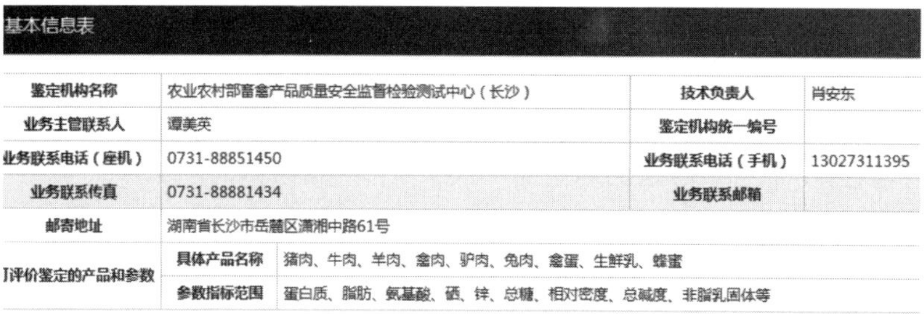

基本信息表

鉴定机构名称	农业农村部畜禽产品质量安全监督检验测试中心（长沙）		技术负责人	肖安东
业务主管联系人	谭美英		鉴定机构统一编号	
业务联系电话（座机）	0731-88851450		业务联系电话（手机）	13027311395
业务联系传真	0731-88881434		业务联系邮箱	
邮寄地址	湖南省长沙市岳麓区潇湘中路61号			
评价鉴定的产品和参数	具体产品名称	猪肉、牛肉、羊肉、禽肉、驴肉、兔肉、禽蛋、生鲜乳、蜂蜜		
	参数指标范围	蛋白质、脂肪、氨基酸、硒、锌、总糖、相对密度、总碱度、非脂乳固体等		

图 8－72

（3）专家委员会

浏览经过部级审核的专家名单（图 8－73）。

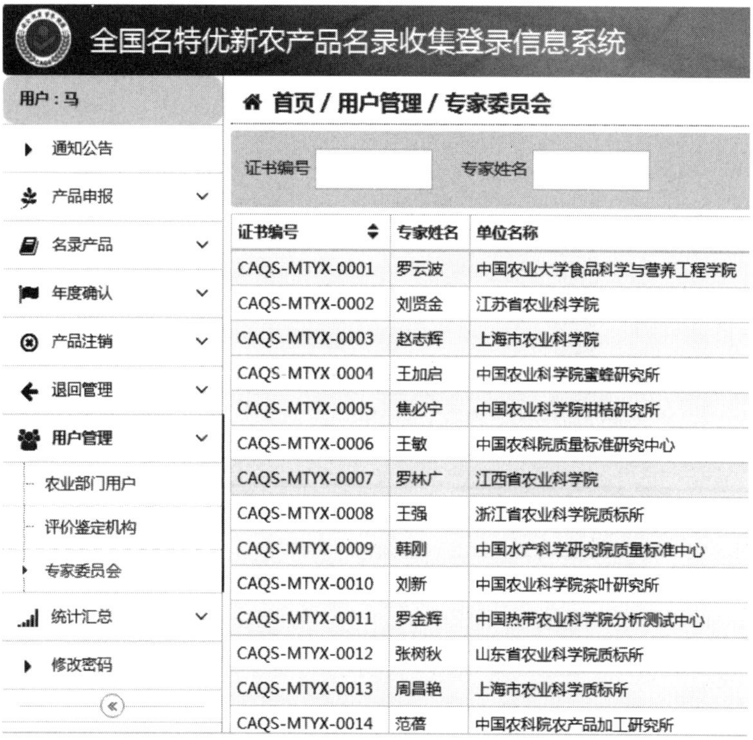

全国名特优新农产品名录收集登录信息系统

用户：马

通知公告
产品申报
名录产品
年度确认
产品注销
退回管理
用户管理
农业部门用户
评价鉴定机构
专家委员会
统计汇总
修改密码

首页 / 用户管理 / 专家委员会

证书编号 专家姓名

证书编号	专家姓名	单位名称
CAQS-MTYX-0001	罗云波	中国农业大学食品科学与营养工程学院
CAQS-MTYX-0002	刘贤金	江苏省农业科学院
CAQS-MTYX-0003	赵志辉	上海市农业科学院
CAQS-MTYX-0004	王加启	中国农业科学院蜜蜂研究所
CAQS-MTYX-0005	焦必宁	中国农业科学院柑桔研究所
CAQS-MTYX-0006	王敏	中国农科院质量标准研究中心
CAQS-MTYX-0007	罗林广	江西省农业科学院
CAQS-MTYX-0008	王强	浙江省农业科学院质标所
CAQS-MTYX-0009	韩刚	中国水产科学研究院质量标准中心
CAQS-MTYX-0010	刘新	中国农业科学院茶叶研究所
CAQS-MTYX-0011	罗金辉	中国热带农业科学院分析测试中心
CAQS-MTYX-0012	张树秋	山东省农业科学院质标所
CAQS-MTYX-0013	周昌艳	上海市农业科学质标所
CAQS-MTYX-0014	范蓓	中国农科院农产品加工研究所

图 8－73

（4）短信发送

可以向市、县级用户发送通知短信，选择市级联系人、县级联系人，勾选后，联系人手机自动提取到发送手机栏，信息内容中输入要发送的信息，点击【发送信息】，系统会群发短信通知。如图 8－74 所示。

注意：群发短信号码为农业农村部统一号码，只能发送工作通知，切勿发送与工作无关信息。

9. 统计汇总

（1）产品量统计。如图 8－75 所示。

全国名特优新农产品名录收集登录信息系统
用户：马
首页 / 用户管理 / 短信发送
选择联系人
通知公告
产品申报
名录产品
年度确认
产品注销
退回管理
用户管理
农业部门用户
评价鉴定机构
专家委员会
短信发送
统计汇总
修改密码
市级联系人
县级联系人
选中全部
【虚拟市】【马】
【虚拟县】【马】

图 8－74

全国名特优新农产品名录收集登录信息系统
用户：林鹏
首页 / 统计汇总 / 产品量统计
省（市）
湖南省
地（市）
长沙市
县（区）
-请选择-
年份
通知公告
产品申报
名录产品
年度确认
产品注销
退回管理
用户管理
统计汇总
产品量统计
工作量统计
生产规模统计
修改密码
地区
单位
北京市
北京市优质农产品产销服务站
天津市
天津市绿色食品办公室
河北省
河北省农业农村厅
山西省
山西省名优产品开发中心
山西省
山西省农产品质量安全中心
内蒙古自治区
内蒙古自治区农畜产品质量安全监督管理中心
辽宁省
辽宁省畜牧兽医局
辽宁省
辽宁省农产品质量安全中心
吉林省
吉林省农产品质量安全中心市场科
吉林省
吉林省水产技术推广总站
黑龙江省
黑龙江省畜牧总站
上海市
上海市农产品质量安全中心
浙江省
浙江省优质农产品开发服务中心
安徽省
安徽省农产品质量安全管理站
福建省
福建省绿色食品发展中心
福建省
福建省水产技术推广总站
山东省
山东省海洋与渔业厅市场与质量监管处
山东省
山东省畜牧兽医局畜产品质量安全监管处
山东省
山东省农业农村厅
河南省
河南省农产品质量安全检测中心
河南省
河南省畜牧局畜产品质量安全监管处

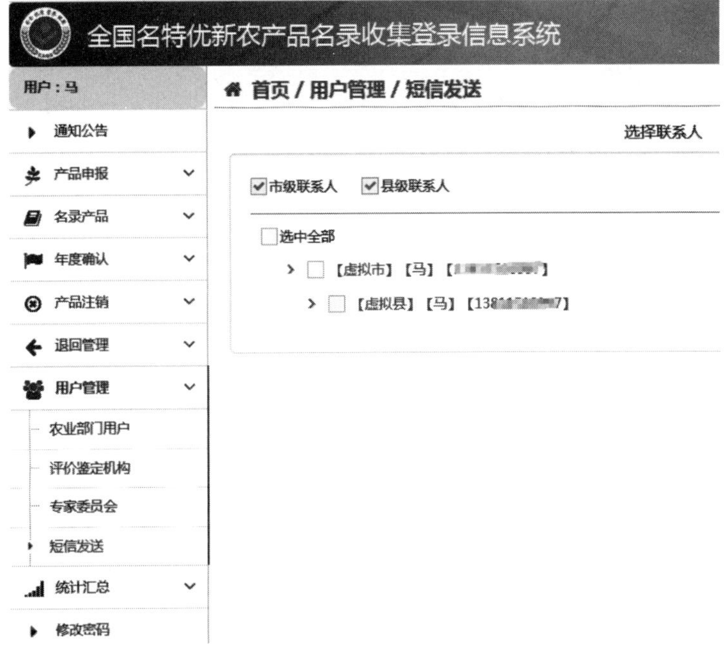

图 8－75

（2）工作量统计。如图 8－76 所示。

地区	单位	申请
北京市	北京市优质农产品产销服务站	2
天津市	天津市绿色食品办公室	1
河北省	河北省农业农村厅	1
山西省	山西省名优产品开发中心	75
山西省	山西省农产品质量安全中心	0
内蒙古自治区	内蒙古自治区农畜产品质量安全监督管理中心	58
辽宁省	辽宁省畜牧兽医局	0
辽宁省	辽宁省农产品质量安全中心	0
吉林省	吉林省农产品质量安全中心市场科	9
吉林省	吉林省水产技术推广总站	0
黑龙江省	黑龙江省畜牧总站	0
上海市	上海市农产品质量安全中心	0
浙江省	浙江省优质农产品开发服务中心	67
安徽省	安徽省农产品质量安全管理站	16
福建省	福建省绿色食品发展中心	6
福建省	福建省水产技术推广总站	0
山东省	山东省海洋与渔业厅市场与质量监管处	0
山东省	山东省畜牧兽医局畜产品质量安全监管处	0
山东省	山东省农业农村厅	0

图 8－76

（3）生产规模统计。如图 8－77 所示。

10. 修改密码

为了保证信息安全，按照农业农村部信息中心要求，所有用户密码不能使用简单密码，因此，修改密码时，要求必须新密码不能和账号一样，不能和原密码一样，不能包含空格，必须包含大写字母、小写字母、数字、特殊符号这 4 类字符，长度为 8～16 位，特殊符号必须在这 16 个字符中选择！@ #＄% ^ *()_ - | ，. ;:。

修改密码后，请务必牢记、妥善保存密码，如确实忘记密码，请联系上级工作机构重置密码或联系技术支持工程师重置（图 8－78）。

（三）省级操作说明

1. 系统登录

方式一：打开“农业农村部农产品质量安全中心”网站，点击右侧“全国名特优

地区	单位
北京市	北京市优质农产品产销服务站
天津市	天津市绿色食品办公室
河北省	河北省农业农村厅
山西省	山西省名优产品开发中心
山西省	山西省农产品质量安全中心
内蒙古自治区	内蒙古自治区农畜产品质量安全监督管理中心
辽宁省	辽宁省畜牧兽医局
辽宁省	辽宁省农产品质量安全中心
吉林省	吉林省农产品质量安全中心市场科
吉林省	吉林省水产技术推广总站
黑龙江省	黑龙江省畜牧总站
上海市	上海市农产品质量安全中心
浙江省	浙江省优质农产品开发服务中心
安徽省	安徽省农产品质量安全管理站
福建省	福建省绿色食品发展中心
福建省	福建省水产技术推广总站
山东省	山东省海洋与渔业厅市场与质量监管处
山东省	山东省畜牧兽医局畜产品质量安全监管处
山东省	山东省农业农村厅
河南省	河南省农产品质量安全检测中心

图 8－77

全国名特优新农产品名录收集登录信息系统--修改密码

✔ 新密码不能和账号一样，不能和原密码一样，不能包含空格，必须包含大写字母、小写字母、数字、特殊符号这4类

新密码

再输一次　　保存

图 8－78

新农产品名录”链接进入，如图 8－15、图 8－16 所示。

方式二：在浏览器中直接输入网址：http：//aqsc. org. cn/mtyx。

注意：省级用户账户、密码由农业农村部农产品质量安全中心统一分配，没有账户或忘记账户、密码，请与农业农村部农产品质量安全中心法规信息处联系重置，或与技术支持（QQ、电话）联系。

2. 通知公告

点击左侧“系统菜单”下的【通知公告】可查看通知公告信息，点击标题链接可以浏览详细信息。如图 8－79 所示。

图 8－79

3. 产品申报

（1）申报管理

点击申报管理查看市级上报的产品信息。如图 8－80 所示。

图 8－80

点击审核。如图 8－81 所示。

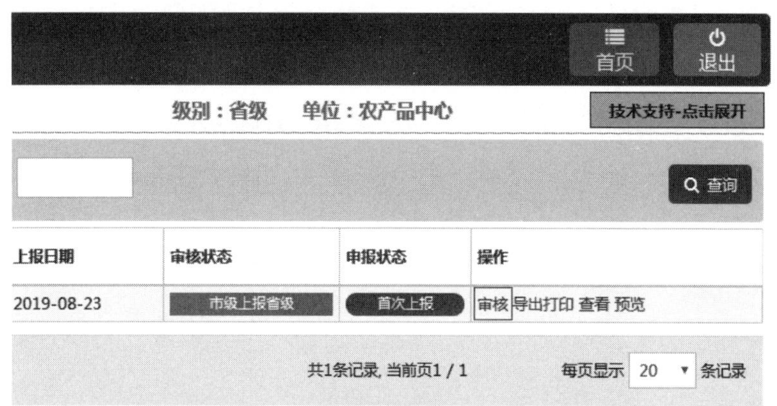

图 8－81

点击推荐审核意见，填写审核意见，审核结果选择确认同意保存。如图 8－82 所示。

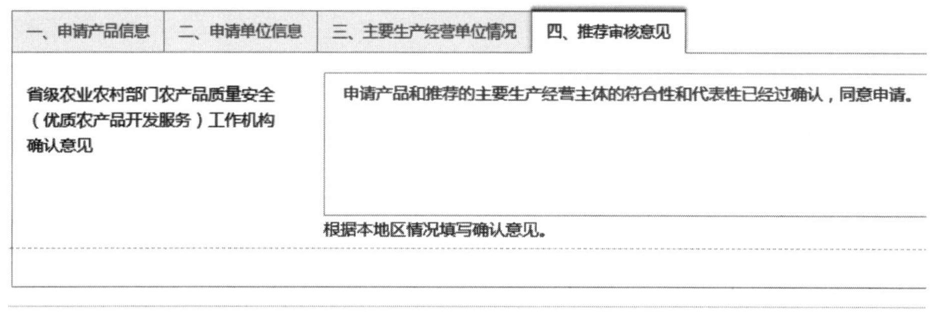

图 8－82

审核结果选择不同意，可以选择保存或保存并退回，直接退回市级，由市级审核或退回县级修改。如图 8－83 所示。

图 8－83

保存后，在申报管理中，选择申报产品点击退回修改则退回市级。如图 8－84 所示。

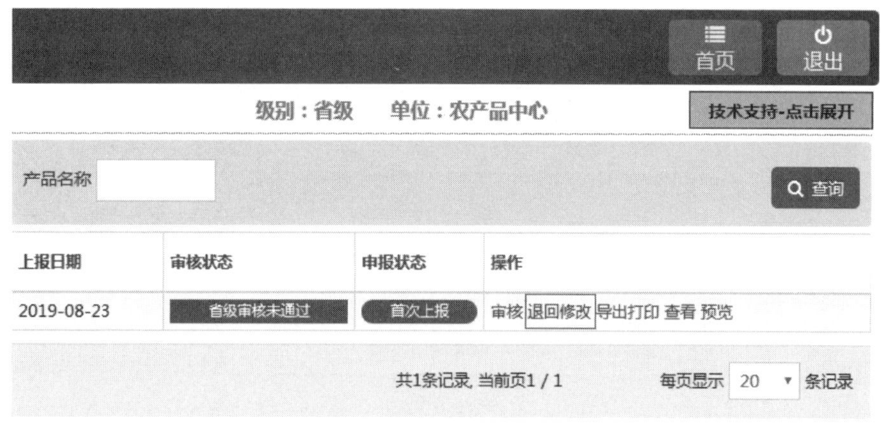

图 8－84

（2）申报进度

所属市级填写及上报情况汇总表。如图 8－85 所示。

图 8－85

（3）省级推荐汇总

省级对各地市已上报到省级的产品，按批次进行汇总后上报到部级。按汇总批次浏览产品汇总表。如图 8－86 所示。

1）添加汇总表

点击产品申报—省级推荐汇总。如图 8－87 所示。

点击添加汇总表，选择日期，选择要加入汇总表的产品，添加汇总表。如图 8－88 所示。

全国名特优新农产品名录收集登录信息系统
用户：马
首页 / 产品申报 / 省级推荐汇总
通知公告
产品申报
申报管理
申报进度
省级推荐汇总
名录产品
年度确认
产品注销
退回管理
用户管理
统计汇总
修改密码
状态 全部
汇总日期
汇总日期
产品数量
状态
2019-09-04
1
已上报
2019-08-21
0
已上报
2019-08-19
1
已上报
2019-08-19
0
已上报
2018-12-18
0
已上报

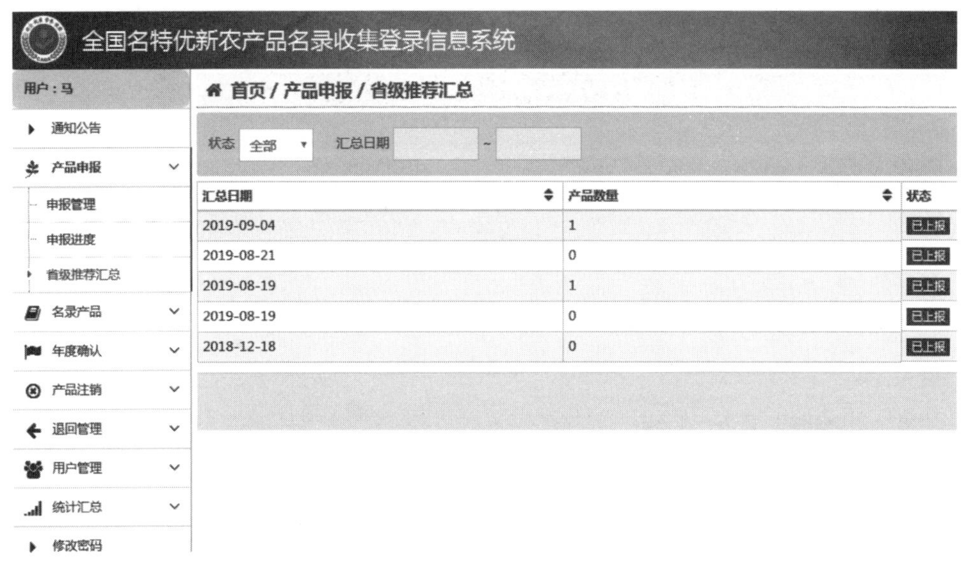

图 8－86

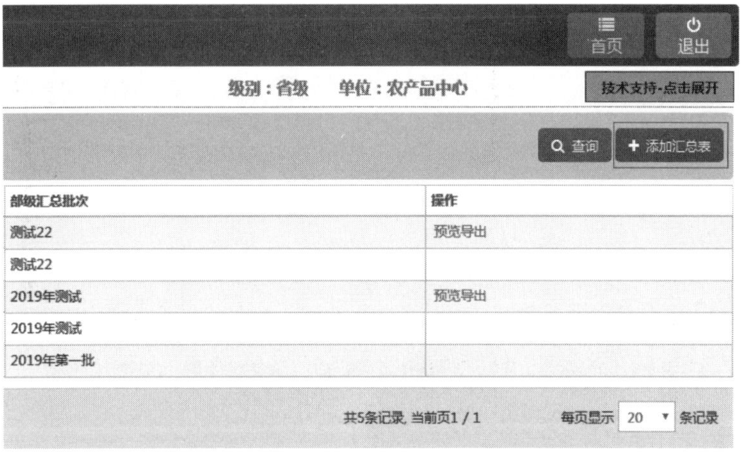

首页
退出
级别：省级 单位：农产品中心
技术支持-点击展开
查询
添加汇总表
部级汇总批次
操作
测试22
预览导出
测试22
2019年测试
预览导出
2019年测试
2019年第一批
共5条记录, 当前页1 / 1
每页显示 20 条记录

图 8－87

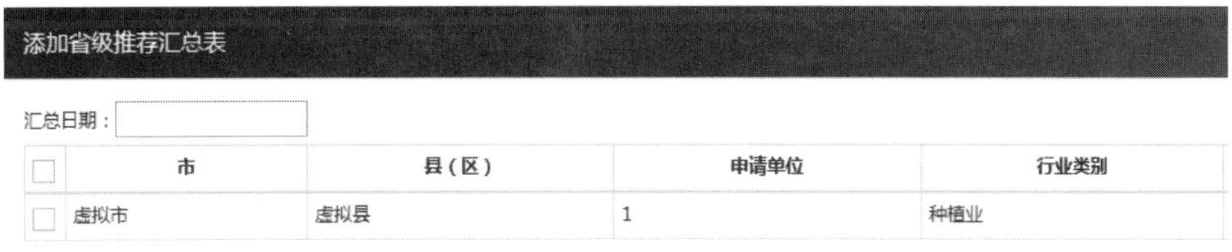

添加省级推荐汇总表
汇总日期：
市
县（区）
申请单位
行业类别
虚拟市
虚拟县
1
种植业

图 8－88

生成汇总表后，可以针对汇总表进行移除产品、追加产品、修改日期、删除、上报、预览导出等操作。如图 8－89 示。

2）预览导出、打印

选择汇总表，预览导出，导出 PDF 文件后，可以打印，盖章并上报。如图 8－90、图 8－91 所示。

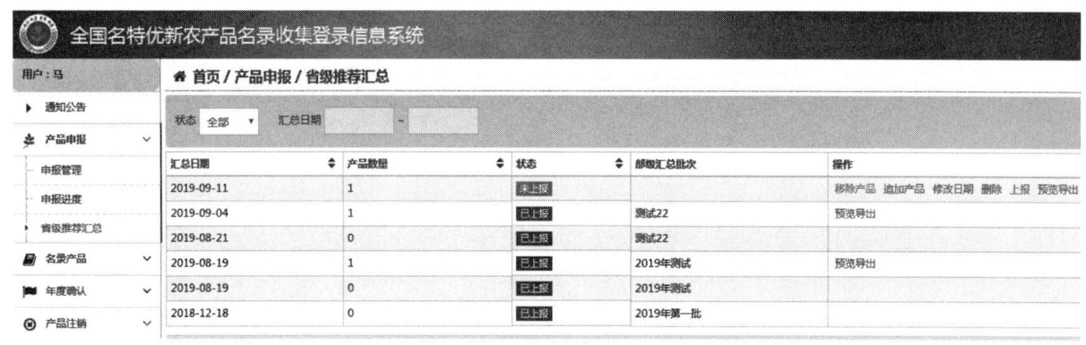

图 8－89

图 8－90

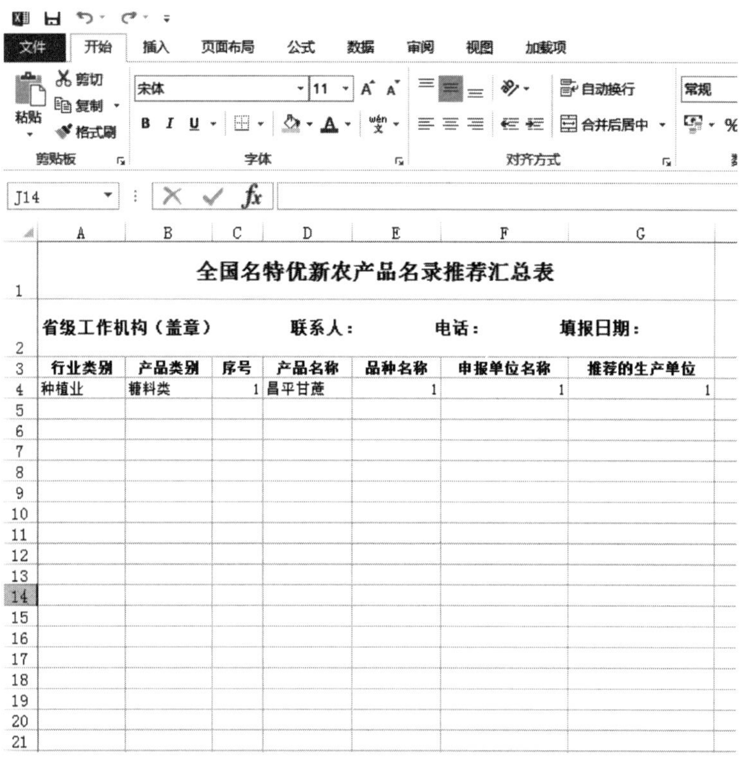

图 8－91

3）上报

选择汇总批次，点击上报按钮，将汇总批次所有产品上报至部级。如图 8－92 所示。

图 8－92

4. 名录产品

已纳入名录的产品列表。如图 8－93 所示。

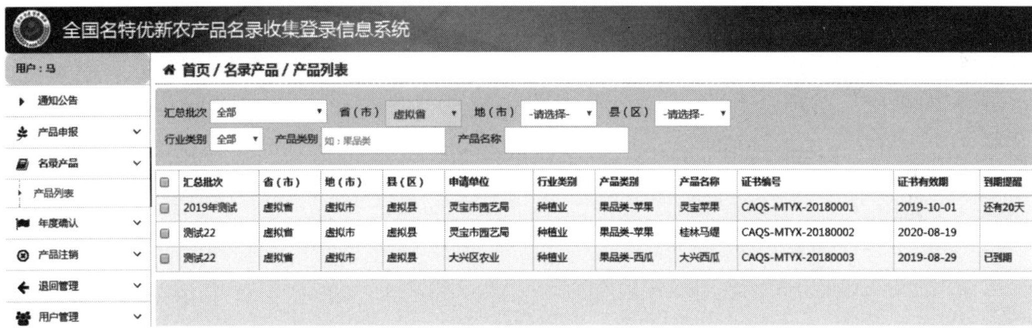

图 8－93

5. 年度确认

（1）待确认产品（图 8－94）

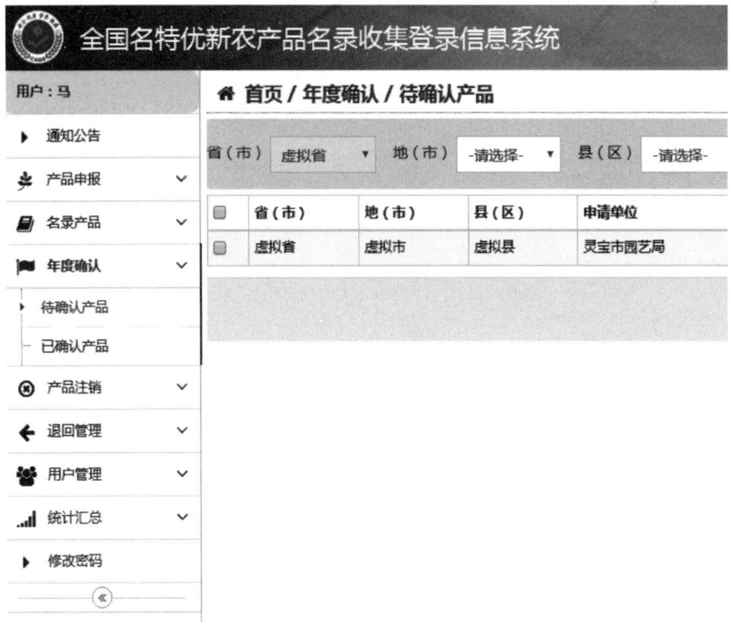

图 8－94

1）填写审核意见

点击审核填写审核意见，选择确认同意或不同意，保存。如图 8－95 所示。

全国名特优新农产品名录申请表-审核
一、申请产品信息
二、申请单位信息
三、主要生产经营单位情况
四、推荐审核意见
省级农业农村部门农产品质量安全（优质农产品开发服务）工作机构确认意见
根据本地区情况填写年度确认意见。
审核结果
--请选择--
确认同意
不同意
保存
关闭

图 8－95

2）保存

根据审核结果，可以点击保存、保存并上报，或者保存并退回。如图 8－96 所示。

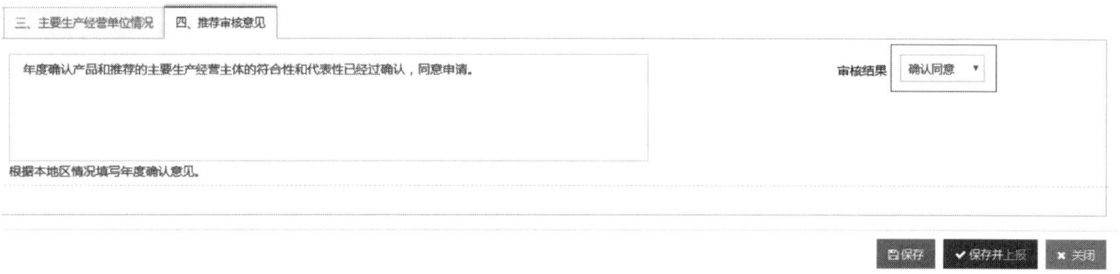

三、主要生产经营单位情况
四、推荐审核意见
年度确认产品和推荐的主要生产经营主体的符合性和代表性已经过确认，同意申请。
根据本地区情况填写年度确认意见。
审核结果
确认同意
保存
保存并上报
关闭

图 8－96

点击保存并上报确认上报到部级。

3）批量上报

选择省级审核同意的待确认产品，点击【批量上报】，将省级年度确认产品上报至部级。如图 8－97 所示。

首页
退出
级别：省级
单位：农产品中心
技术支持-点击展开
查询
批量上报
年度确认审核状态
操作
市级上报省级
审核 查看 预览 差异比较 比较鉴定报告
共1条记录, 当前页1 / 1
每页显示
20
条记录

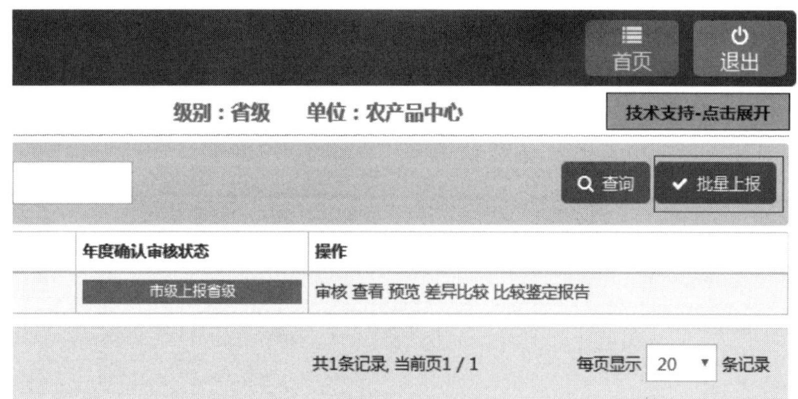

图 8－97

（2）已确认产品

本省已通过部级年度确认审核的产品。如图 8－98 所示。

图 8－98

6. 产品注销

（1）产品信息

显示本省正在申请注销的产品列表（图 8－99）。填写审核意见后，上报至部级。

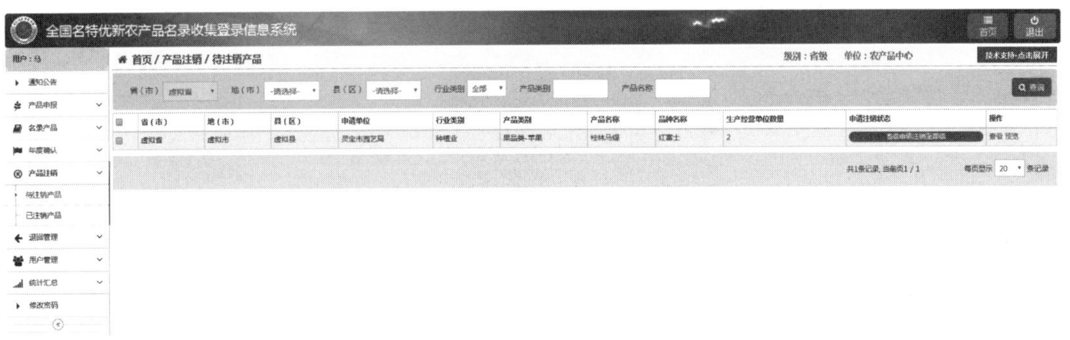

图 8－99

（2）历史记录

显示产品注销申请历史记录。

7. 退回管理

（1）退回产品

部级审核中发现申报产品信息需要补充时，可以直接打回县级修改，退回产品为打回修改的产品列表，可查看退回原因或重新申报（图 8－100）。

（2）退回记录

退回记录为所有退回产品列表（图 8－101）。

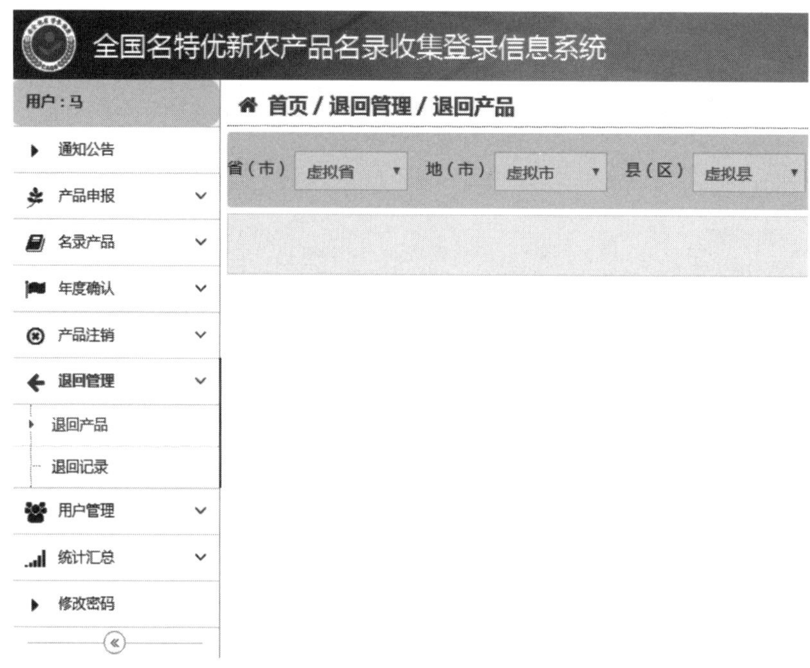

图 8-100

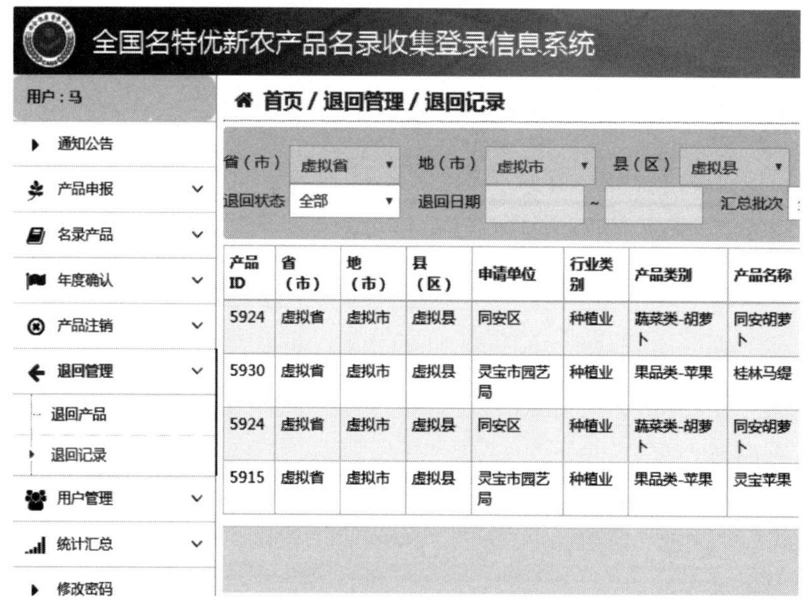

图 8-101

8. 用户管理

（1）农业部门用户

1）省级用户管理

省级用户由农业农村部农产品质量安全中心分配，每个省可以有多个用户。每个省级用户可修改登录省级用户信息。如图 8-102 所示。

全国名特优新农产品名录收集登录信息系统

用户：曾剑

首页 / 用户管理 / 农业部门用户

- 通知公告
- 产品申报
- 名录产品
- 年度确认
- 产品注销
- 退回管理
- 用户管理
  - 农业部门用户
  - 评价鉴定机构
  - 专家委员会
  - 短信发送
- 统计汇总
- 修改密码

地区名称　单位名称　真实姓名

地区	单位名称
湖南省	湖南省优质农产品开发服务中心
长沙市	长沙市农业委员会
株洲市	株洲市农业委员会
湘潭市	湘潭市农业委员会
衡阳市	衡阳市农业委员会
邵阳市	邵阳市农业委员会
岳阳市	岳阳市农业委员会
常德市	常德市农业委员会
张家界市	张家界市农业委员会
益阳市	益阳市农业委员会
郴州市	郴州市农业委员会
永州市	永州市农业委员会
怀化市	怀化市农业委员会
娄底地区	娄底市农业委员会
湘西土家族苗族自治州	湘西州农业委员会

图 8－102

省级登录账户、行业类别为农业农村部农产品质量安全中心分配，不能由本级修改，如需修改（图 8－103），请联系农业农村部农产品质量安全中心。

单位名称	湖南省优质农产品开发服务中心		
联系人	曾剑	联系人手机	135********
登录账户	hnyn	行业类别	☑种植业 ☑畜牧业 ☑渔业
登录密码	修改时输入密码可重置	确认密码	修改时输入密码可重置

图 8－103

2）市级用户管理

省级用户可以对市级用户进行增加、修改、删除操作。如图 8－104 所示。

选择市级名称，填写信息、账号密码、行业类别。如图 8－105 所示。保存用户信息时，自动向联系人手机发送账户、密码短信通知。

请注意：行业类别分为种植业、畜牧业、渔业，可为市级用户授权单个行业类别或多个行业类别的产品申报，系统会根据上级为本级授权的行业类别，本级只能授权自己管理的行业类别。

图 8－104

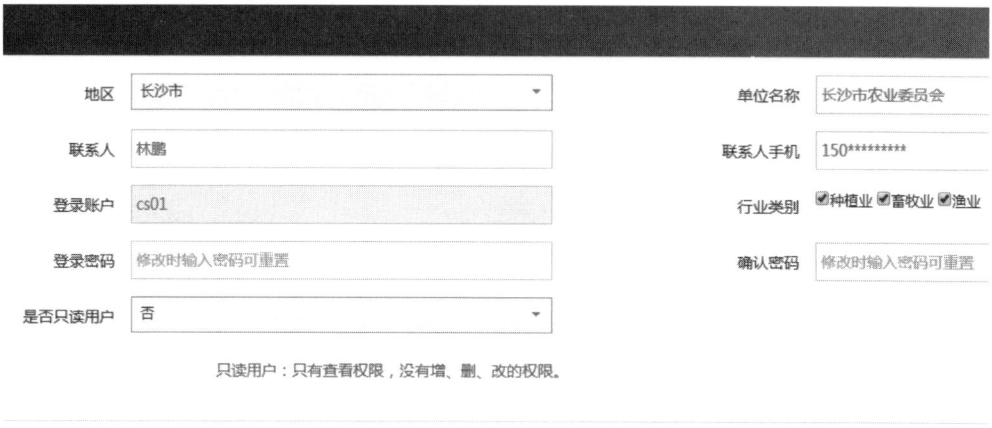

图 8－105

（2）评价鉴定机构

评价鉴定机构为经过农业农村部农产品质量安全中心审核的评价鉴定机构，申报单位可选择相关评价鉴定机构进行申报产品营养品质检测，点击操作栏可以浏览详细信息。如图 8－106、图 8－107 所示。

（3）专家委员会

浏览经过部级审核的专家名单（图 8－108）。

全国名特优新农产品名录收集登录信息系统

用户：马

通知公告
产品申报
名录产品
年度确认
产品注销
退回管理
用户管理
农业部门用户
评价鉴定机构
专家委员会
短信发送
统计汇总
修改密码

首页 / 用户管理 / 评价鉴定机构

鉴定机构统一编号　机构名称

机构编号	机构名称	技术负责人
	农业农村部畜禽产品质量安全监督检验测试中心（长沙）	肖安东
	农业部农产品质量监督检验测试中心（北京）	许文涛
	山东诺正检测有限公司	刘瑞珍
CAQS-PJ-0001	浙江省农业科学院农产品质量标准研究所	王伟
CAQS-PJ-0002	江苏省农业科学院农产品质量安全与营养研究所	史建荣
CAQS-PJ-0003	吉林省农业科学院农业质量标准与检测技术研究所	魏春雁
CAQS-PJ-0004	吉林农业大学农业质量标准与检测技术研究中心	李月茹
CAQS-PJ-0005	湖南省食品测试分析中心	李高阳
CAQS-PJ-0006	山东省农业科学院农业质量标准与检测技术研究所	陈子雷

图 8－106

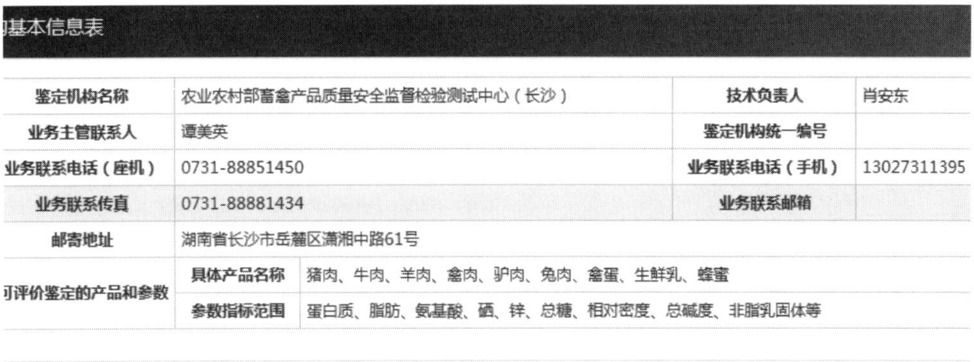

基本信息表

鉴定机构名称	农业农村部畜禽产品质量安全监督检验测试中心（长沙）		技术负责人	肖安东
业务主管联系人	谭美英		鉴定机构统一编号	
业务联系电话（座机）	0731-88851450		业务联系电话（手机）	13027311395
业务联系传真	0731-88881434		业务联系邮箱	
邮寄地址	湖南省长沙市岳麓区潇湘中路61号			
可评价鉴定的产品和参数	具体产品名称	猪肉、牛肉、羊肉、禽肉、驴肉、兔肉、禽蛋、生鲜乳、蜂蜜		
	参数指标范围	蛋白质、脂肪、氨基酸、硒、锌、总糖、相对密度、总碱度、非脂乳固体等		

图 8－107

（4）短信发送

可以向省、市、县级用户发送通知短信，选择省级联系人、市级联系人、县级联系人，勾选后，联系人手机自动提取到发送手机栏，信息内容中输入要发送的信息，点击【发送信息】，系统会群发短信通知。如图 8－109 所示。

注意：群发短信号码为农业农村部统一号码，只能发送工作通知，切勿发送与工作无关信息。

全国名特优新农产品名录收集登录信息系统

用户：马

- 通知公告
- 产品申报
- 名录产品
- 年度确认
- 产品注销
- 退回管理
- 用户管理
  - 农业部门用户
  - 评价鉴定机构
  - 专家委员会
- 统计汇总
- 修改密码

首页 / 用户管理 / 专家委员会

证书编号　　专家姓名

证书编号	专家姓名	单位名称
CAQS-MTYX-0001	罗云波	中国农业大学食品科学与营养工程学院
CAQS-MTYX-0002	刘贤金	江苏省农业科学院
CAQS-MTYX-0003	赵志辉	上海市农业科学院
CAQS-MTYX-0004	王加启	中国农业科学院蜜蜂研究所
CAQS-MTYX-0005	焦必宁	中国农业科学院柑桔研究所
CAQS-MTYX-0006	王敏	中国农科院质量标准研究中心
CAQS-MTYX-0007	罗林广	江西省农业科学院
CAQS-MTYX-0008	王强	浙江省农业科学院质标所
CAQS-MTYX-0009	韩刚	中国水产科学研究院质量标准中心
CAQS-MTYX-0010	刘新	中国农业科学院茶叶研究所
CAQS-MTYX-0011	罗金辉	中国热带农业科学院分析测试中心
CAQS-MTYX-0012	张树秋	山东省农业科学院质标所
CAQS-MTYX-0013	周昌艳	上海市农业科学质标所
CAQS-MTYX-0014	范蓓	中国农科院农产品加工研究所

图 8－108

图 8－109

9. 统计汇总

（1）产品量统计。如图 8－110 所示。

图 8－110

（2）工作量统计。如图 8－111 所示。

（3）生产规模统计。如图 8－112 所示。

10. 修改密码

为了保证信息安全，按照农业农村部信息中心要求，所有用户密码不能使用简单密码，因此，修改密码时，要求必须新密码不能和账号一样，不能和原密码一样，不

能包含空格，必须包含大写字母、小写字母、数字、特殊符号这 4 类字符，长度为 8～16 位，特殊符号必须在这 16 个字符中选择！@ #＄% ^ *()_ - | ，.;:。

地区	单位	申请
北京市	北京市优质农产品产销服务站	2
天津市	天津市绿色食品办公室	1
河北省	河北省农业农村厅	1
山西省	山西省名优产品开发中心	75
山西省	山西省农产品质量安全中心	0
内蒙古自治区	内蒙古自治区农畜产品质量安全监督管理中心	58
辽宁省	辽宁省畜牧兽医局	0
辽宁省	辽宁省农产品质量安全中心	0
吉林省	吉林省农产品质量安全中心市场科	9
吉林省	吉林省水产技术推广总站	0
黑龙江省	黑龙江省畜牧总站	0
上海市	上海市农产品质量安全中心	0
浙江省	浙江省优质农产品开发服务中心	67
安徽省	安徽省农产品质量安全管理站	16
福建省	福建省绿色食品发展中心	6
福建省	福建省水产技术推广总站	0
山东省	山东省海洋与渔业厅市场与质量监管处	0
山东省	山东省畜牧兽医局畜产品质量安全监管处	0
山东省	山东省农业农村厅	0

图 8－111

修改密码后，请务必牢记、妥善保存密码，如确实忘记密码，请联系上级工作机构重置密码或联系技术支持工程师重置（图 8－113）。

（四）部级操作说明

1. 系统登录

方式一：打开“农业农村部农产品质量安全中心”网站，点击右侧“全国名特优新农产品名录”链接进入，如图 8－15、图 8－16 所示。

方式二：在浏览器中直接输入网址：http：//aqsc. org. cn/mtyx。

全国名特优新农产品名录收集登录信息系统

用户：林鹏

通知公告
产品申报
名录产品
年度确认
产品注销
退回管理
用户管理
统计汇总
产品量统计
工作量统计
生产规模统计
修改密码

首页 / 统计汇总 / 生产规模统计

省（市） 湖南省　地（市） 长沙市　县（区） -请选择-　年份　行业类别 全部

地区	单位	生产规模
北京市	北京市优质农产品产销服务站	2
天津市	天津市绿色食品办公室	1
河北省	河北省农业农村厅	1
山西省	山西省名优产品开发中心	75
山西省	山西省农产品质量安全中心	0
内蒙古自治区	内蒙古自治区农畜产品质量安全监督管理中心	58
辽宁省	辽宁省畜牧兽医局	0
辽宁省	辽宁省农产品质量安全中心	0
吉林省	吉林省农产品质量安全中心市场科	9
吉林省	吉林省水产技术推广总站	0
黑龙江省	黑龙江省畜牧总站	0
上海市	上海市农产品质量安全中心	0
浙江省	浙江省优质农产品开发服务中心	67
安徽省	安徽省农产品质量安全管理站	16
福建省	福建省绿色食品发展中心	6
福建省	福建省水产技术推广总站	0
山东省	山东省海洋与渔业厅市场与质量监管处	0
山东省	山东省畜牧兽医局畜产品质量安全监管处	0
山东省	山东省农业农村厅	0
河南省	河南省农产品质量安全检测中心	156

图 8－112

全国名特优新农产品名录收集登录信息系统--修改密码

✔ 新密码不能和账号一样，不能和原密码一样，不能包含空格，必须包含大写字母、小写字母、数字、特殊符号这4类字符

新密码

再输一次　　保存

图 8－113

2. 通知公告

点击添加按钮能添加信息，发布公告。如图 8－114 所示。

3. 产品申报

（1）申报管理

申报管理为各省审核后上报的产品统计表（图 8－115），点击【查看详情】，可以浏览各省申报产品列表，在此列表中可以进行退回修改，导出打印、查看、预览等操

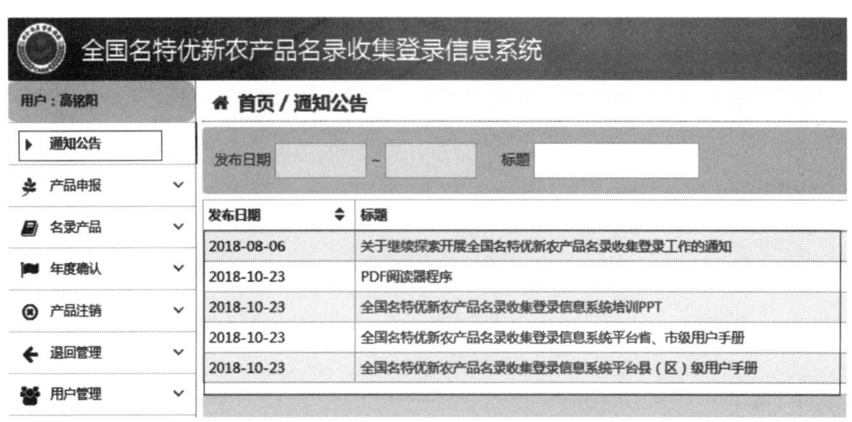

图 8－114

作。如图8－115、图 8－116 所示。

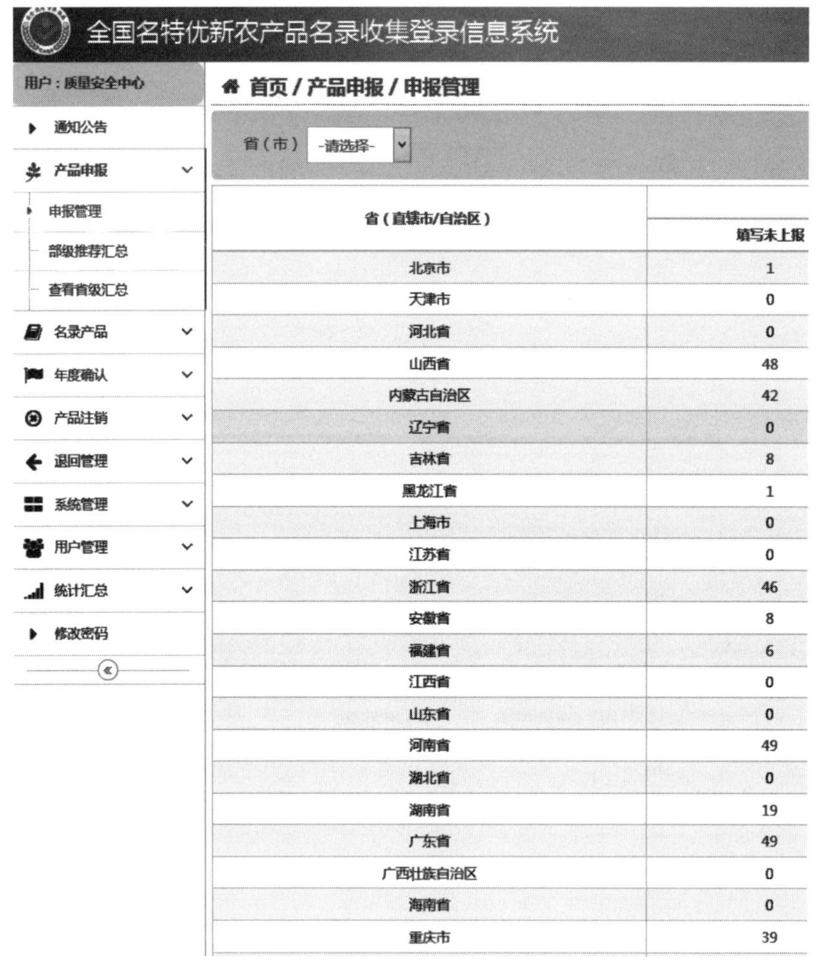

省（直辖市/自治区）	填写未上报
北京市	1
天津市	0
河北省	0
山西省	48
内蒙古自治区	42
辽宁省	0
吉林省	8
黑龙江省	1
上海市	0
江苏省	0
浙江省	46
安徽省	8
福建省	6
江西省	0
山东省	0
河南省	49
湖北省	0
湖南省	19
广东省	49
广西壮族自治区	0
海南省	0
重庆市	39

图 8－115

（2）部级推荐汇总

部级定期对省级上报的汇总批次进行汇总、审核，建立汇总批次后，可以追加省

图 8－116

级汇总、移除省级汇总，查看省级汇总表列表、产品列表。浏览上会产品数量统计。如图 8－117 所示。

图 8－117

建立部级汇总表，如图 8－118 所示。

建立部级汇总表

建立日期：　汇总批次名称：例如 2019年第一批

省（直辖市）	省级汇总日期	产品数量	产品详情
新疆维吾尔自治区	2019-08-09	6	

省	市	县（区）	申请单位	行业类别	产品类别	产品名称	查看产品详情
新疆维吾尔自治区	昌吉回族自治州	阜康市	新疆阜康市农业农村局	种植业	其他类	阜康打瓜籽	新疆黑大片
新疆维吾尔自治区	和田地区	墨玉县	和田地区墨玉县农业局	种植业	果品类	墨玉骏枣	骏枣
新疆维吾尔自治区	昌吉回族自治州	昌吉国家农业科技园区	新疆昌吉国家农业科技园区高新农业发展局	种植业	粮食类	老农禾大米	大米
新疆维吾尔自治区	昌吉回族自治州	昌吉国家农业科技园区	新疆昌吉国家农业科技园区高新农业发展局	种植业	粮食类	老农禾小麦粉	小麦粉
新疆维吾尔自治区	昌吉回族自治州	昌吉国家农业科技园区	新疆昌吉国家农业科技园区高新农业发展局	种植业	植物油类	老农禾葵花籽油	葵花籽
新疆维吾尔自治区	和田地区	墨玉县	和田地区墨玉县农业局	种植业	果品类	墨玉灰枣	灰枣

省（直辖市）	省级汇总日期	产品数量	产品详情
测试省	2019-09-04	1	

建立汇总表　取消

图 8－118

省级汇总表列表，列出纳入部级汇总批次的省级汇总批次。如图 8－119 所示。

全国名特优新农产品名录收集登录信息系统

用户：质量安全中心

通知公告
产品申报
申报管理
部级推荐汇总
查看省级汇总
名录产品
年度确认
产品注销
退回管理
系统管理
用户管理
统计汇总
修改密码

首页 / 产品申报 / 查看省级汇总

省份 全部　上报状态 全部　部级汇总状态 全部　省级汇总日期 ～

省份	省级汇总日期	产品数量	上报状态	部级汇总状态
广东省	2019-08-16	3	已上报	已被部级汇总
新疆维吾尔自治区	2019-08-16	1	已上报	已被部级汇总
新疆维吾尔自治区	2019-08-15	2	已上报	已被部级汇总
动物福利协会	2019-08-12	1	已上报	已被部级汇总
陕西省	2019-08-07	1	已上报	已被部级汇总
浙江省	2019-08-07	6	已上报	已被部级汇总
广东省	2019-08-07	9	已上报	已被部级汇总
陕西省	2019-08-07	1	已上报	已被部级汇总
新疆维吾尔自治区	2019-08-07	1	已上报	已被部级汇总
陕西省	2019-08-06	0	已上报	已被部级汇总
山西省	2019-08-06	2	已上报	已被部级汇总
重庆市	2019-07-31	1	已上报	已被部级汇总
动物福利协会	2019-07-29	1	已上报	已被部级汇总
动物福利协会	2019-07-15	0	已上报	已被部级汇总
山西省	2019-07-05	1	已上报	已被部级汇总
四川省	2019-06-27	1	已上报	已被部级汇总
陕西省	2019-06-21	2	已上报	已被部级汇总
北京市	2019-06-13	1	已上报	已被部级汇总
测试省	2018-12-28	0	已上报	已被部级汇总
测试省	2018-12-07	0	已上报	已被部级汇总

图 8－119

产品列表，对部级汇总批次的产品进行初审、复审、公示、发证等操作，如图 8－120 所示。

图 8－120

（3）查看省级汇总

浏览各省上报的汇总批次（图 8－121）。

级别：部级

部级汇总状态 全部　省级汇总日期 ～

省级汇总日期	产品数量	上报状态	部级汇总状态	所属部级汇总表批次
2019-09-11	1	未上报	未被部级汇总	
2019-09-05	3	已上报	已被部级汇总	2019年第四次评审会
2019-09-04	1	已上报	未被部级汇总	
2019-09-04	1	已上报	已被部级汇总	测试22
2019-08-28	1	已上报	已被部级汇总	测试22
2019-08-28	0	已上报	已被部级汇总	测试22
2019-08-21	0	已上报	已被部级汇总	测试22
2019-08-19	1	已上报	已被部级汇总	2019年测试
2019-08-19	0	已上报	已被部级汇总	2019年测试
2019-08-16	1	已上报	已被部级汇总	2019年第二批
2019-08-16	3	已上报	已被部级汇总	2019年第二批
2019-08-15	2	已上报	已被部级汇总	2019年第二批
2019-08-12	1	已上报	已被部级汇总	2019年第二批
2019-08-09	6	已上报	未被部级汇总	
2019-08-07	1	已上报	已被部级汇总	2019年第二批
2019-08-07	1	已上报	已被部级汇总	2019年第二批
2019-08-07	9	已上报	已被部级汇总	2019年第二批
2019-08-07	6	已上报	已被部级汇总	2019年第二批
2019-08-07	1	已上报	已被部级汇总	2019年第二批
2019-08-06	2	已上报	已被部级汇总	2019年第二批

共62条记录, 当前页1 / 4

图 8－121

4. 名录产品

产品列表，可看到各省的产品申报情况，还可以看到各省详细信息。如图 8－122 所示。

图 8－122

5. 年度确认

（1）产品列表

各省申请年度确认的产品信息总数、状态，还可以进行操作，查看详情或打回。如图 8－123 所示。

（2）历史记录

年度确认历史记录列表。

图 8－123

6. 产品注销

①产品列表可看到各省信息总数和状态，查看详情；

②历史记录可看到各省已注销的产品信息和数量。

7. 退回管理

8. 系统管理

申报产品目录，部级统一对产品类别添加和删除，申报产品没有时，各级申报单位可向部级申请添加（图 8－124）。

图 8－124

指标字典，营养品质评价鉴定指标，由部级统一管理，需要添加时，评价鉴定机构向部级申请（图 8－125）。

编号	指标项名称	指标项单位	适用农产品
67	橙皮苷	mg/kg	粮食类, 杂粮类,
95	粗蛋白	%	粮食类, 杂粮类,
94	番茄红素	mg/kg	粮食类, 杂粮类,
96	粗脂肪	%	粮食类, 杂粮类,
97	粗纤维	%	粮食类, 杂粮类,
66	维生素C	mg/100g	粮食类, 杂粮类, 鲜乳, 初加工品
105	总糖	g/100g	粮食类, 杂粮类,
104	枸杞多糖	g/100g	粮食类, 杂粮类,
102	叶绿素	mg/g	粮食类, 杂粮类,
99	绿原酸	mg/g	粮食类, 杂粮类,
98	多酚	mg/g	粮食类, 杂粮类,
24	β-胡萝卜素	ug/100g	粮食类, 杂粮类, 鲜乳, 初加工品
121	干燥失重	%	粮食类, 杂粮类,
130	毛蕊异黄酮葡萄糖苷	%	中药材
153	水溶性灰分	%	粮食类, 杂粮类,
129	黄芪甲苷	%	中药材
127	干物质	g/100g	粮食类, 杂粮类,
124	总膳食纤维	g/100g	粮食类, 杂粮类,
128	支链淀粉/直链淀粉		粮食类, 杂粮类,
126	还原糖（以葡萄糖计）	g/100g	粮食类, 杂粮类,

图 8－125

9. 用户管理

（1）农业部门用户，点击添加进行各省用户分配账号和密码，还可以修改各用户信息和删除（图 8－126）。

（2）评价鉴定机构（图 8－127）

全国名特优新农产品名录收集登录信息系统
用户：质量安全中心
首页 / 用户管理 / 农业部门用户
通知公告
产品申报
名录产品
年度确认
产品注销
退回管理
系统管理
用户管理
农业部门用户
评价鉴定机构
专家委员会
短信发送
统计汇总
修改密码
地区名称
单位名称
真实姓名
账号
联系电话
地区 | 单位名称 | 行业类别
北京市 | 北京市优质农产品产销服务站 | 种植业 畜牧业 渔业
天津市 | 天津市绿色食品办公室 | 种植业 畜牧业 渔业
河北省 | 河北省农业农村厅 | 种植业 畜牧业 渔业
山西省 | 山西省农产品质量安全中心 | 种植业 畜牧业 渔业
山西省 | 山西省名优产品开发中心 | 种植业 畜牧业 渔业
内蒙古自治区 | 内蒙古自治区农畜产品质量安全监督管理中心 | 种植业 畜牧业 渔业
辽宁省 | 辽宁省农产品质量安全中心 | 种植业 渔业
辽宁省 | 辽宁省畜牧兽医局 | 畜牧业
吉林省 | 吉林省水产技术推广总站 | 渔业
吉林省 | 吉林省农产品质量安全中心市场科 | 种植业 畜牧业
黑龙江省 | 黑龙江省畜牧总站 | 种植业 畜牧业 渔业
上海市 | 上海市农产品质量安全中心 | 种植业 畜牧业 渔业
浙江省 | 浙江省优质农产品开发服务中心 | 种植业 畜牧业 渔业
安徽省 | 安徽省农产品质量安全管理站 | 种植业 畜牧业 渔业
福建省 | 福建省绿色食品发展中心 | 种植业 畜牧业

图 8－126

全国名特优新农产品名录收集登录信息系统
用户：马
首页 / 用户管理 / 评价鉴定机构
通知公告
产品申报
名录产品
年度确认
产品注销
退回管理
用户管理
农业部门用户
评价鉴定机构
专家委员会
短信发送
统计汇总
修改密码
鉴定机构统一编号
机构名称
地址
机构编号 | 机构名称 | 技术负责人 | 业务联系人
 | 农业农村部畜禽产品质量安全监督检验测试中心（长沙） | 肖安东 | 谭美英
 | 农业部农产品质量监督检验测试中心（北京） | 许文涛 | 戴蕴青
 | 山东诺正检测有限公司 | 刘瑞珍 | 李江
CAQS-PJ-0001 | 浙江省农业科学院农产品质量标准研究所 | 王伟 | 朱加虹
CAQS-PJ-0002 | 江苏省农业科学院农产品质量安全与营养研究所 | 史建荣 | 孙立荣
CAQS-PJ-0003 | 吉林省农业科学院农业质量标准与检测技术研究所 | 魏春雁 | 仇建飞
CAQS-PJ-0004 | 吉林农业大学农业质量标准与检测技术研究中心 | 李月茹 | 赵丹
CAQS-PJ-0005 | 湖南省食品测试分析中心 | 李高阳 | 尚雪波
CAQS-PJ-0006 | 山东省农业科学院农业质量标准与检测技术研究所 | 陈子雷 | 董崭

图 8－127

（3）专家委员会（图 8－128）

证书编号	专家姓名	单位名称
CAQS-MTYX-0001	罗云波	中国农业大学食品科学与营养工程学院
CAQS-MTYX-0002	刘贤金	江苏省农业科学院
CAQS-MTYX-0003	赵志辉	上海市农业科学院
CAQS-MTYX-0004	王加启	中国农业科学院蜜蜂研究所
CAQS-MTYX-0005	焦必宁	中国农业科学院柑桔研究所
CAQS-MTYX-0006	王敏	中国农科院质量标准研究中心
CAQS-MTYX-0007	罗林广	江西省农业科学院
CAQS-MTYX-0008	王强	浙江省农业科学院质标所
CAQS-MTYX-0009	韩刚	中国水产科学研究院质量标准中心
CAQS-MTYX-0010	刘新	中国农业科学院茶叶研究所
CAQS-MTYX-0011	罗金辉	中国热带农业科学院分析测试中心
CAQS-MTYX-0012	张树秋	山东省农业科学院质标所
CAQS-MTYX-0013	周昌艳	上海市农业科学质标所
CAQS-MTYX-0014	范蓓	中国农科院农产品加工研究所

图 8－128

10. 统计汇总

（1）产品量统计。如图 8－129 所示。

省(直辖市/自治区)	名录产品数量
北京市	0
天津市	0
河北省	0
山西省	0
内蒙古自治区	0
辽宁省	0
吉林省	0
黑龙江省	0
上海市	0
江苏省	0

图 8－129

（2）工作量统计。如图 8－130 所示。

通知公告
产品申报
名录产品
年度确认
产品注销
系统管理
用户管理
统计汇总
产品量统计
工作量统计
生产规模统计

年份 行业类别 全部

省(直辖市/自治区)	产品申报			
	申请	通过	不通过	走流程
北京市	0	0	0	0
天津市	0	0	0	0
河北省	3	1	0	2
山西省	0	0	0	0
内蒙古自治区	0	0	0	0
辽宁省	0	0	0	0
吉林省	0	0	0	0
黑龙江省	0	0	0	0
上海市	0	0	0	0
江苏省	0	0	0	0
浙江省	0	0	0	0
安徽省	0	0	0	0

图 8－130

（3）生产规模统计。如图 8－131 所示。

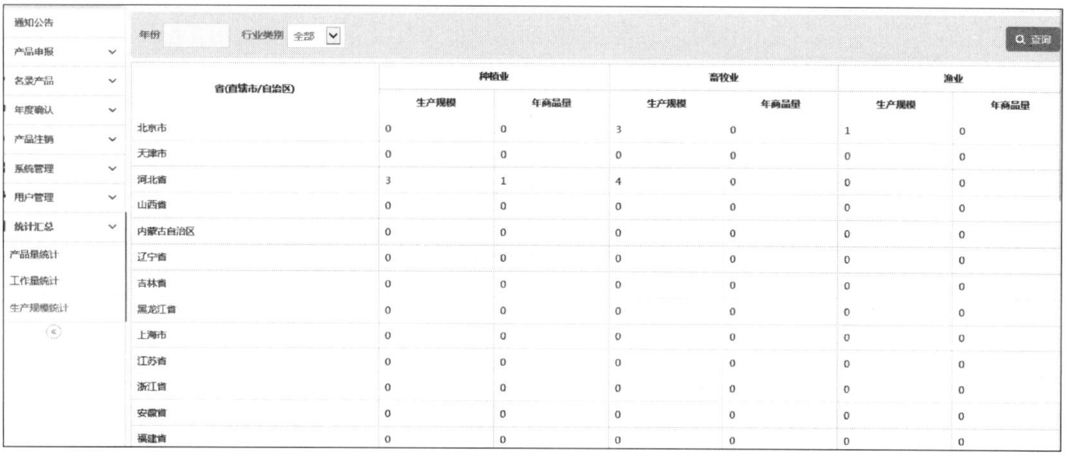

通知公告
产品申报
名录产品
年度确认
产品注销
系统管理
用户管理
统计汇总
产品量统计
工作量统计
生产规模统计

年份 行业类别 全部 查询

省(直辖市/自治区)	种植业		畜牧业		渔业	
	生产规模	年商品量	生产规模	年商品量	生产规模	年商品量
北京市	0	0	3	0	1	0
天津市	0	0	0	0	0	0
河北省	3	1	4	0	0	0
山西省	0	0	0	0	0	0
内蒙古自治区	0	0	0	0	0	0
辽宁省	0	0	0	0	0	0
吉林省	0	0	0	0	0	0
黑龙江省	0	0	0	0	0	0
上海市	0	0	0	0	0	0
江苏省	0	0	0	0	0	0
浙江省	0	0	0	0	0	0
安徽省	0	0	0	0	0	0
福建省	0	0	0	0	0	0

图 8－131

（五）评价鉴定机构操作说明

1. 系统登录

方式一：“农业农村部农产品质量安全中心”网站，点击“全国名特优新农产品名录收集登录信息系统”链接进入，如图 8－15、图 8－16 所示；

方式二：在浏览器中直接输入网址：http：//aqsc. org. cn/mtyx。

为确保系统各项功能正常使用，推荐使用360浏览器。

注意：评价鉴定机构账户、密码由国家中心统一分配，没有或忘记账户、密码，请与技术支持或国家中心业务咨询电话联系。

2. 接受委托检测任务

申报单位发布委托检测任务后，评价鉴定机构登录系统后，会在检测任务列表中显示状态为【已委托】的检测任务，点击【接受】即可。如图8-132所示。

图8-132

3. 填写检测报告

已接受的检测任务，操作栏出现【填写报告】操作按钮（图8　-133），点击【填写报告】，出现如图8-134所示界面。

图8-133

填写检测报告后，点击右上方【保存报告】按钮。

添加特征指标项目说明：

特征指标项目可以动态添加多项指标，指标项目从已有指标项中选择，如有未列出的指标项需要增加，请联系技术支持或国家中心业务咨询电话，由国家中心统一审核后添加检测指标。指标项目可以模糊检索（图8-135）。

指标单位说明：

参照值及测定值，请使用同一单位，对于不同单位的值，请换算为同一单位后录入（图8-136）。

图 8－134

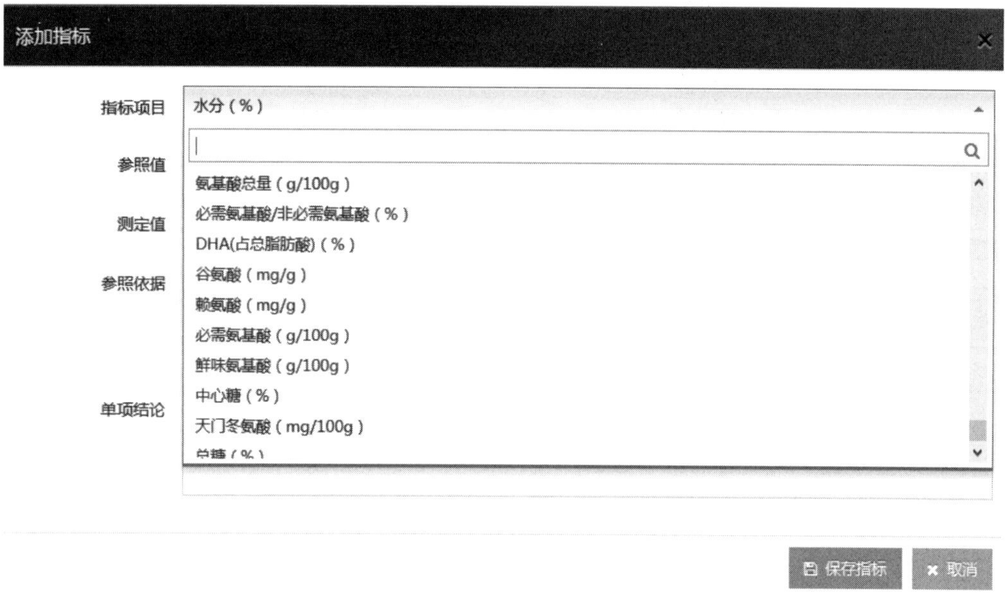

图 8－135

4. 导出检测报告

评价鉴定机构填写检测报告后，可以导出 PDF 版的检测报告（图 8－137），保存后打印、盖章，发送给申报单位。

5. 提交检测报告

评价鉴定机构提交检测报告，由申报单位采纳后，上报到市级工作机构（图 8－138）。

添加指标

指标项目　水分（%）

参照值　小于等于　≤

测定值　范围　--

参照依据

单项结论

保存指标　取消

图 8－136

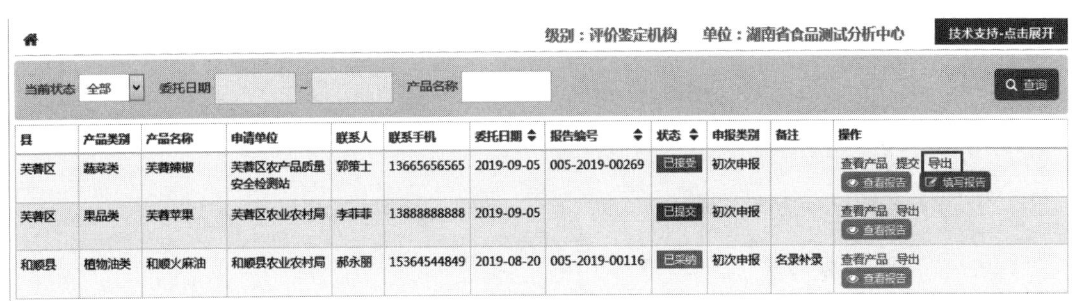
级别：评价鉴定机构　单位：湖南省食品测试分析中心　技术支持-点击展开

当前状态 全部　委托日期 ~　产品名称　查询

县	产品类别	产品名称	申请单位	联系人	联系手机	委托日期	报告编号	状态	申报类别	备注	操作
芙蓉区	蔬菜类	芙蓉辣椒	芙蓉区农产品质量安全检测站	郭策士	13665656565	2019-09-05	005-2019-00269	已接受	初次申报		查看产品 提交 导出 查看报告 填写报告
芙蓉区	果品类	芙蓉苹果	芙蓉区农业农村局	李菲菲	13888888888	2019-09-05		已提交	初次申报		查看产品 导出 查看报告
和顺县	植物油类	和顺火麻油	和顺县农业农村局	郝永丽	15364544849	2019-08-20	005-2019-00116	已采纳	初次申报	名录补录	查看产品 导出 查看报告

图 8－137

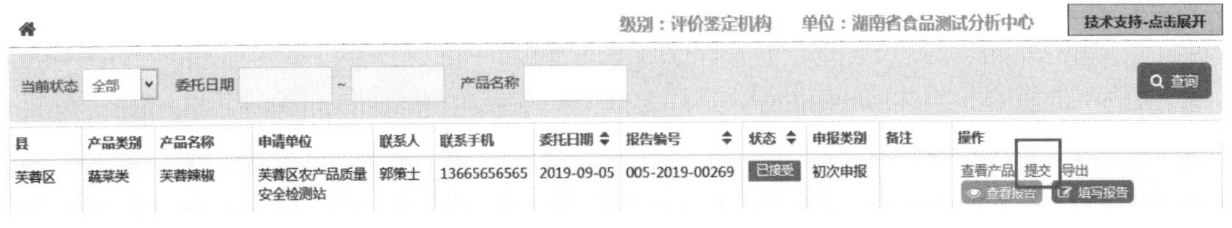
级别：评价鉴定机构　单位：湖南省食品测试分析中心　技术支持-点击展开

当前状态 全部　委托日期 ~　产品名称　查询

县	产品类别	产品名称	申请单位	联系人	联系手机	委托日期	报告编号	状态	申报类别	备注	操作
芙蓉区	蔬菜类	芙蓉辣椒	芙蓉区农产品质量安全检测站	郭策士	13665656565	2019-09-05	005-2019-00269	已接受	初次申报		查看产品 提交 导出 查看报告 填写报告

图 8－138

第三节　功能拓展

为贯彻落实质量兴农、绿色兴农和品牌强农战略，推进农产品质量提升，培育地方特色农产品品牌，促进区域优势农业产业发展，实时了解地域特色农产品产地生产信息，促进农产品产销对接，及时指导生产和引导消费，满足公众对安全优质营养健康农产品需求，全国名特优新农产品名录收集登录信息系统将不断更新，适应农业部门、名录产品生产者及消费者的不同需求。

（一）申报

优化申报、审核、评审环节，实现申报、评审环节的在线操作，提高申报环节的透明度，实现公正、公平的产品评选。

（二）名特优新名录产品认证对接

为名录产品提供认证查询接口，所有名录产品可在线查询相关申报信息、产品信息、生产经营单位信息、年度确认信息等。

（三）名特优新名录产品营养品质查询

为消费者提供名录产品营养品质信息，便于消费者选择。

第四节　服务咨询

（一）QQ技术支持

安装QQ后可以通过QQ进行咨询，必要时可以远程协助，点击QQ交谈按钮立即开始交谈。

工程师QQ号1：1394442461，工程师QQ号2：2195181484

（二）微信技术支持

（三）电话技术支持

1. 系统使用技术支持

010－82176359

2. 业务咨询

010－59198569

第九章　中国国际农产品交易会参展产品评奖系统

第一节　综　述

一、建设背景

自2003年起，根据国务院“中国国际农产品交易会作为例会每年举办一次”的批示精神，农业部每年在全国举办“中国国际农产品交易会”。

中国国际农产品交易会（以下简称农交会）是农业部唯一主办、商务部重点引导支持的大型综合性农业盛会，在宣传农业政策、展示农业成就、推广农业技术、活跃农产品流通、促进贸易合作等方面发挥了重要作用，为保障农产品供应、促进农民增收、发展农业农村经济做出了积极贡献。

中国国际农产品交易会参展产品评奖系统是为配合中国国际农产品交易会金奖评选工作而开发的信息管理系统，该系统的使用，为申请人、省级组委会、组委会提供了申请材料规范性辅助自动检查的工具，提高了申请、审核、审定等各项工作的效率。

二、建设历程

✧ V1.0版本（发布日期：2010年）

（1）省级用户网上上报省级汇总表。

（2）部级用户汇总。

（3）部级审核会报表、文件管理。

（4）部级专家审定会报表、文件管理。

（5）工作通知短信群发。

✧ V2.0版本（发布日期：2012年）

（1）省级分配申请人用户，自动发送通知短信。

（2）申请人在线填写申请表。

（3）省级在线推荐、排序。

（4）自动生成省级推荐汇总表。

✧ V2.3 版本（发布日期：2015 年）

（1）调整产品申请类别。

（2）调整参评展团。

（3）调整图片客户端自动压缩后上传，减少申请人图片处理工作，降低服务器网络、存储负荷。

（4）浏览器兼容性升级完善。

✧ V2.5 版本（发布日期：2018 年）

（1）系统部署在农业部信息中心服务器。

（2）优化设计登录页面。

（3）调整申请表。

（4）调整参评展团。

（5）浏览器兼容性测试完善。

第二节　操作指南

一、服务对象

中国国际农产品交易会参展产品评奖系统服务对象分为三类：

（1）申请人：参加中国国际农产品交易会的参展企业，由省级组委会推荐参评，在线填报、提交申请表。

（2）省级组委会：各省及各专业展团，各专业展团每年根据展会情况变化，在线审核、推荐、提交本展团的参展产品。

（3）组委会评奖组：组委会指定部门负责评奖组织工作，负责组织参评产品的专家复核会、专家审定会，发布金奖产品名单。

二、业务流程

（一）申请人工作流程（图 9－1）

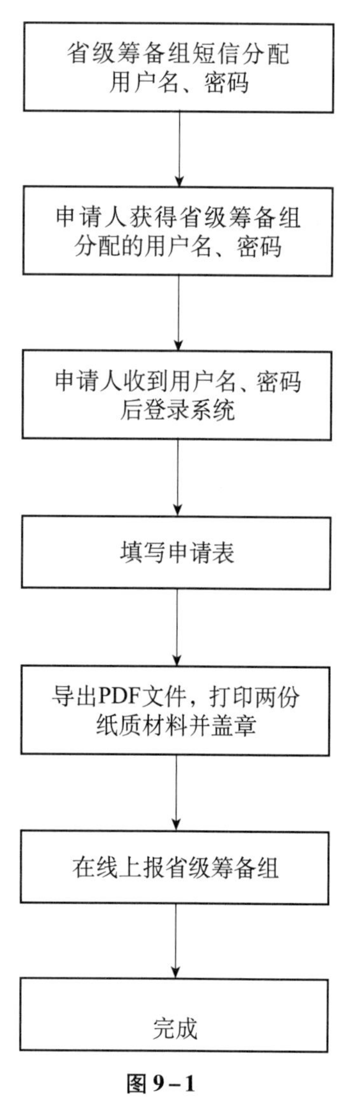

图 9－1

（二）省级筹备组工作流程（图 9-2）

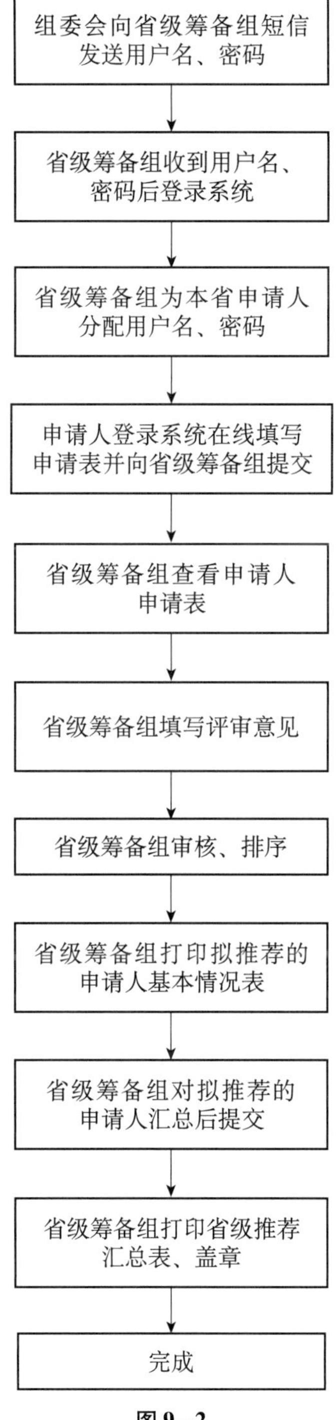

图 9-2

（三）组委会评奖组工作流程（图9–3）

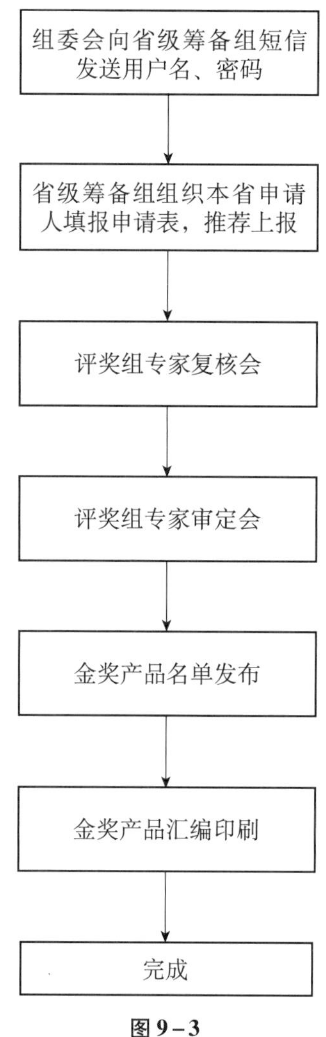

图9–3

三、功能描述

（一）申请人操作说明

1. 账号获取

省级用户为申请人分配账号，并通过手机短信发送用户名、密码。

2. 系统登录

根据省级分配而来的账号和密码登录（建议使用360浏览器极速模式）（系统进入："农业农村部农产品质量安全中心"网站→点击"第十六届中国国际农交会参展产品评奖系统"链接进入）系统页面看到制度文件、工作流程、常见问题、相关下载、技术支持。如图9–4、图9–5所示。

图 9－4

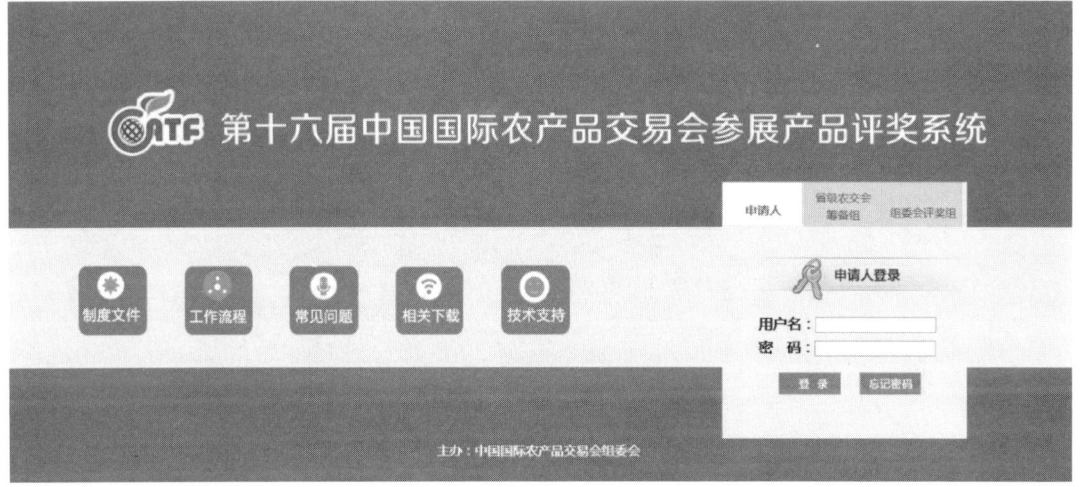

图 9－5

3. 修改密码

首次登录进入系统，系统提示进行用户信息的完善及修改密码。如图 9－6 所示。

4. 填写申请表

点击填写申请表，把要报的信息填写完整进行保存，点击申报情况可看到申报信息。如图 9－7 所示。

附件上传时，点击添加，选择图片后，点击开始上传，上传完成后关闭附件上传对话框。如图 9－8 所示。

5. 提交申请表

点击提交，系统上报申请表到省级。如图 9－9 所示。

第十六届中国国际农产品交易会
参展产品评奖系统
展示成果 推动交流 促进贸易

首页 申报情况 填写申请表 用户信息 退出系统

当前位置：用户信息 申报截止日期已过，不能再进行上报，如有特殊原因需再上报，请与评奖委员会联系！

修改密码

用户名：111111

单位名称：北京--山城有有限责任公司

省份：测试省

联系人：马

联系电话：05350000000

手机：13811510997

保存

图 9－6

第十六届中国国际农产品交易会
参展产品评奖系统
展示成果 推动交流 促进贸易

首页 申报情况 填写申请表 用户信息 退出系统

1、填写申请表前，请务必认真阅读填写说明： 填写说明
2、申报截止日期为：2018-09-15。
3、为便于组委会审核，请提交申请人完整、详细申报信息。
4、*必需填写

第十六届中国国际农产品交易会参评产品申请表

*申报主体	山东
*产品名称	
*产品类别	选择
*所在省份	测试省
*注册商标名称	
*注册商标图案	图案上传
*法人代表	

图 9－7

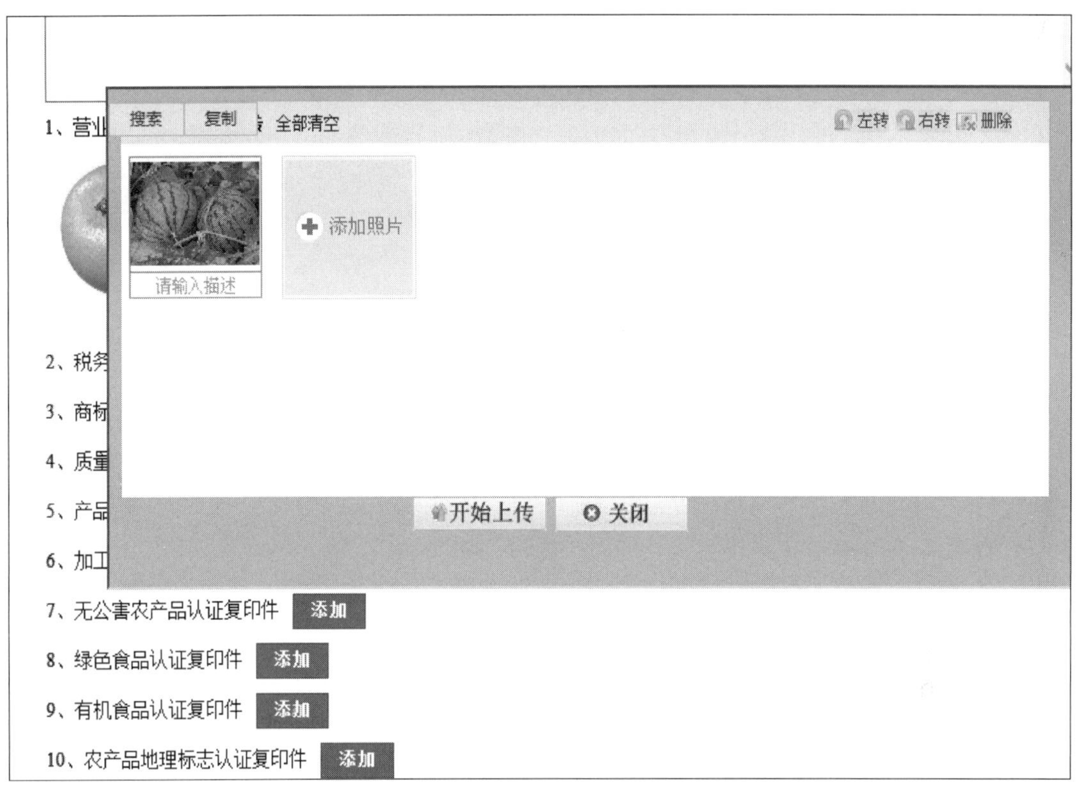

图 9－8

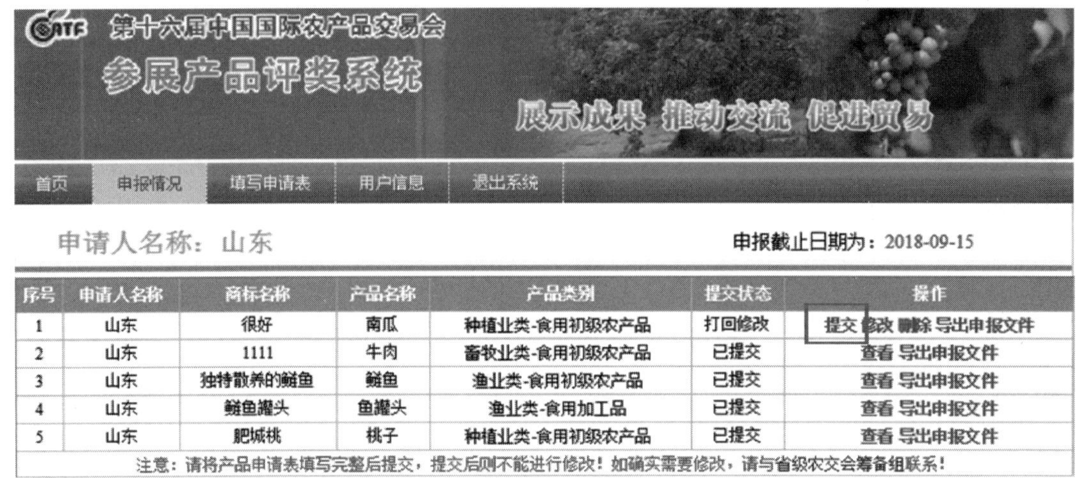

申请人名称：山东　　　　申报截止日期为：2018-09-15

序号	申请人名称	商标名称	产品名称	产品类别	提交状态	操作
1	山东	很好	南瓜	种植业类-食用初级农产品	打回修改	提交 修改 删除 导出申报文件
2	山东	1111	牛肉	畜牧业类-食用初级农产品	已提交	查看 导出申报文件
3	山东	独特散养的鲢鱼	鲢鱼	渔业类-食用初级农产品	已提交	查看 导出申报文件
4	山东	鲢鱼罐头	鱼罐头	渔业类-食用加工品	已提交	查看 导出申报文件
5	山东	肥城桃	桃子	种植业类-食用初级农产品	已提交	查看 导出申报文件

注意：请将产品申请表填写完整后提交，提交后则不能进行修改！如确实需要修改，请与省级农交会筹备组联系！

图 9－9

6. 导出申报文件

导出申报文件，打印、盖章，并邮寄到省级筹备组（保证电子文档和纸质文件一致）。如图 9－10 所示。

1 / 9页 100% 幻灯片 全屏 打印 背景 截图 查找

附件3：

第十六届中国国际农产品交易会

参评产品申请表

申报主体：山东

产品名称：南瓜

产品类别：种植业类-食用初级农产品　所在省份：测试省

注册商标名称：很好

法人代表：武超

联系人：马

联系电话：13811510997

图 9-10

（二）省级操作说明

1. 账号获取

2. 系统登录

登录系统，（账号和密码由部级分配而来）（建议使用360浏览器极速模式）（系统进入方式一："农业农村部农产品质量安全中心"网站→点击"第十六届中国国际农交会参展产品评奖系统"链接进入；系统进入方式二：系统网址 http://pj.ynzx.org）系统页面看到制度文件、工作流程、常见问题、相关下载、技术支持。如图 9-11、图 9-12 所示。

3. 修改密码

进入系统，点击用户管理可进行本用户信息修改。如图 9-13 所示。

4. 申请人账号分配

点击申请人管理进行本省申请人用户分配，并以短信形式发送给申请人。如图 9-14 所示。

5. 工作通知

点击工作管理下短信通知可进行对每个申请人发送信息，点击已发信息可看到已发送的信息。如图 9-15 所示。

图 9－11

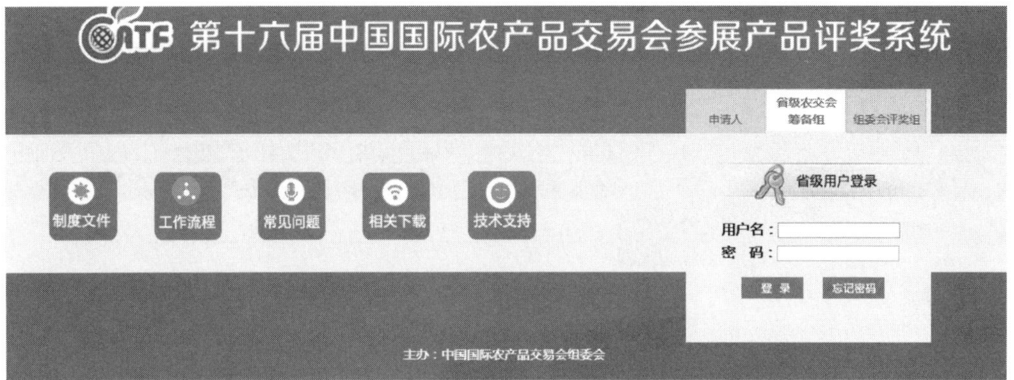

图 9－12

图 9－13

前位置：申请人用户管理　　申报截止日期已过，不能再进行上报，如有特殊原因需再上报，请与评奖委员会联系！

成申请人用户名和密码　　导出EXCEL

申请人单位名称	联系人	手机	用户名	密码	产品填写情况	操作
蓝色海洋科技有限公司	李	18514250203	222222	111111	已填	重置密码 | 删除 | 短信通知
北京--山城有有限责任公司	马	13811510997	111111	111111	已填	重置密码 | 删除 | 短信通知

地 址：北京市朝阳区朝外大街223号　电 话：010-59198569 传真：010-59198525　电子邮件：caqs5919@163.com

图 9－14

CATF 第十六届中国国际农产品交易会
参展产品评奖系统
展示成果 推动交流 促进贸易
首页 申报管理 工作管理 用户管理 退出系统
短信通知
已发信息
前位置：短信通知
接收人： 选择接收人 清除接收人
您可以选择接收人或直接在文本框中输入手机号，多人以,分割
短信内容： 请输入短信内容，每条信息50字，超长后会分为多条发送

图 9－15

6. 申请审核

点击申报管理下申报情况，列表显示已上报产品，点击查看可浏览申请人填报的申请表，点击审核，可进行审核、排序。如图 9－16 所示。

7. 省级汇总

点击申报管理—省级汇总表可进行上报、导出汇总表与申请人基本情况表。如图 9－17 所示。

8. 重新排序（图 9－18）

9. 退回修改

对于需要申请人重新修改申请表的情况，点击菜单申报管理—申报情况，选择需要打回修改的产品，点击产品列表最右侧审核按钮，点击推荐状态，选择需修改，保存，该产品即退回申请人，申请人可以重新修改后上报。如图 9－19 所示。

10. 上报

点击上报，上报到评奖委员会（上报之后不可更改），并导出汇总表，填写审核意见，签字盖章，和纸质文件一块邮寄到部级。如图 9－20 所示。

图 9－16

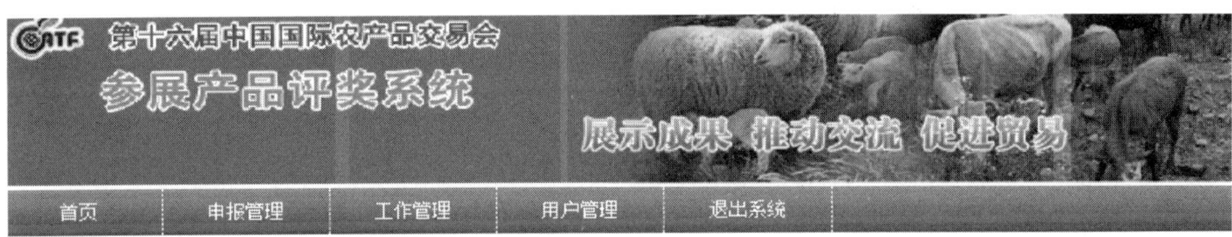

首页　申报管理　工作管理　用户管理　退出系统

前位置：省级汇总表　　申报截止日期为：2018-09-15

示：测试省允许推荐的数量是5个，上报评奖委员会之后不可修改

第十六届中国国际农产品交易会参评产品推荐汇总表（已经上报）　导出汇总表　导出申请人基本情况表

序号	推荐排序	申请人名称	商标	产品名称	申请人所在地详细地址	邮编	联系人	电话
1	43测试省-5-1-种(初)	山东	很好	南瓜	山东淄博	270000	马	13811510997
2	43测试省-5-2-畜(初)	山东	1111	牛肉	山东临沂兰山区	270000	马	13811510997
3	43测试省-5-3-渔(初)	山东	独特散养的鲢鱼	鲢鱼	山东聊城东明湖	270000	马	13811510997
4	43测试省-5-4-渔(加)	山东	鲢鱼罐头	鱼罐头	山东东营垦利	270000	马	13100000000
5	43测试省-5-5-种(初)	山东	肥城桃	桃子	山东肥城中路66号	267000	马	13500000000

图 9－17

当前位置：申报情况　　申报截止日期（2018-09-28）已过，不能再进行提交，如有特殊原因需再提交，请与评奖委员会联系!

提示：测试省允许推荐的数量是5个，上报评奖委员会之后不可修改排序

生成申请人用户名和密码　　导出EXCEL

首页 上一页 下一页 尾页　第 1 页，共 1 页，共 7 条记录

排序	产品名称	申请人名称	商标	状态	操作
1	肥城桃	北京--山城有有	肥城大桃	推荐	查看
2	樱桃	北京--山城有有	大樱桃	推荐	查看
3	鲢鱼	蓝色海洋科技有限	洪湖鲢鱼	推荐	查看
4	带鱼	蓝色海洋科技有限	海带鱼	未审核	查看
5	111111	北京--山城有有	11111111	推荐	查看
6	牛肉	北京--山城有有	黄牛肉	推荐	查看
7	111111	北京--山城有有	1	不推荐	查看

重新排序

图 9－18

首页　申报管理　工作管理　用户管理　退出系统

当前位置：申报情况　　申报截止日期为：2018-11-28

提示：测试省允许推荐的数量是5个，上报评奖委员会之后不可修改排序

生成申请人用户名和密码　　导出EXCEL

审核

产品名称	申请人名称	推荐状态	排序	操作
肥城桃	北京--山城有限责任公司	未审核 / 推荐 / 不推荐 / 需修改	1	保存

首页 上一页 下一页 尾页　第 1 页，共 7 条记录

排序	产品名称	申请人名称	商标	状态	操作
1	肥城桃	北京--山城有有	肥城大桃	推荐	查看|审核
2	樱桃	北京--山城有有	大樱桃	推荐	查看|审核
3	鲢鱼	蓝色海洋科技有限	洪湖鲢鱼	推荐	查看|审核
4	带鱼	蓝色海洋科技有限	海带鱼	未审核	查看|审核
5	111111	北京--山城有有	11111111	推荐	查看|审核
6	牛肉	北京--山城有有	黄牛肉	推荐	查看|审核
7	111111	北京--山城有有	1	不推荐	查看|审核

重新排序

图 9－19

首页 | 申报管理 | 工作管理 | 用户管理 | 退出系统

申报情况　省级汇总表

前位置：省级汇总　　　　申报截止日期为：2018-09-15

示：测试省允许推……上报评奖委员会之后不可修改

第十六届中国国际农产品交易会参评产品推荐汇总表（重新上报）　　导出汇总表　导出申请人基本情况表　重新上报

推荐排序	申请人名称	商标	产品名称	申请人所在地详细地址	邮编	联系人	电话
43测试省-5-1-种(初)	山东	很好	南瓜	山东淄博	270000	马	13811510997
43测试省-5-2-畜(初)	山东	1111	牛肉	山东临沂兰山区	270000	马	13811510997
43测试省-5-3-渔(初)	山东	独特散养的鲥鱼	鲥鱼	山东聊城东明湖	270000	马	13811510997
43测试省-5-4-渔(加)	山东	鲥鱼罐头	鱼罐头	山东东营垦利	270000	马	13100000000
43测试省-5-5-种(初)	山东	肥城桃	桃子	山东肥城中路66号	267000	马	13500000000

图 9－20

11. 省级重新上报

对于省级上报后，需要修改申请表、修改排序等的，需要向组委会评奖组申请退回修改，评奖组管理员退回修改后，省级组委会可以重新修改后上报。

（三）组委会评奖组操作说明

1. 系统登录

登录系统（系统进入方式一：“农业农村部农产品质量安全中心”网站→点击“第十六届中国国际农交会参展产品评奖系统”链接进入；系统进入方式二：系统网址 http：//pj. ynzx. org）系统页面看到制度文件、工作流程、常见问题、相关下载、技术支持。如图 9－21、图 9－22 所示。

图 9－21

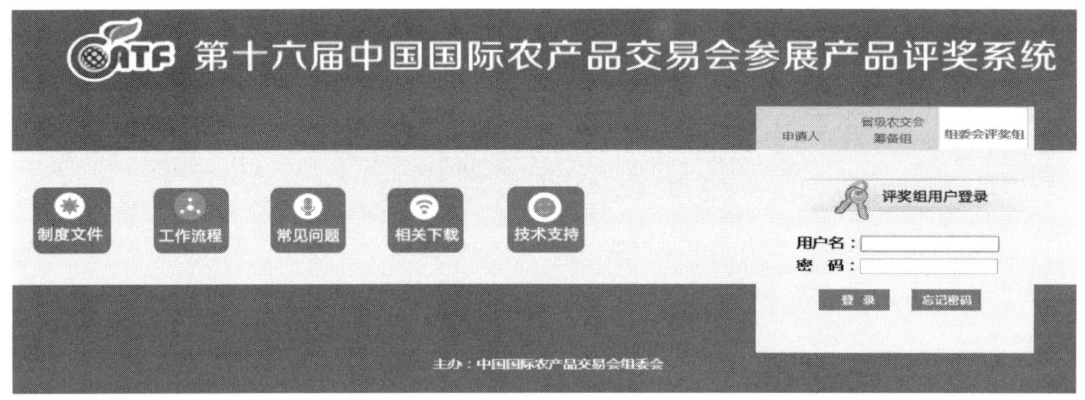

图 9－22

2. 系统管理

（1）用户管理：组委会评奖组用户管理。

（2）修改密码：修改登录用户密码。

（3）申请截止时间设置：单独设置各展团申报截止日期，截止时间为截止日的 24 时。

（4）各省申请数量设置：单独设置各展团申报限制数量，超过限制数量，不能推荐上报。

（5）各省用户管理：分配省级展团用户。如图 9－23 所示。

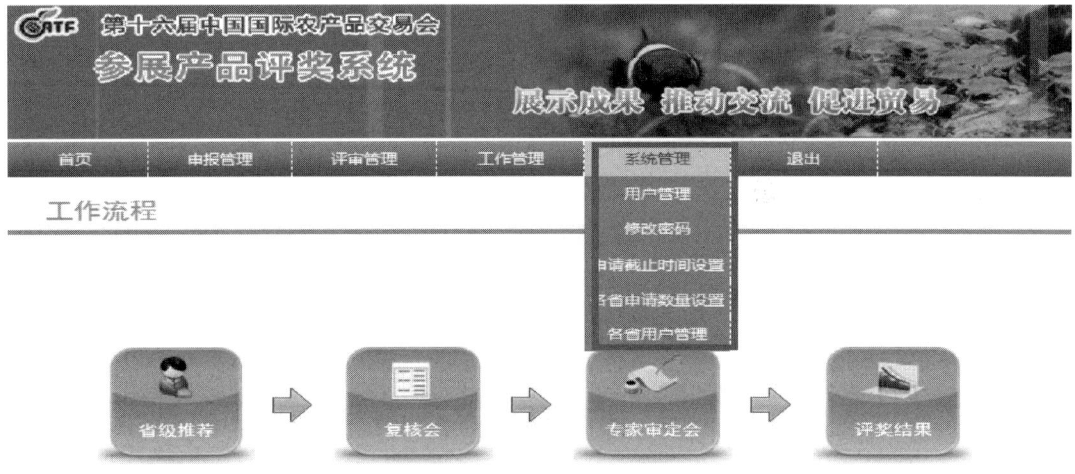

图 9－23

3. 工作管理

工作管理可进行给各省发送短信通知，可以群发或单独发送。

4. 申报管理

点击申报管理下省级推荐可查看各省市上报来的产品情况。可以退回修改和预览，还可以导出复核汇总表、复核明细表。如图 9-24 所示。

省份	推荐数量										操作	导出复核表
	种植业类			畜牧业类			渔业类			合计		
	食用初级	食用加工	其他	食用初级	食用加工	其他	食用初级	食用加工	其他			
1北京	3	2	1	1	1	0	0	0	0	8	退回修改 已上报2018-09-26 浏览 历史记录	复核汇总表 复核明细表
2天津	3	3	0	1	1	0	1	0	0	9	退回修改 已上报2018-09-26 浏览 历史记录	复核汇总表 复核明细表
3河北	2	2	1	1	0	0	0	0	0	6	退回修改 已上报2018-09-28 浏览 历史记录	复核汇总表 复核明细表
4山西	2	1	0	2	0	0	0	0	0	5	退回修改 已上报2018-09-28 浏览 历史记录	复核汇总表 复核明细表
											退回修改	复核汇总表

图 9-24

5. 评审管理（图 9-25）

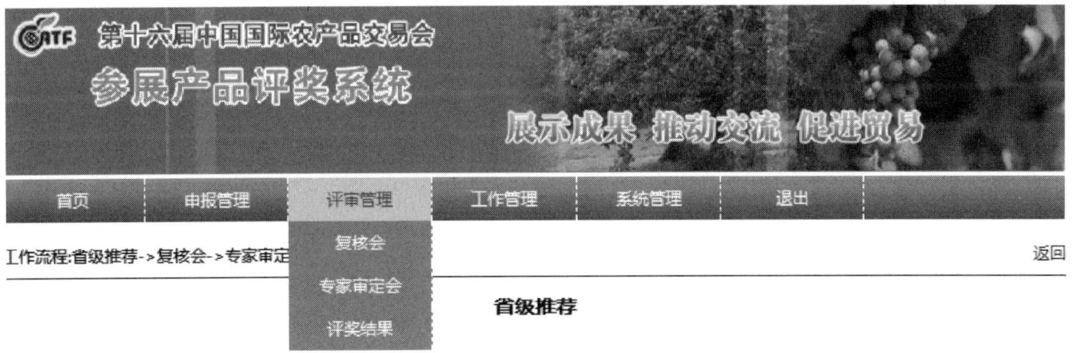

图 9-25

（1）复核会。所有省市纸质材料到齐召开复核会，审核纸质材料，符合的放一起，不符合的放一起，再进行统计，并在电脑上操作完成。如图 9-26 所示。

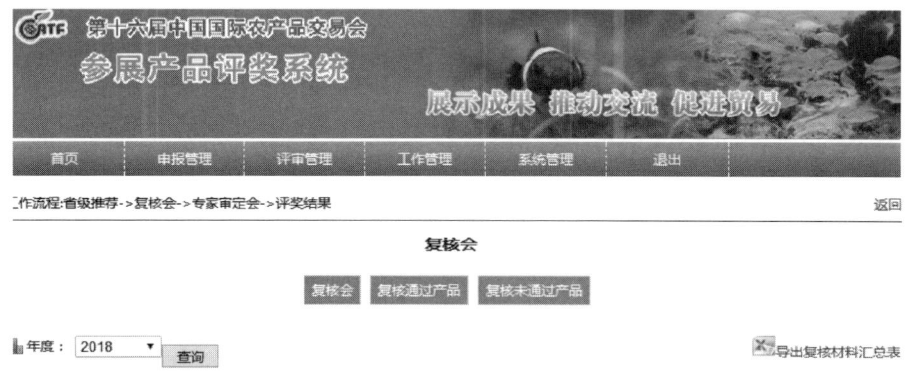

省份	复核会通过数量						
	种植业类			畜牧业类			
	食用初级	食用加工	其他	食用初级	食用加工	其他	食用初级
1北京	3	2	1	1	1	0	0

图 9－26

（2）专家审定会。把审核完的材料由专家审核一遍，评出结果，在电脑上操作完成。如图 9－27 所示。

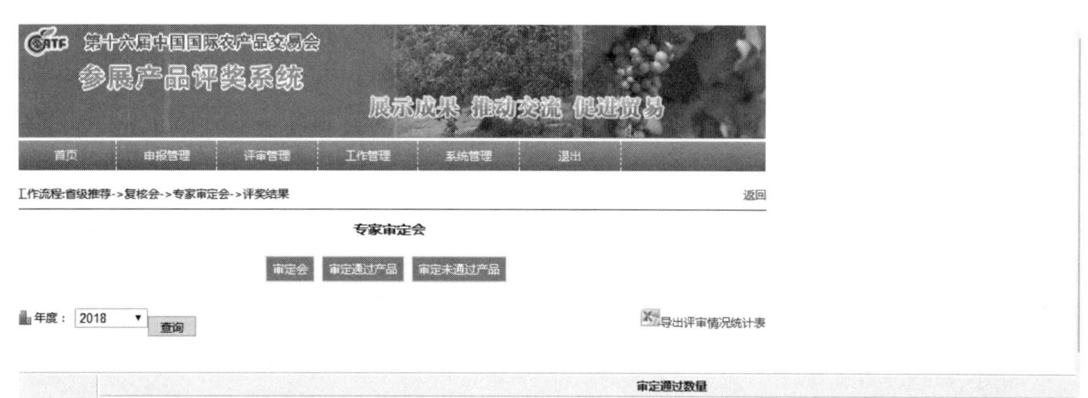

省份	审定通过数量							
	种植业类			畜牧业类			渔业类	
	食用初级	食用加工	其他	食用初级	食用加工	其他	食用初级	食用加工
1北京	2	2	1	1	1	0	0	0
2天津	3	3	0	1	1	0	1	0
3河北	2	2	1	0	0	0	0	0
4山西	2	1	0	2	0	0	0	0
5内蒙古	5	0	0	1	1	2	0	0
6辽宁	3	1	1	0	1	0	0	0
7吉林	2	3	3	0	0	1	0	0

图 9－27

（3）评奖结果，录入最终的金奖产品名单。如图 9－28 所示。

第十六届中国国际农产品交易会“金奖”产品名单

年度：2018　类别：全部　省份：全部　查询　导出()

序号	省别	数量	注册商标	产品名称	申请人名称	产品类别
1北京--8--1--畜(初)			鹏程	肋排	北京顺鑫农业股份有限公司鹏程食品分公司	畜牧业类-食用初级农产品
1北京--8--2--种(加)			王致和	淡口鲜香腐乳	北京二商王致和食品有限公司	种植业类-食用加工品
1北京--8--3--种(加)			老栗树	88g老栗树百年油栗仁	北京老栗树聚源德种植专业合作社	种植业类-食用加工品

图 9－28

第三节　功能拓展

为贯彻落实农业农村部关于质量兴农、绿色兴农、品牌强农工作要求，推动农业品牌建设，促进农产品优质生产和流通，充分依托和发挥中国国际农产品交易会（简称“农交会”）在名特优新农产品优质化引领、品牌培育、品质提升、市场推介、信息发布等方面的功能作用，农交会参展产品评奖系统将不断深化拓展使用移动平台和融媒体技术，使申请人、省级筹备组能够更方便地申请、审核，组织产品申报工作。

在审核、评定阶段，系统将进行专家在线审核，实现更加公正、透明的审核，同时提高审核工作效率。

为了更好地服务于农交会金奖产品在品牌培育、市场推介方面的作用，系统将支持与第三方平台、电商平台等的金奖产品认证、信息查询对接，有利于金奖品牌认知度的提升。

第四节　服务咨询

（一）QQ 技术支持

可以通过 QQ 进行咨询，必要时可以远程协助。

工程师 QQ 号 1：1394442461，工程师 QQ 号 2：2195181484

（二）微信技术支持

（三）电话技术支持

1. 系统使用技术支持

010－82176359

2. 评奖业务咨询

010－59198569